인생에 한 번쯤, 라라랜드

LA 일 년 살기 프로젝트

인생에 한 번쯤, 라라랜드
LA 일 년 살기 프로젝트

초판 1쇄 인쇄 | 2024년 7월 1일
초판 1쇄 발행 | 2024년 7월 5일

지은이 | 이명진
펴낸이 | 김휘중
펴낸곳 | 위즈앤북(Wiznbook)
주 소 | 서울시 중구 창경궁로1길 14 충무로하늘N 208호
전 화 | 070-8955-3716(도서 문의)
팩 스 | 02-6455-5316(도서 주문)
등 록 | 제25100-2023-045호
정 가 | 19,800원
ISBN | 979-11-986853-2-2 03940

책임/편집 | 한송희
표지/내지 디자인 | 서혜인
인스타그램 | www.instagram.com/wiznbook
페이스북 | www.facebook.com/wiznbook
블로그 | blog.naver.com/wiznbook

열정과 도전을 높이 평가하는 위즈앤북에서는 여러분들의 소중한 원고를 항상 기다리고 있습니다. 망설이지 말고 두드리세요. 위즈앤북의 문은 언제나 활짝 열려있습니다.
원고 투고 및 문의 : wiznbook@naver.com

Published by Wiznbook, Inc. Printed in Korea
Copyright ⓒ 2024 by 이명진 & Wiznbook, Inc.

이 책의 저작권은 이명진과 위즈앤북에 있습니다.
이 책은 저작권법에 의해 보호를 받는 저작물이므로 무단 복제 및 무단 전재를 금합니다.

※ 잘못된 책은 바꾸어 드립니다.

둘이 합쳐 대기업 30년차 맞벌이 부부가
회사를 휴직하고 떠나
LA에서 보낸 1년간의 기록
:
:
:
아홉 살 아이와 두 마리 개 그리고 부부까지
다섯 식구가 보낸 일상과 여행 사이의 LA 라이프

프롤로그

아무것도 하지 않으면
아무것도 바뀌지 않는다

　누구나 그렇듯 우리 부부도 언젠가 외국에서 살아 보기를 꿈꿨다. 휴가철 여행을 떠날 때마다 입버릇처럼 '여기에 살면 어떨까?', '어디에서 제일 살아 보고 싶어?'와 같은 이야기들을 나누곤 했다. 그런 대화는 쳇바퀴 도는 일상에서 실현 가능성과 관계없이 긴 하루를 살아가게 하는 힘이 되어 주곤 했다. 아이가 태어난 뒤로는 자연스럽게 그 시기가 아이의 취학 전후로 이야기되기 시작했다. '일 년 살이를 하게 된다면 서연이가 학교에 들어갈 즈음이 좋겠지?', '육아휴직은 초등학교 2학년 때까지만 가능하니 여덟 살 전후로 떠나는 게 좋겠다' 구체적인 계획은 없었지만 그런 이야기를 나눌 때면 언젠가 그 꿈에 닿을 수 있을 것 같은 마음에 설렜다.

　학생 때 만나 결혼 후 같은 회사를 다니고 있던 우린 10년이 넘는 시간 동안 한 회사에 소속되어 일해온 맞벌이 부부였고, 운 좋게도 빠르게 승진해 제법 안정적인 생활을 이어가고 있었다. 바쁜 일상 속에서 안정적인 현실의 궤도를 벗어나 해외에서 일 년 살기와 같은 도전을 한다는 것이 쉬운 결정은 아니었다. 결혼할 때 했던 일 년 살기의 꿈은 멀어져만 갔고 시간은 빠르게 흘러 어느덧 아이는 초등학교에 입학할 나이가 되었다. 우리의 매일은 여전히 바빴고, 삶의 루틴은 더 타이트해 졌다. 매일 아침 아이를 학교에 바래다주고, 9 to 6으로 하루를 꽉 채워 일하고 나면 일상의 많은 숙제들이 우리를 기다리고 있었다. 저녁밥을 지어먹고, 빨래를 돌리고, 아이의 숙제를 봐주고, 개 두 마리의 산책까지 시키고 나면 자정이 가까운 시간, 다음 날 출근을 위해 잠자리에 들어야 했다.

하루하루 열심히 살고 있었지만
한 주가 지나서 무엇을 했는지 돌아보면 아무것도 기억나지 않던 일상

계절의 변화를 모르고 겨울을 맞이하던 어느 날
남편이 말했다.

"그거 말이야,
우리 일 년 살기 하기로 했던 거 이제 준비해 볼까?"

남편은 오래전부터 바래왔던 우리의 버킷리스트를 위해 여행자가 아닌 생활자로 미국에 가자고 했다. 그러려면 비자가 필요하기에 미국 대학의 석사과정 이수를 위한 입학 준비를 해보겠다고 말했다. 학교마다 요구하는 조건은 달랐지만 합격을 위해선 영어 점수와 에세이 그리고 인터뷰 등 일련의 과정이 필요했다. 해외 일 년 살기를 위해 나이 마흔을 목전에 두고 늦깎이 학생이 되기로 결심한 남편은 그날 이후 몇 달간 집 앞 독서실로 퇴근해 영어 점수를 올리기 위한 공부에 매진했다.

평소와 다름없는 일상을 이어가던 어느 날, 남편이 말했다. "됐어! 이제 우리 갈 수 있어." 해외 거주를 위해 학생이 되고자 했지만 이왕이면 좋은 학교에서 양질의 교육을 받으며 의미 있는 시간을 보내길 원했던 남편은 바라던 학교인 USC 석사과정의 합격 소식을 전해왔다. 그러나 운명의 장난인지

그 무렵 뉴스에서는 코로나 바이러스가 전 세계에 퍼지고 있다는 소식이 전해지고 있었다. 남편의 학교에서는 전면 온라인 수업 전환을 발표했고, 동시에 미국 정부는 국가적 차원에서 코로나로 인한 리스크를 최소화하기 위해 입국하고자 하는 모든 유학생에게도 입국 제한 조치를 적용하겠다는 소식을 전해왔다. 허무하게도 우리는 그렇게 해외 살이 계획을 접을 수밖에 없었다.

그렇게 우리는 1년간 남편의 학교 입학을 보류하고 해외 일 년 살기에 대한 꿈도 접어 두었다. 그러나 몇 달간 자신과 싸워가며 힘겹게 노력했던 남편은 코로나 때문에 모든 계획이 무산되었다는 사실을 쉽게 받아들이지 못했다. 계속해서 코로나 상황에 대한 뉴스를 주시하며, 영국으로 호주로 입국할 수 있는 방법을 알아보았다. 끝내 영국과 호주에 위치한 학교까지 지원해 합격 허가를 받아 두었지만 코로나 상황은 더욱 악화되었고, 결국 어느 곳으로도 가지 못한 채 한국에서의 일상을 이어갈 수밖에 없었다. 그 사이 몇 번의 계절이 더 바뀌었고 아이는 초등학교 2학년이 되었다. 회사 규정상 육아휴직은 아이가 초등학교 2학년이거나 만 8세일 때까지만 사용이 가능했기에 보류해 두었던 학교 입학을 실행에 옮길지, 계속해서 한국에서의 일상을 이어갈지 결정해야 할 시기가 다가왔다.

불행인지 다행인지 코로나 상황은 1년간 지속된 끝에 백신 공급이 진행되었고, 접종률 또한 점차 늘어가고 있었다. 몇 달 새 또다시 상황이 바뀌고 있었던 것이다. 미국의 대통령이 트럼프에서 바이든으로 바뀌면서 유학생의 입국 또한 허용되었다. 학교에서는 전면 온라인 수업이 아닌 부분적인 대면 수업이 병행될 거라는 소식을 전해왔고, 돌아오는 2022년 1월 학사 일정에 맞춰 입학을 할 것인지 알려 달라는 메일을 보내왔다. 모든 상황이 1년 전보다는 나아진 듯 보였다. 앞으로만 달려가던 일상을 멈추고 오래전부터 꿈꿔왔던 해외 살이의 꿈을 실행에 옮긴다면 지금보다 더 완벽한 때는 없어 보였다.

그러나 막상 선택의 순간이 다가오자 안정적인 생활을 모두 내려놓고 떠나야 한다는 사실이 부담으로 다가왔다. 특히, 아이를 낳고 1년간 육아휴직 경험이 있던 나로서는 일정 시간 부재 후 회사에 복귀했을 때 당면해야 했던 불안정한 상황들을 다시 겪어야 한다는 것이 두려웠다. 남편은 그런 나의 반응에 당황했다. 오래전부터 함께 논의해 왔던 일이고, 수개월에 걸쳐 어렵게 준비한 상황이었는데 결정의 순간, 망설이는 내게 서운함을 느꼈을 것이다. 나로서는 거주하고 싶었던 나라가 미국은 아니었기에 우리 앞에 놓여진 선택지가 최선이 맞는지 혼란스러웠다. 그렇게 학교 입학을 위한 결정을 앞두고 우리는 많은 대화를 나누었다. 그리고 끝내 함께 떠나기로 했다. 한국에서의 안정적인 생활을 포기하고, 커리어의 단절을 감수해야 한다는 사실은 변함이 없었지만 결국 온 가족이 다 함께 미국으로 떠나기를 결정한 것이다.

고민의 시간이 무색하게
결정의 이유는 단순했다.

아무것도 하지 않으면
아무것도 바뀌지 않는다.

떠나지 않으면 한국에서의 안정적인 생활을 이어갈 수 있겠지만 경험해 보지 못한 해외 살이에 대한 미련이 남을 것이다. 커리어에 구멍이 생길 수도 있고, 복귀 후 재적응을 위해 고단한 시간 또한 맞닥뜨릴 수 있겠지만 미국에서 보내게 될 다양한 경험과 충전의 시간은 값질 것이다. 2021년 10월, 많은 고민 끝에 출국을 결정한 시점 한국에서는 가을이 깊어 가고 있었다.

프롤로그 ─ 아무것도 하지 않으면 아무것도 바뀌지 않는다   4

첫 번째

프로 정착러가 되는 길

조금 긴 여행을 준비하는 방법

컴포트존 깨기 **14** 비우고 떠나기 **16** 개와 함께 떠난다는 것 **18** LA에서 내 집 찾기 **24** 정착 서비스 이용은 필수일까? **34** 해외 나가서 아프면 어떡하지? **38** 일년 살기를 위한 다섯 식구의 짐 **41** 미국에서 내 차 구하기 **44** 미국 정착, 하루만에 끝내기! **49** LA 1년 살기, 생활비의 무게 **51** 니가 사는 그 집 **55**

두 번째

생활자의 시선

살아보기 전에는 알지 못했던 것들

나의 첫 번째 ID, 캘리포니아 운전면허증   62   백수들의 소확행, 럭셔리 피트니스 클럽 회원이 되다   66   골라가는 재미가 있는 미국 마트   70   생수 찾아 삼만리   75   미국 신용카드의 신세계   77   아는 만큼 할인 받는 자동차 보험   79   한 달에 20만원이 넘는 미국의 통신비 절약 TIP!   81   체리피커의 배달 어플 이용하기   85   테이크아웃을 해도 팁을 줘야 하나요?   88   분리수거 없는 미국, 이대로 괜찮을까?   91   미국에도 당근마켓이 있을까?   94   미국 도서관 200% 활용하기   99   베트남 미용실 단골이 되다   103   우리가 사랑한 LA 맛집   108

세 번째

아이의 미국 생활

내 아이의 열살을 지켜본다는 것

아이의 미국 초등학교 첫 등교   118   Bailey는 수학 천재에요!   122   Happy Easter Day!   124   내 딸은 골키퍼   127   매일이 축제인 미국 학교   132   뜨거웠던 여름 캠프의 추억   135   아이의 첫 생일파티   142   영어 유치원은 안 다녔지만 말은 잘 합니다   147   잊지 못할 할로윈   152   팔로스 버디스에서 가장 바쁜 아이   160   아기 새 구출 대작전   165   낮에는 2학년, 밤에는 3학년   168

네 번째

엄마의 이중생활

백수가 된 엄마는 미국에서 무엇을 했을까?

엄마를 위한 학교, Adult School   174   미국에서 요가 자격증 따기   177   금요일의 오일 페인팅   184   LA 특파원이 되다   188   교실 속 엄마 선생님   191   무용한 것들에 대하여   197   LA 삼시세끼   201   미국에서 친구 사귀기   204   쉽지 않은 미국살이, 우리들의 루저 배틀   212   포기할 수 있는 것과 포기할 수 없는 것   216

다섯 번째

여행자의 시간

여행을 일상처럼, 일상을 여행처럼

미국 서부 로드 트립   222

반짝이는 라스베가스   222   아홉 살의 크리스마스 여행   225   호간에서의 별이 빛나는 밤   230   인디언의 놀이터, 엔텔로프 캐년   236   우리 살아서 돌아갈 수 있을까?   239   장엄한 그랜드 캐년과 에너지의 도시 세도나   242   사막에서 오아시스 찾기   246   캠핑카에서 맞이한 새해   249   여행은 계속된다   253

다채로운 미국 시티 투어 256

내 친구의 도시, 세크라멘토 **256** 미국 사람들이 가장 살고 싶어하는 도시, 포틀랜드 **258** 101번 해안도로를 따라 샌프란시스코 **262** LA에서 2시간만에 떠나는 여행, 샌디에고 **266** 젠틀한 신사의 도시, 보스톤 **272** 잠들지 않는 도시, 뉴욕 **277** 전통과 현대가 공존하는 도시, 시애틀 **280**

대자연의 신비, 옐로우스톤 국립공원 283

버팔로의 발자국 소리를 들어본 적 있나요? **283**
100%의 여행에 대하여 **285**

캐나다로 떠나는 힐링 여행 292

그게 여행 **292** 일기예보 믿지 않기 **294** 재스퍼, 다시 찾아야 할 이름 **294** 밴프에서 Bucket List 완성하기 **296** 다시 스무 살이 된다면 **299** 당신이 살고 싶은 곳 **301** 어제 보다 오늘, 오늘보다 내일이 더 좋아질거야. 오로라처럼! **304**

에필로그 — 우리가 걸을 수 있을 때까지 **312**
Special thanks to — 꿈이 아니었다고 말해 줄 나의 사람들에게 **314**

첫 번째

프로 정착러가 되는 길

—— 조금 긴 여행을 준비하는 방법

컴포트존 깨기

2021년 11월 초, 회사는 어느 때보다 어수선했다. 승진인사가 결정되고 평소보다 조금 이르게 조직개편이 확정된 상황이었다. 휴직 계획에 대해 말해야 할 타이밍은 지금이었다. 팀장님께 바로 면담 요청을 했다. "팀장님, 육아휴직을 하려고 합니다. 남편이 LA에서 석사과정을 하게 되어 함께 가서 아이도 학교에 보내고, 저도 부족했던 영어 공부와 아이케어를 병행하려고 합니다. 갑작스레 말씀드려 송구하지만 개인적으로는 오래전부터 계획해 왔던 일이고, 육아휴직 신청 가능 기간이 마감되기 전인 올해 계획을 실행하는 것이 적절하다고 판단했습니다."

예상 밖의 이야기에 잠시 놀란 듯했던 팀장님이 이내 침착하게 말씀하셨다. "휴직을 한다고? 이 타이밍에? 남편이 원래 공부에 대한 욕심이 있었나?" 나이 마흔을 코앞에 두고 갑자기 공부를 하러 미국으로 간다고 하니 이상한 반응도 아니었다. "아니요. 사실 공부에 대한 욕심이라기 보단 가족 모두를 위한 결정이었다고 말씀드려야 할 것 같습니다. 많은 분들이 그렇듯 저희도 언젠가 해외에서 일년 정도 살아보면 좋겠다고 오래전부터 생각해 왔는데, 육아휴직을 할 수 있는 기간이 얼마 남지 않은 시점에서 계획을 실행에 옮기고자 학위 과정을 준비하게 되었고, 준비 끝에 입학 허가를 받아서 이렇게 결정을 하게 되었습니다." 이야기를 다 들은 팀장님이 말씀하셨다. "멋지다. 결심하고 목표한 바를 이루는 게 쉬운 일이 아니었을 텐데. 그래 잘 다녀와. 두 사람이라면 시간을 허투루 쓰지 않고 잘 다녀올 것 같네." 입을 떼기 어려웠지만 팀장님께 휴직 계획에 대해 말씀드리고 양해를 구하고 나니 속이 후련했다.

대학 졸업 후 입사하여 10년 넘게 근무한 회사는 나의 컴포트존이었다. 일이 많다, 힘들다 투덜대면서도 좋은 콘텐츠를 많은 이들에게 알리고, 그것을 성과로 전환해 내는 일이 재미있었다. 먹고 싶은 것을 고민 없이 사 먹을 수 있으면 부자, 떠나고 싶을 때 떠날 수 있으면 행복이라고 생각하는 내게 삶의 환희와 생계를 책임져 준 것도 회사였다. 그런 회사를 다니면서 매일 같은 루틴으로 살던 일상을 버리고 미국행을 결정한다는 것은 내게도 큰 용기가 필요한 일이었다. 컴포트존을 벗어나 낯선 세상으로 나가 어떤 일을 맞닥뜨릴지, 어떤 변화를 맞게 될지 두려웠다.

그러나 떠나야 했다.
머물러 있으면
안정적인 생활을 이어갈 수는 있겠지만
우리에겐
남들 사는 대로 따라 가는 것보다
더 중요한 것이 있었다.

가족과의 시간, 가슴 뛰는 경험, 회복과 충전... 살다 보면 지금이 아니면 안 되는 일이 있다. 더 늦어도 더 일러도 안 되는 골든 타이밍, 바로 지금이었다. 회사에 휴직 계획을 알린 시점, 출국까지는 한 달 여의 시간이 남아있었고 이제 정말 짐을 꾸리고 떠날 채비를 해야 할 차례였다.

비우고 떠나기

　미국행을 결심한 후 준비하는 과정에서 가장 힘들고 어려웠던 것은 한국 집의 살림살이를 비우는 일이었다. 결혼하고 10년이 넘은 살림은 각종 수납장과 공간을 빽빽하게 채우고 있어 무엇부터 비우고 정리해야 할지 가늠이 안 될 정도였다. 고민 끝에 오래된 물건이 대부분인 기존 살림을 버리고 일 년 후에 돌아와 새살림을 장만하기로 했다. 우리는 결혼할 때 양가 부모님의 지원을 받지 않고 우리의 힘으로 식을 올리고 살림을 시작했다. 자연스럽게 결혼 당시 새로 산 살림보다는 각자 싱글일 때 사용했던 살림을 재활용한 것들이 많았다. 그렇기에 모두 버려도 아쉬움이 없을 만큼 저마다 수명을 다한 것들이 대부분이었다.

　마침, 살던 집에 새로 입주하시기로 한 세입자 가족에게도 우리 아이보다 3살 정도 어린 딸이 있어 미국으로 떠나게 될 우리의 상황을 말씀드리며 혹시나 필요한 가구가 있다면 쓰셔도 좋고, 일부 판매 가능한 물건도 있다고 하니 흔쾌히 목록을 요청하셨다. 결과적으로 제안드린 가구 중 대부분을 재활용 또는 구입하기로 하셔서 폐가구 처리 비용을 절약함과 동시에 중고로 판매한 가구의 수익금을 이사 비용에 보탤 수 있었다. 그렇게 큰 살림 대부분을 세입자분께 인계하기로 한 상황에서 살림살이를 계속해서 비워나갔는데 놀랍게도 비자가 발급된 후 매일 비우고 정리를 해도 무엇이 비워졌는지 느낄 수 없을 만큼 짐은 그대로였다. 중고 판매가 가능한 물건들은 틈틈이 지역 거래 장터인 당근 마켓을 통해 판매하는 동시에 주말마다 집 안을 가득 메운 책들을 알라딘으로, 예스24로 몇 박스씩 나르며 팔았는데도 짐은 줄지 않는 것 같았다.

비워도 비워도 다시 채워지는 화수분처럼 오래된 살림에 다섯 식구의 물건이 차고 넘쳤다. 수많은 물건 가운데 멀쩡한 물건을 버리자니 죄책감과 아쉬운 마음이 들었고, 남기자니 이게 꼭 필요한 물건일지 혼란스러웠다. 어쩜 이렇게 많은 짐을 지고 살았을까 싶었다. 그러나 모든 물건은 비울지, 보관할지 저마다의 운명을 정해 주어야 했다. 매일 이 어려운 숙제를 해나가는 과정에서 나름 합리적인 방법을 찾아냈는데 그것은 바로 버릴 물건을 골라내는 대신 남길 물건을 정하는 것이었다. 무엇을 버릴까 생각하면 복잡해지던 마음이 무엇을 남길까로 바꾸어 생각하자 한결 명료해졌다. 남겨야 할 물건에는 뚜렷한 목적과 이유가 있었기 때문이다. 그렇게 남겨야 할 대상만 남기고 나머지는 모두 처분하는 방향으로 선택의 기준을 바꿔 비움에 속도를 붙여 나갔다.

종국에는 비움과 관련된 책을 찾아 읽기까지 하며 정리에 열을 올렸다. 옷을 비워낼 때에는 곤도 마리에의 책에서 본 '설레지 않으면 버려라'라는 말을 떠올리며 멀쩡하더라도 다시 입고 싶지 않은 옷과 지난 일 년 간 한 번도 입지 않았던 옷들을 골라냈다. 한국 집을 비워야 하는 이사 이틀 전까지도 여전히 처분을 기다리는 많은 물건들이 남아 있었지만 결국에는 모두 정리해냈다. 그렇게 쿠팡에서 구매한 이삿짐 정리 상자 5개로 자잘한 물건들을 모두 추리고 비교적 최근에 구매했던 가전과 옷가지만 남긴 채 비움 프로젝트의 대장정을 마쳤다. 남긴 물건들은 모두 시부모님 댁 방 한편에 보관을 부탁드렸다.

약 한 달 반이라는 시간 동안 많은 물건을 비워내며 앞으로는 정말 신중하게 물건을 들이자고 수없이 다짐했다. 살림을 비워내는 과정은 어렵고 고단했지만 줄어가는 세간살이를 보는 동안에는 마음이 정화되는 기분도 느꼈다. 비워내는 일은 단순히 물건을 버리는 일에 지나지 않고 앞으로의 삶을 어떻게 살 것인가에 대해 진지하게 생각해 보는 계기가 되었다. 이러한 과정이 있었기에 미국에 와서 새롭게 살림을 장만할 때에도 꼭 필요한 물건만을 카트에 담으며 그토록 꿈꾸었던 미니멀 라이프로 자연스럽게 삶의 방식을 전환할 수 있었다.

리셋!
살면서 한 번쯤은
이렇게 소유했던 모든 짐을
정리할 계기가 주어져도 좋겠다.

나는 미국행을 계기로 모든 소유물을 점검할 수 있는 기회를 갖게 되었고, 이를 통해 내가 살아온 방식을 돌아보고 앞으로 살아갈 방향에 대해 진지하게 고민해보는 시간을 가질 수 있었다.

개와 함께 떠난다는 것

우리 가족은 진심으로 개를 사랑한다. 남편과 나는 둘 다 부모님의 반대로 결혼을 통해 완전한 독립을 하기 전까지 집에서 개를 키우지 못했다. 두 사람 모두 반려견을 맞이하는 것이 오랜 소원이었기에 결혼하고 허니문 여행에서 돌아오던 날 첫 번째 반려견 초코를 입양했다. 처음 만났을 때 2개월 된 강아지로 손바닥 위에 올라갈 만큼 작았던 푸들 초코는 어느새 14살이 되었고, 우리와 모든 희로애락을 함께하며 많은 추억을 공유한 더없이 소중한 존재가 됐다. 두 번째 반려견 마음이는 초코의 나이 듦을 느끼며 초코와의 기억을 공유하고 싶은 마음에 입양한 골든 두들이었다. 대형견을 꼭 키워보고 싶었던 우리는 가능하면 초코를 닮은 아이를 만나길 원했고 리트리버와 푸들이 반반 섞여 초코와 닮은 모습을 하고 있으면서 몸집은 크고 온순한 마음이를 두 번째 가족으로 맞이하게 됐다.

아이가 태어난 순간부터 초코는 늘 아이 곁에 있었고, 둘은 함께 성장했다. 그래서인지 아이는 개와 함께 하는 일상을 당연하게 받아들였고, 산책 중 만나는 모든 개와 인사하기를 원할만큼 개를 좋아했다. 개에 관한 책을 제 스스로 찾아 읽기도 하며 우리 집 애견 훈련사를 자처했다. 가족 모두가 개를 좋아하는 만큼 우리에게 개는 삶에서 빼놓을 수 없는 존재였다. 그러나 1년간의 미국행을 앞두고 개들과 동행할지의 여부에 대한 의견은 엇갈렸다. 남편은 개들과 동행하길 원했지만 나는 한국에 있는 부모님께 개들을 부탁드리고 가자는 입장이었다.

10시간이 넘는 장시간의 비행을 나이 든 초코가 감당할 수 있을지에 대한 걱정이 첫 번째 이유였고, 선천적으로 알러지가 있어 잔병치레가 많은 예민한 마음이를 미국까지 데려가 아프기라도 하면 어쩌나 걱정되었기 때문이다. 무엇보다 미국의 동물병원은 수의사를 한 번 대면하는 것만으로도 수십만원이 넘는 비용이 나올 만큼 진료비가 비싸다고 알고 있었기 때문에 아이들이 아플 때 감당하지 못할 비용이 발생될까 걱정되었다. 한국에서 아이들을 늘 진료해 주시던 수의사 선생님조차 미국에 초코와 마음이를 데려가는 것은 걱정이 된다고 말씀하셨다.

그럼에도 불구하고 남편의 고집은 꺾을 수가 없었다. 가족이 아프면 두고 갈 수 있냐고, 내가 아프면 두고 가겠냐고 반문하며 개들에 대한 동행 여부를 의논할 때마다 나의 말문을 막히게 했다. 남편은 미국에 가서 아이들이 아플 시 천문학적인 비용이 든다 하더라도 치료를 할 것이고, 그 역시 우리가 감당해야 할 몫이라며 아이들과 함께 가면 더 많은 이들과 자연스럽게 인사를 나누면서 친구가 될 수 있을 거라고 장담했다. 결국 남편의 뜻을 존중해 아이들을 데려가기로 했고 그때부터는 오로지 아이들을 안전하게 데려가야 한다는 생각으로 매주 동물병원을 방문하며 출국에 필요한 예방접종과 서류들을 준비해 나갔다.

강아지들과 함께 해외로 출국하기 위해서는 기본 예방접종이 필수였고, 이를 증명할 구비서류들을 준비해야 했다. 구비서류가 부족하거나 잘못 갖춰지게 되면 공항에서 아이들을 데려가지 못하는 상황이 발생할 수 있었기에 인천공항 검역소 측에 몇 번이고 문의를 해가며 마지막까지 서류를 확인하고 또 확인했다. 한국에서 미국으로 출국할 때에는 아이들의 건강증명서와 검역증명서만 준비하면 되었으나, 미국에서 한국으로 돌아올 때에는 광견병 접종 후 항체가 생겼다는 것을 증명할 광견병 항체가검사지까지 미리 준비해야 했기에 챙겨야 할 것이 많았다. 우리는 두 달도 남지 않은 기간 동안 모든 준비를 마쳐야 했고 혹시나 광견병 접종 후 항체가 생기지 않게 되면 이후의 모든 일정이 틀어질 수 있었기에 서류가 완전히 준비되기 전까지 마음을 졸여야 했다.

다행히 우여곡절 끝에 일정 내 모든 서류를 준비할 수 있었고, 아이들을 매번 진료해 주시던 수의사 선생님과의 상담을 통해 정기적으로 복용이 필요한 심장사상충, 외부기생충, 구충제, 귀약까지 미리 구비하여 든든한 마음으로 출국할 수 있었다. 출국 당일, 장시간의 비행 끝에 아이들을 만나던 순간을 떠올리면 지금도 마음이 아프다. 마음이는 어쩌다 켄넬 안에 걸어준 물병을 떨어뜨렸는지 물병이 바닥에 나뒹굴고 있었다. 오래도록 물도 마시지 못했을 마음이를 생각하니 얼마나 목이 말랐을까 안쓰러웠다. 초코는 혹시 모를 상황에 대비해 켄넬 안에 배변 패드를 깔아 주었음에도 불구하고 내내 쉬아를 참아 공항에서 켄넬을 양도 받은 후 야외에 내려주자마자 아주 오랫동안 쉬아를 했더랬다.

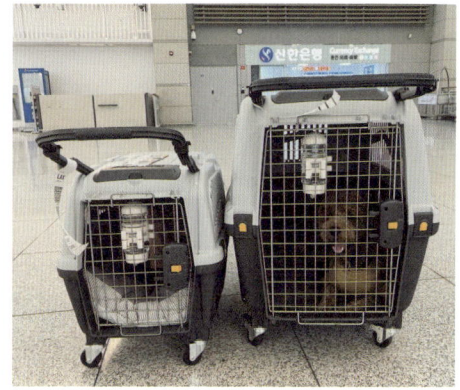

그러나 다행스럽게도 걱정이 무색하게 미국에 온 뒤 아이들은 마음껏 산책하고, 어딜 가나 사랑받으며 잘 지내 주었다. 초코와 마음이를 데리고 집 앞 공원으로 산책을 나가면 우리처럼 개를 키우는 다른 반려인들이 꼭 다가와 인사를 건넸다. "몇 살이야? 남자야 여자야? 개 이름이 뭐야?" 간단한 이야기를 주고받다가 서로의 이름을 묻고, 전화번호까지 교환하며 친구가 되는 일이 허다했다. 남편의 말이 맞았다. 미국에서 만난 소중한 인연들은 대부분 강아지들을 통해 만나게 된 사람들이었다. 처음 미국에 와서 모든 것이 낯선 상황 속에서 서툰 언어로 매일을 고군분투해야 했을 때도 집에 돌아오면 온 몸으로 반가워하며 맞아주었던 아이들이 있었기에 외롭지 않았다.

미국에 도착한 후 짧은 연휴 동안 우리는 라스베가스부터 조슈아 트리 국립공원까지 약 열흘간 서부 로드 트립을 떠났는데 이때도 강아지들과 함께했다. 실제 개와 함께 하는 여행은 말로 다 할 수 없을 만큼 많은 불편을 감수해야 한다. 털친구들에게 관대한 미국이라고 해도 호텔에 머물 때면 시트에 발자국이 묻거나 카펫에 쉬를 하는 일이 없도록 수시로 야외 배변을 시켜야 했고, 외출할 때에도 아이들만을 호텔에 남겨둘 수 없었기에 어디나 동행해야 했다. 개와 함께 출입이 가능한 곳도 많았지만 그렇지 않은 곳이 더 많았기에 관광지에서도 많은 볼거리를 포기해야 했으며, 꼭 가보고 싶었던 레스토랑 앞에서도 출입 제한 딱지가 붙어있으면 그대로 발길을 돌려야 했다. 출입이 가능한 곳들 중에도 야외 테이블로 국한된 곳이 많았기 때문에 비바람이 부는 날에는 떨어지는 비를 맞으며 식사를 해야 했다.

그럼에도 불구하고
기꺼이 불편함을 감수하는 것
개와 함께 하는 여행, 개와 함께 하는 삶은
그런 불편함 속 순간의 특별함을 누리는 일이었다.

함께 걷고, 함께 나누며 더 특별해지는 우리들만의 순간을 차곡차곡 쌓아가는 일, 우리는 그런 삶을 선택했다. 그리고 그 선택은 틀리지 않았다. 아이들과 함께였기에 우리의 미국 생활은 더 풍성해질 수 있었다.

구분	구비서류	유의사항
한국 → 미국 출국 시	건강증명서(영문)	검역본부 서식기준, 출국일로부터 7일 내 발급
	검역증명서	공항 내 농림축산검역본부에서 출국 3일 내 발급
미국 → 한국 입국 시	건강증명서(영문)	검역본부 서식기준, 출국일로부터 7일 내 발급
	검역증명서	출국 시 발급받은 서류로 대체(유의보관 필요)
	마이크로칩	내장된 이식칩 현장 스캔으로 별도 서류 불필요
	광견병항체가검사지	채혈 후 2년 이내 발급분

▲ 애견 동반 출입국 시 필요한 서류

일상의 사소한 순간마다 감사해진다.
아무런 의심도 요구도 없이
그저 가만히 바라봐 주는
까만 눈동자를 마주할 때마다

오늘도 말없이 다가와
체온을 나눠주는 나의 친구들
38.5도의 개가 주는 위안은 마치 기적 같다.

LA에서 내 집 찾기

한국 집을 비워야 할 날짜는 정해졌는데, 현지에서 거주할 집은 정해지지 않은 상황에서 남은 기간은 두 달! 미국 유학을 준비하며 틈틈이 현지 부동산 사이트에 소개된 매물들을 구경하긴 했지만 막상 집을 구하려니 어디서부터 어떻게 시작해야 할지 막막했다. 남편은 근거도 없이 자신만만했다. "괜찮아, 지금부터 미리 조건에 맞는 집을 찾아 리스트업 해두었다가 미국 가서 호텔 잡고 일주일 정도 머물면서 직접 가보고 결정하면 돼" 남편의 말을 듣자마자 이건 아니다 싶었다. 아이와 개 두 마리를 데리고 호텔에 머물며 집을 보러 다닐 우리를 상상하니 시작도 하기 전부터 머리가 아팠다. 집을 직접 보고 계약하길 원하는 남편에게 나는 우리를 대신해 집을 방문하고 계약을 대행해줄 정착 서비스를 이용해 보자고 제안했다.

우리가 거주지로 고려하고 있는 지역을 포함해 남부 캘리포니아에서 정착 서비스를 제공하고 있는 '아하빌라'라는 곳에 문의 메일을 보내고 서비스 선택에 따른 견적과 진행방식을 안내받았다. 남편은 1년이나 살 집을 직접 보지도 않고 대리인을 통해 계약한다는 사실을 못 미더워했지만 나는 네이버 카페에 올라온 수많은 후기를 보여주며 정착 서비스 계약을 밀어붙였다. 실제로 온라인 카페에는 수년간 아하빌라를 통해 정착 서비스를 이용하고 매우 만족했다는 글들이 많았다. 일의 진행방식이 우리의 기대와 다를 수는 있겠지만 이렇게 많은 후기들이 모두 만들어진 것은 아닐 터였다. 무엇보다 현지 입국 후 집을 구하게 될 경우 우리의 기대와는 다르게 발생할 수 있는 수많은 변수와 그에 따라 아이들이 고생하게 될 리스크를 최소화할 수 있다는 것을 생각하며 우리는 정착 서비스를 이용하기로 결정했다.

그렇게 10월 말 계약금을 입금하고 약 3주간 시차를 맞춰 지속적으로 소통을 해나갔다. 처음 우리가 거주지로 고려한 지역은 사우스 패서디나(South Pasadena)였다. 거주지 선택의 기준은 치안, 아이의 학군, 남편의 통학 거리(1시간 이내)였다. 사우스 패서디나는 안전하면서 평점이 높은 초등학교가 많은 곳으로 남편의 학교인 USC에서도 차량 이용 시 30분 정도 소요되는 거리에 있어 좋은 후보지로 보였다. 그러나 문제는 예상치 못한 상황에서 발생했다. 사우스 패서디나에는 나오는 매물 자체가 적었던 데다가 개 두 마리를 동행해야 하는 우리는 악조건의 세입자였던 것이다. 그렇다 보니 정착 서비스 측에서 제안해 주시는 집들이 매우 제한적이었다. 이렇게 하다가는 출국하기 전까지 집을 구하기 어려울 수도 있겠다는 생각에 부동산 사이트에 올라와 있는 매물을 우리가 직접 체크해 보고 마음에 드는 매물이 있으면 검토를 부탁드려도 될지 정착 서비스 측에 여쭈어 보았다. 정착 서비스 측에선 다행히 이를 수용해 주셨고 우리 부부와 정착 서비스 측이 함께 후보지로 고려할만한 매물들을 살펴보기로 했다.

그러나 부동산 사이트에 소개된 내용에 따라 펫 동반 거주가 가능한 매물을 찾고 그중 마음에 드는 집을 골라 검토를 요청해도 정착 서비스 측을 통해 컨텍해 보면 큰 개는 안된다거나 한 마리까지만 가능하다는 답변이 돌아오는 것이 대부분이었다. 결국 우리는 인근의 다른 지역까지 범위를 넓혀 매물을 검토하기로 했다. 사우스 패서디나 외에 추가 후보지로 검토한 곳은 레돈도 비치(Redondo Beach), 맨해튼 비치(Manhattan Beach), 팔로스 버디스(Palos Verdes) 그리고 LA다운타운 인근의 대단지 아파트인 파크 라브레아(Park La Brea)였다. 그렇게 계속된 물색 끝에 정착 서비스 측에서 추천해주신 매물과 우리가 발견한 매물을 대상으로 현지에서 입주 가능 여부를 체크해 주시면 우리가 생각하는 기준 요건에 부합하는지 2차 확인을 해나가는 방식으로 후보지를 좁혀 나갔다.

우리가 후보 거주지를 찾아내는 방식은 다음과 같았다. 먼저 현지 주요 부동산 사이트인 Trulia/Zillow/Realtor.com에 가능 예산과 펫 가능 여부 등의 필터링 조건을 설정하고 검색한 뒤 마음에 드는 집을 저장한다. 그 중에서 가장 활용도가 높았던 사이트는 Trulia였는데 다른 사이트와는 달리 해당 주거지의 범죄율 정보를 별도로 제공하고 있어 관심 매물의 치안 상태를 체크하기에 좋았다. Trulia에서는 지도상에 범죄 발생 수준을 가장 낮음부터 높음까지 총 5단계로 분류하여 컬러 표기로 보여

주고 있었는데 해당 주거 지역의 범죄 수준을 한눈에 파악할 수 있는 기능이 유용해서 다른 사이트에 소개된 매물이라 하더라도 Trulia에 주소를 붙여 넣어 다시 한번 관심 매물의 치안 상태를 확인하기도 했다. 다만, 미국 생활을 마치고 한국에 돌아와 다시 접속했을 때에는 Trulia에서 제공하던 범죄율 체크 서비스가 해당 지역에 대한 그릇된 편견을 야기할 수 있다는 이유로 종료되어 있었다.

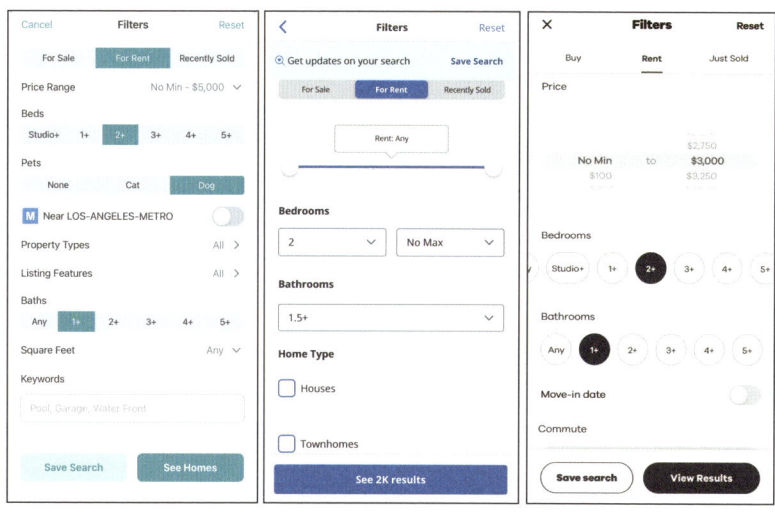

▲ Trulia검색 화면　　▲ Zillow 검색 화면　　▲ Realtor.com 검색 화면

두 번째로는 Greatschools.org에 접속해 학교의 평점 및 인종 비율을 확인했다. 이 사이트에서는 학생들의 평균 학력과 학업성취도, 교육환경 전반의 정보를 종합해 학교 평점을 제공하고 있었다. 더불어 학생 대 교사 비율과 학생의 인종 비율도 함께 확인할 수 있어 전반적인 정보를 확인하기에 유용했다. 기본적으로 10점 만점 기준 7점 이상일 경우 학군이 좋은 편에 속한다고 볼 수 있었기에 아무리 마음에 드는 매물이라 해도

배정 학군의 평점이 6점 이하라면 과감하게 검토 대상에서 제외하는 방식으로 후보 매물을 좁혀 나갔다.

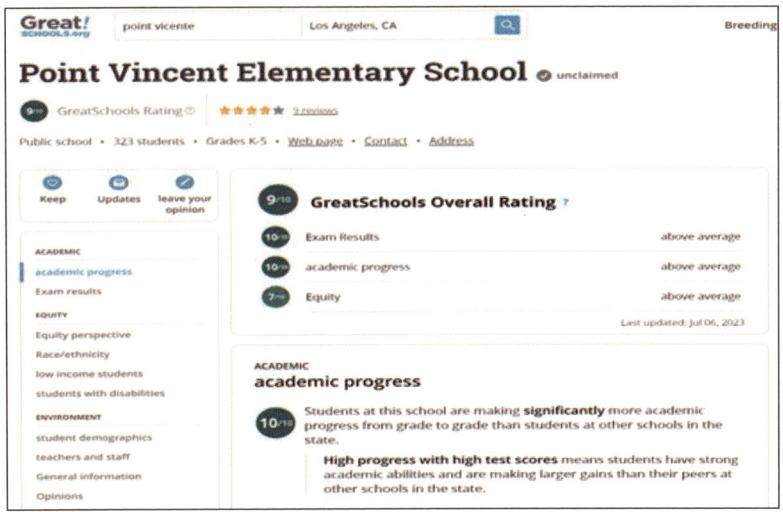

세 번째로는 관심 매물 인근의 편의시설들과 차 또는 도보를 이용한 이동 거리를 체크했다. 이 부분은 구글맵을 이용해 쉽게 확인할 수 있었다. 구글맵에 관심 매물의 주소를 입력하면 인근에 위치한 도서관, 공원, 마트, 커피숍, 헬스장, 아이를 위한 학원 등의 시설 여부와 함께 해당 편의시설까지의 이동 거리를 쉽게 확인할 수 있었다. 평소에 가장 많이 이용하게 될 인근 마트, 도서관, 공원 등이 집에서부터 너무 먼 곳에 위치해 있다면 좋은 매물이라고 할 수 없었다.

마지막으로 매물을 직접 눈으로 보고 확인할 수 없는 상황을 고려해 구글에서 제공하는 스트리트뷰 서비스를 통해 후보 매물의 주변 풍경과 분위기를 확인했다. 그렇게 모든 조건을 통과한 매물에 한해 정착 서비스 측에 대리 방문을 부탁드렸다. 약 3주간의 진행 과정에서 최종 검토 매물로 채택하여 정착 서비스 측에 대리 방문을 부탁드린 매물은 총 5개였다.

그렇게 일련의 과정들이 순조롭게 진행되는 듯 보였지만 위기는 계속해서 찾아왔다. 현지에 거주할 집을 알아보는 과정에서 고민할 새도 없이 빠르게 매물이 계약되어 사라지는 경우가 빈번했던 것이다. 이 때문에 현지에서 직접 집을 보지 못하는 제한적인 상황에서도 빠른 판단과 의사결정이 필요했다. 결국 먼저 계약되었거나 기준 요건을 충족하지 못한 매물을 제외하고 최종 후보지로 레돈도 비치(Redondo Beach)와 팔로스 버디스(Palos Verdes) 두 곳을 검토하게 되었다.

구분	사이트 또는 APP
매물 체크	Trulia/Zillow/Realtor.com
학교 평점 및 인종 비율	Greatschools.org/california
인근 편의시설 및 동선 체크	Google Maps
주변 풍경 확인	Google Street View

▲ 현지 주거지 선택 시 기준 요건과 참고 사이트

팔로스 버디스는 캘리포니아 내에서도 워낙 부촌으로 알려져 있어 지레 겁을 먹고 후보지로 검토조차 하지 않던 곳이었는데 펫 동반 거주가 가능한 매물이 많아 후보지로 검토하게 되었다. 다른 지역의 경우 매물 자체를 찾기가 어려웠고, 상대적으로 예산은 점점 올라가고 있는 상황이었기에 다른 매물들과 비교할 때 팔로스 버디스는 오히려 저렴한 측에 속한 옵션이 되어 있었다. 부동산 사이트나 구글 스트리트뷰를 통해 팔로스 버디스의 아파트 주변 사진을 보니 기암절벽과 함께 드넓은 태평양 바다가 펼쳐져 있어 다른 지역들과는 다른 풍경이 낯설게 느껴지고 겁이 나기도 했다. 그러나 시간을 끌며 고민만 하다가는 어렵게 추린 매물마저 놓쳐 버릴 세라 빠른 결단이 필요했다.

팔로스 버디스의 주변 풍경이 지나치게 자연 친화적이긴 했지만 이곳의 치안은 어느 곳과도 비교할 수 없을 만큼 안전했다. 더구나 검토했던 매물의 배정 학교를 비롯해 인근의 초등학교 모두 10점 만점 중 9점 이상을 기록할 만큼 학군이 좋았으며, 캘리포니아 내 대부분의 아파트에서는 세탁기와 건조기를 공동으로 사용해야 하는 곳이 많은 반면 팔로스 버디스 내 후보 매물로 검토한 아파트에는 집 안에 세탁기와 건조기가 모두 구비되어 있어 생활하기에도 편리할 것 같았다. 우리 가족은 남편이 MBA 과정을 마칠 때까지 단기로 미국에 거주할 계획이었기에 LA다운타운이나 토렌스와 같은 인근 지역과 비교했을 때 팔로스 버디스는 거주하는 한인이 상대적으로 적다는 점도 우리에겐 장점으로 느껴졌다. 처음 적응할 때 외롭고 낯설긴 하겠지만 거주 기간이 1년 여로 짧은 편인만큼 완전한 현지 환경에서 거주하는 것이 언어 발달 및 그곳의 문화 체험에 도움이 될 것 같았다.

단점이라면 남편의 학교까지 차로 50분가량 소요되는 거리에 있다는 것과 인근 편의시설 대부분을 차로 10분 이상 이동해야 한다는 점이었다. 하지만 학교와 편의시설을 도보로 이동 가능한 LA 다운타운의 파크 라브레아가 아니라면 차량을 이용한 이동이 필수라는 점은 다른 지역도 마찬가지였다. 그렇게 고민 끝에 떨리는 마음으로 치안과 학군이 좋은 팔로스 버디스를 최종 거주지로 선택하고 정착 서비스 측에 계약을 위한 리싱 오피스 방문을 부탁드렸다. 다행히 별다른 문제없이 최종 계약이 완료되었고, 미국 입국 한 달 전 캘리포니아에 집 구하기 미션을 완수할 수 있었다.

처음 미국에 도착해 한국에서 미리 계약해 두었던 팔로스 버디스의 아파트에 입주하던 날이 생생하다. 집으로 가는 길은 이름마저 Beachview인 아름다운 해안 도로를 따라 태평양이 그림처럼 펼쳐져 있었고 하늘인지 바다인지 경계를 알 수 없는 파랑을 따라 달려간 길 끝엔 리조트를 방불케 하는 아파트 입구가 자리 잡고 있었다. 현관문을 열자 테라스 창 밖으로 가장 먼저 보인 뷰는 수영장과 자쿠지 풀이었다. 첫날, 집에 들어가면 기존 세입자가 나간 후라 상태가 엉망일 거라고 예상했었는데 입주 청소를 한 듯 모든 것이 깨끗하게 정비되어 있어 놀라웠다. 빌트인 가전으로 구비되어 있는 냉장고, 전자레인지, 세탁기, 건조기, 식기세척기, 오븐의 상태도 무척 깨끗했다. 알고 보니 개인 소유의 하우스나 콘도 같은 경우 청소가 필요한 상태가 많지만 아파트는 회사에서 관리하면서 별도의 리싱 오피스(Leasing Office)를 두고 있어 기존 세입자가 나간 후 약 열흘 정도의 기간을 확보해 미리 입주 청소를 해둔다고 했다.

덕분에 첫날부터 고무장갑을 끼고 바닥을 닦는 수고를 덜 수 있었고, 이후에도 수리가 필요한 부분에 대해서는 아파트 측에서 즉각적인 지원을 해주어 불편함 없이 생활할 수 있었다. 쓰레기를 버릴 때에도 금요일과 토요일을 제외한 매일 저녁 6~8시 사이에 쓰레기봉투를 집 앞에 내놓으면 아파트에서 수거해 대신 버려주는 시스템 덕분에 사는 내내 생활의 만족도가 높았다. 더불어 아파트 관리사무소인 리싱 오피스에서는 Valentine's Day, Mother's day, Christmas 등 주요 기념일 마다 디저트와 선물을 준비하는 귀여운 이벤트도 자주 열어 일상에 소소한 재미를 더해주었다.

▲ 미국에 입국한 첫날 아파트 테라스에서 바라본 풍경

출국하기 전 미국에서 살 집을 미리 구하는 것은 우리가 예상했던 것보다 많은 허들이 있어 쉽지만은 않았다. 진행 과정에서 마음 고생을 하기도 했고, 계약을 마치고 난 뒤에도 실제 상태가 괜찮을지, 주변 환경이 어떨지 걱정되어 마음을 놓을 수 없었다. 하지만 3주간의 고생 끝에 LA에서 내 집 찾기라는 미션을 마치고 나니 가장 큰 숙제를 끝냈다는 생각에 한결 홀가분한 마음으로 남은 준비를 할 수 있었고, 그제서야 비로소 떠난다는 것이 실감 나기 시작했다.

정착 서비스 이용은 필수일까?

　우리는 결혼 후 이곳, 저곳으로 여행을 많이 다녔다. 여행을 위해 일을 하는 것인지, 일을 하기 위해 여행을 하는 것인지 알 수 없을 만큼 계절마다 떠났다 돌아오기를 반복하다 연말정산을 할 때가 되어서야 차 한 대 값과 여행을 바꾸었다는 사실을 깨닫곤 했다. 둘이 벌면서 한 사람의 연봉은 여행에 쏟아붓는 일반적인 경제관념을 가진 사람들의 시선에서는 이해 받을 수 없는 그런 삶을 코로나가 터지기 전까지 지속했다. 그렇게 결혼 후 10년이 넘는 시간 동안 30개국이 넘는 많은 곳으로 여행을 다니며 낯선 길 위에서의 설렘을 즐겼다.

　그런데 이상했다. 그토록 많은 곳을 여행하면서도 지겨운 줄 몰랐던 우리였는데 바라던 미국행을 앞두고 돌연 두려운 마음이 들기 시작했다. 여행이 아닌 생활을 앞둔 자의 두려움이었다. 우리에게는 LA에 사는 먼 친척, 지인조차 없었기에 정착을 앞두고 지역별 치안이나 정서는 어떠한지, 차는 어떻게 구하는 게 좋을지 물어볼 곳이 없었다. 미국행을 앞둔 사람들이 많이 가입하는 카페나 블로그 또는 유튜브 등 인터넷을 통해 정보를 찾아 보았지만 모두 제한적인 반쪽짜리 정보에 불과했다. 여행을 떠날 땐 그저 평점 높은 호텔이나 에어비앤비를 구하면 그만이었는데 다섯 식구의 생활을 책임질 큰 결정을 앞두니 마음이 무거웠다. 차와 집, 모든 세간살이를 정리하고 떠나는 긴 여정에서 어떤 위험이 도사리고 있을지 모르는데 맨 땅에 헤딩하는 것만 같아 출국 준비를 하는 내내 불안한 마음을 지울 수 없었다.

고민 끝에 집 계약과 차 구입, 전기 신청, 학교 등록 등 생활을 위해 필요한 여러 서비스를 대행해주는 정착 서비스를 이용하기로 결정하고 계약금을 입금한 뒤에도 마음고생이 한 번에 사라지진 않았다. 눈 뜨고 코 베어 간다는 LA에서 제일 조심해야 할 것은 한국 사람이라는 말도 숱하게 들었던 터라 얼굴 한 번 보지 못한 정착 서비스 측에 서비스 비용과 집 계약금을 덜컥 입금해도 되는 것인지 걱정이 됐다. 하지만 이미 일부 비용은 입금한 상태였고, 이제는 정착 서비스 측 사람들을 믿고 단계별 의사결정을 신중하게 해 나가는 것만이 우리가 할 수 있는 최선이었다.

우리의 정착 서비스를 담당해주신 제니&제이님께서는 부부로 현지 부동산 중개 자격증을 갖추고 오랜 시간 캘리포니아 지역 전반의 정착 서비스를 담당해 오신 분들이셨다. 미국과 한국의 시차로 인해 초반 두 분과의 소통에 물리적인 어려움을 겪긴 했지만 모든 과정에서 매우 신중하고 성실하게 커뮤니케이션을 이어가며 정착하는 과정을 도와주셨다. 처음에는 집 찾기, 아이의 학교 등록, LA공항 픽업 및 DMV 동행 서비스까지만 신청했다가 입국 후 두 분을 만나 뵙고 믿음을 갖게 되면서 차 구입과 가구 등 생활에 필요한 살림의 구매 동행 서비스까지 추가로 신청하게 되었다. 결국 정착 서비스에서 제공하는 모든 옵션을 풀서비스로 받게 된 셈이었다.

결과적으로 정착 서비스를 이용하기로 한 것은 대성공이었다. 모든 과정을 직접 진행해 보겠다고 주장하다가 나의 설득에 정착 서비스 계약을 해두곤 내내 미심쩍어하던 남편도 정착 서비스를 이용하길 너무 잘했다고 두고두고 이야기했다. 나중에서야 안 사실이지만 현지에서 거주할 집을 구할 때에는 캘리포니아 거주자인 동시에 일정 금액 이상의 재산을 보유한 이가 보증을 서야만 계약을 할 수 있었으며, 실제 부동산 사이트에 소개된 매물의 옵션이 실제 문의를 해보았을 땐 사실과 다른 경우도 많아 직접 계약을 진행했다면 집 계약의 첫 단추부터 고생했을 것이 불 보듯 뻔했다.

더구나 집 계약 외에 차 구입, 학교 등록, 은행계좌 개설, 휴대폰 개통, 인터넷 신청, 운전면허 시험을 위한 DMV(운전면허시험장) 동행, 가구 및 생활용품 구입까지 생활을 위해 기본적으로 셋팅이 필요한 모든 진행 과정에서 정착 서비스를 통해 도움을 받지 않았다면 처음 마주해야 했던 많은 상황 속에서 시행착오를 겪었을 것이다. 실제 미국으로 이주 또는 이민을 하는 많은 분들이 모두 우리와 같이 정착 서비스를 이용하진 않을 것이다. 직접 발품을 팔고 시간을 들여 모든 과정을 훌륭히 수행해내는 분들도 많지만 우리는 아이의 새 학기가 시작되기 전 방학기간을 이용해 현지 도착 4일만에 열흘 간의 서부 로드 트립을 계획하고 있었기에 빠른 셋팅이 필요했고, 그런 면에서 시간과 에너지를 많이 절약할 수 있었다. 무엇보다 정착 서비스 측의 제니&제이님과 동행하면서 생활을 위해 필요한 유익한 정보도 많이 듣고 현지에 거주하는 분들께 얻을 수 있는 다양한 생활 팁도 전수받을 수 있었다. 정착 서비스를 이용한 덕분에 우리는 현지 도착 3일만에 생활을 위한 대부분의 셋팅을 끝내고 빠르게 현지 생활을 시작할 수 있었다.

LA공항에 처음 입국하던 날, 아이의 이름이 적힌 피켓을 들고 입국장에서 우리를 기다리던 제니&제이님을 만나던 순간을 기억한다. 초코와 마음이의 입국에 행여 문제가 생길까 마음을 졸이다 반려견 동반 출국을 위한 구비서류를 모두 제출한 후 승인을 받고 난 후에야 한시름 놓고 비행기에 탑승했는데 이런 저런 생각에 한 시도 눈을 부치지 못한 상태였다. 앞으로 우리에게 펼쳐질 미국 생활이 어떠할지 상상이 되질 않았다. 오랫동안 바래왔던 일이었지만 낯선 세계로 발을 들여 놓는 일이 설레는 동시에 두려웠다. 그렇게 잠 못 이루고 낯선 땅에 도착했는데 누군가 우리를 기다리고 있었다는 사실이 눈물 나게 고마웠다. 왜 그랬는지 생전 처음 보는 두 분 앞에서 눈물이 쏟아지려는 걸 겨우 참고 덤덤한 척 인사를 나누었다. 그러나 결국 두 분과는 다섯 번의 만남을 끝으로 헤어져야 했을 땐 눈물을 참지 못하고 말았다. 정착 서비스가 진행되는 모든 과정에서 진심으로 최선을 다해 주셨던 두 분께 감사한 마음과 다시 뵙지 못한다는 생각에 아쉬운 마음이 깃든 눈물이었다.

언젠가 두 분이 운영하시는 네이버 포털 사이트의 아하빌라 정착 서비스 까페에 어떤 분이 올리신 후기에서 자신의 모든 재산과 명예, 목숨을 걸고 이 분들을 추천한다는 내용을 본 적이 있었다. 당시에는 재미있다 싶으면서도 좀 과한 것 아닌가 하는 생각을 했으나 제니&제이님과 정착 서비스를 진행한 뒤엔 그 분이 왜 그런 후기를 쓰셨는지 알 것 같았다. 진행하는 모든 과정에서 진심을 담아 도움을 주시려고 애쓰시는 모습에 이토록 좋은 분들과 인연을 맺고 현지 정착을 안전하게 마칠 수 있었음에 감사한 마음이 들었다. 만일 소중한 지인 중 타국에서의 정착을 앞둔 이가 있다면 현지의 정착 서비스를 이용해 보라고 권하고 싶다. 물론 어떤 업체, 어떤 분들과 인연이 닿느냐에 따라 그 결과와 만족도가 달라질 수 있겠지만 현지 경험과 노하우를 가진 좋은 업체를 만난다면 초반 정착에 실로 많은 도움을 받을 수 있을 것이다. 정착 서비스를 이용한 덕분에 우리는 미국 생활의 첫 단추를 성공적으로 끼우며 안정적으로 생활을 시작할 수 있었다.

구분	상세 내용	적용 일정
집 찾기	렌트 정보 수집 및 답사 사진과 동영상 촬영 및 발송 예약 및 홀딩 계약서 통역 최종 계약	현지 도착 전 완료
차 구입	신차 및 중고차 구매 자동차 등록 자동차 보험가입	현지 도착 3일차 완료
학교 등록	학군 정보 입학 서류 및 절차 안내 입학 시 필수 예방접종 안내 학교 방문 동행(1회)	현지 도착 2주차 진행 (현지 방학 및 홀리데이 일정에 따라 변동 가능)
가구 및 생활용품 동행	IKEA(가구) 생활용품 및 가전제품 구입 동행	현지 도착 2일차 완료
LA공항 픽업 및 DMV 동행	LA공항 픽업 전기/가스/수도 유틸리티 선불 폰 개통 동행 은행계좌 개설 동행 인터넷 신청 동행 집 보험 가입 안내 장보기 동행 DMV 운전면허 필기시험 동행	현지 도착 1일차 완료 (DMV 별도 진행)

▲ 캘리포니아 지역 정착 서비스를 담당하는 아하빌라 서비스 내용

해외에 나가서 아프면 어떡하지?

가장 어리석은 걱정은 일어나지 않은 일에 대한 걱정이라는데 출국이 다가올수록 걱정거리가 늘어갔다. 겁 없이 떠난 미국 생활에서 식구 중

누가 아프기라도 하면 어쩌나 하는 걱정에 떠나기 전부터 마음이 불안했다. 미국에서는 진료를 받기도 어려울뿐더러 진료비가 비싸다는 이야기도 많이 들었던 터라 혹시 모를 상황에 대비하여 떠나기 전 해외에서 아플 때 의료비를 보상 받을 수 있는 보험을 알아보기로 했다.

그러나 막상 인터넷 블로그나 카페 등을 통해 검색해 봐도 회사별 보험 상품을 비교해둔 정확한 정보를 찾기가 어려웠다. 각 보험사에서 홍보용으로 게시해둔 광고성 글 또는 계약 조건과 비용이 명시되지 않은 모호한 글이 대부분이었다. 결국 직접 알아보기로 마음먹고 국내 보험사에 해외 체류 시 발생한 의료비를 보상 받을 수 있는 한도와 조건을 알아보기 시작했다. 남편은 학교에서 제공해주는 보험을 가입하기로 한 상태였기에 동반가족인 나와 아이만 국내 보험사를 통해 알아보면 되는 상황이었다.

우리와 같이 해외에 머물 계획이 있는 사람들을 위해 해외 장기 체류 보험이라는 명목으로 많은 보험 상품들이 판매되고 있었다. 해외 유학 시 가장 많이 가입한다고 하는 국내 3개 보험사에 전화를 걸어 상담을 받은 결과, 회사마다 보상한도 금액과 조건에 조금씩 차이가 있는 것을 확인할 수 있었다. 고민 끝에 보상한도가 가장 높으면서 자기 부담금이 제로인 현대해상 보험을 가입하기로 결정했다. 2021년 12월 기준 나와 딸아이, 2인에 대한 1년 계약 총 보험료는 137만원이었다. 함께 알아보았던 한화와 동부화재는 모두 최대 1억원까지만 보장이 가능한 반면 현대해상을 기준으로 한화는 조금 더 저렴했고, 동부화재는 조금 더 비쌌다. 보장한도가 가장 높으면서 중간 가격대에 있는 현대해상을 선택하는 것이 가장 합리적이라고 판단했다.

보험 가입 절차는 생각보다 간단해 아이패드를 통한 서류 기입과 발송 후 전화를 통한 결제만으로 가입을 마칠 수 있었고, 가입 당일 보험 가입에 따른 증권 수령까지 빠르게 완료할 수 있었다. 요즘은 인터넷을 통해서도 많은 정보를 쉽게 얻을 수 있지만 그 중에는 광고성 글과 정확하지 않은 정보들도 난무하기에 보험을 가입할 때에는 각 회사의 본사 고객센터로 전화를 걸어 본인의 상황에 맞는 보험 상품의 가격과 보장 조건을 직접 체크한 후 비교해보고 가입하는 것을 추천한다. 특히 최근에는 코로나로 인해 보험 보장 조건이 변경되는 경우도 더러 있으며 가격 또한 변동 가능성이 있으므로 누군가의 카더라 통신보다는 직접 체크하고 알아보는 것이 가장 정확하고 안전한 것 같다.

보험이라는 것이
이렇게 든든한 것인 줄을
예전에는 미처 몰랐다.

먼 타지에서 여행자가 아닌 생활자로 살아야 한다고 생각하니 보험만큼 마음을 든든하게 해주는 것이 없었다. 생각해보니 미국으로의 출국을 결정하고 비자가 발급된 후 가장 먼저 한 일도 약국으로 달려가 각종 상비약을 구매한 것이었다. 미국에서는 병원 방문이 한국처럼 쉽지 않은 만큼 무의식 중에 가족들의 건강이 염려되었던 것이다. 가장 좋은 것은 보험을 사용할 일이 없도록 가족 모두가 건강하게 지내다 돌아오는 것이겠지만 혹시 모를 상황에 대비해 온 가족의 보험가입을 마치고 나니 그제야 출국 준비에 마침표를 찍은 것 같은 기분이 들었다. 실제로 미국에서 거주하는 동안 보험을 통해 보상받을 일이 있을까 싶었지만 입국 후 1년 도

채 되지 않아 아이가 코로나에 걸렸을 때를 비롯해 난생처음 생긴 충치로 치과를 찾았을 때까지 2번이나 병원에 방문할 일이 생겼고 보험사를 통해 받은 보상금 덕분에 치료비 부담을 덜 수 있었다.

일년 살기를 위한 다섯 식구의 짐

　세 사람과 두 마리의 개, 다섯 식구가 미국에서 1년을 살려면 얼마만큼의 짐이 필요할까? 미국에서 살 짐을 꾸릴 때 어떤 이는 선편으로 가구와 전자제품 등 각종 살림살이를 거주할 곳으로 부쳐 해외 이사 수준의 현지 배송을 해야 한다고 했고, 어떤 이는 책과 같이 무게가 많이 나가는 짐 일부를 국제 우편으로 따로 보내는 것이 좋다고 했다. 그러나 우리는 고민 끝에 별도로 짐을 부치지 않고 출국 당일 가져갈 수 있는 만큼만 짐을 꾸리기로 했다. 꼭 가져가야 할 것들만 최소한으로 준비하고 필요한 것은 현지에서 조달하기로 결정한 것이다. 심플하게 살자, 이것이 미국행을 준비하는 동안 오래된 살림살이를 정리하며 다짐 또 다짐했던 말이다. 막상 짐을 꾸리자니 이것도 담아야 할 것 같고, 저것도 담아야 할 것 같아 아쉬운 마음이 들었지만 그때마다 두 달 넘게 비우고 또 비우며 다짐했던 마음을 떠올렸다.

　출국 당일 우리가 예약해둔 아시아나 항공의 LA행 무료 수하물 허용량은 이코노미 클래스 기준 1인당 23kg 상당 위탁수하물 최대 2개, 10kg 상당 기내 수하물 1개였다. 따라서 우리 가족은 3인 기준 총 23kg 상당

6개의 위탁수하물과 10kg 상당 기내 수하물 3개를 가져갈 수 있었다. (반려견 켄넬 2개 및 배낭 제외) 사실상 짐을 옮길 수 있는 어른은 남편과 나 2인뿐이었기에 출국 당일 짐을 옮기는데 들어갈 수고를 생각해 최소의 짐을 꾸릴 계획이었다. 그러나 짐을 싸다 보니 최종적으로 위탁수하물 5개, 기내 수하물 2개, 반려견 켄넬 2개, 배낭 2개를 가지고 떠나게 되었다. 나의 기준엔 처음 계획했던 것보다는 꽤 많은 짐이었지만 일년살이를 위한 짐인 것을 감안하면 이주 살림이 적은 편이었다.

짐을 챙길 때 우선순위는 학교 등록 등 현지 정착을 위한 중요 서류 → 상비약 → 방역 마스크 → 책(문제집/읽을 책/일기장) → 전자기기(노트북/아이패드) → 110v전기장판 → 화장품 → 문구류 → 방한용품 순으로 잡았다. 의류는 일 년 내내 온화하지만 일교차가 큰 캘리포니아 날씨를 고려해 한국에서 입었던 계절별 옷 중 가장 활용도가 높은 옷들을 허용된 짐의 개수와 무게 내에서 챙겨 넣었다. 신중하게 짐을 꾸린다고 꾸렸으나 현지에 도착하고 나니 이걸 조금 더 챙겨 왔으면 좋았을걸 싶은 것들도 많았다. 예를 들어 캘리포니아의 따뜻한 날씨를 생각하며 전기장판은 오버인가 싶었지만 추위를 워낙 잘 타는 탓에 1인용 전기장판 2개를 챙겨 갔는데 낮에는 반팔을 입을 정도로 화창했다가도 밤이 되면 바닷바람으로 인해 급격하게 기온이 내려가는 일교차 탓에 전기장판은 정말 잘 가져왔다고 생각되는 아이템 중 하나였다.

오히려 사람은 셋인데 전기장판은 2개뿐이다 보니 인원 수대로 여유있게 준비해 왔더라면 얼마나 좋았을까… 내내 아쉬운 마음이 들었다. 아마존에서도 유사 제품이 판매되고 있었지만 한국에서 제조된 제품만큼 성능이 좋지 않다는 리뷰들이 많아 현지 제품을 따로 구매하진 않았다. 숟가락과 젓가락 세트도 식구 숫자만큼만 챙겨 왔는데 손님을 모실 땐 늘 수가 모자라 조금 더 여유 있게 챙겨 올 걸 아쉬웠다. 물론 현지에서도 수저를 구할 수는 있었지만 한국에서 챙겨 온 것처럼 품질이 좋고 마음에 드는 디자인을 구하기는 어려웠다.

반면 현지에서 조달이 어려울까 싶어 트렁크 하나를 가득 채울 만큼 넉넉하게 챙겨 온 마스크와 화장품은 미국에서도 쉽게 구할 수 있어 더 필요한 물건들로 짐을 꾸렸다면 좋았겠다 싶었다. 특히나 집에서 1시간 이내 닿을 수 있는 LA 다운타운 근처에는 많은 한인들이 거주하는 만큼 다양한 한국 상점들이 즐비해 있어 필요한 물건들을 조달하기에 부족함이 없었다. 결과적으로 꾸려온 짐의 구성이 완벽하지 않아 모든 것이 만족스러울 순 없었지만 부족하면 부족한 대로 삶은 지속됐다. 생활을 위해 필요한 대부분의 가구는 IKEA에서 구입해 조립하여 사용했고, 미처 챙겨 오지 못한 주방 식기는 TARGET이나 Marshalls 같은 마트에서 구매했다. 밥그릇 3개, 국그릇 3개씩 식구 수에 맞게 주방 살림을 구입할 때면 꼭 소꿉놀이를 하는 것 같아 신혼 때로 돌아간 것 같은 기분이 들기도 했다. 그렇게 필요한 것들로 추리고 추려 살림을 채우고 나니 자연스럽게 꿈꾸었던 미니멀 라이프가 우리 집에 실현되고 있었다.

> 결국 삶을 살아가는 데 있어 필요한 것은
> 그리 많지 않은지도 모른다.
> 캐리어 7개 만으로도
> 세 사람과 두 마리 개의 삶은 살아진다.

출국 전 싸놓은 짐을 거실 한편에 모아 두고 나니 이렇게도 살아지는 걸 그동안 참 많은 짐을 지고 살았다는 생각이 들었다. 미국에 온 뒤 부족하면 부족한 대로, 아쉬우면 아쉬운 대로 살아지는 우리의 삶이 좋았다. 모든 것을 완벽하게 갖추고 살고자 했던 한국에서의 내가 오히려 철없게 느껴 지기도 했다. 떠나기 전 짐을 비우고, 미국에서의 생활을 위한 최소의 짐을 꾸리며 많은 것을 사유하고 돌아볼 수 있었다. 우리처럼 기존 거주지를 떠나 타국으로 이주를 하거나, 긴 여행을 떠나는 이가 있다면 짐을 꾸리는 데 정답은 없다고 말해주고 싶다. 가족 구성원의 수와 각자가 처한 상황, 거주 기간과 거주지 등에 따라 이주를 위한 짐의 구성과 양은 달라질 것이다. 그러나 저마다의 가치관과 우선순위에 따라 적절한 방식을 택하고 필요한 짐을 꾸린다면 현명하게 이사를 진행할 수 있을 것이다.

미국에서 내 차 구하기

미국에서 일 년 살기를 할 때 차는 선택이 아닌 필수다. 광활한 대지를 지닌 나라인 만큼 한국에서처럼 도보로 일상생활이 가능하지 않으며, 어디든 차가 있어야만 이동이 가능하기 때문이다. 미국으로 떠나며 처음에 우리는 차를 1대만 구입할 계획이었다. 차를 구입하기 위한 비용이 만만치 않을뿐더러 나에게는 운전에 대한 두려움이 있어 최대한 운전을 피하고 싶었기 때문이다. 남편과 연애하던 시절, 나는 고속도로에서 빗길에 차가 미끄러지는 큰 사고를 경험했었다. 다행히 다른 차량과의 충돌은 없었지만 차가 2바퀴 반을 돌고 가드레일을 박는 엄청난 충격과 공포를 경험한 후 내게는 운전에 대한 트라우마가 생겼다. 그럼에도 불구하고 운전 없이 생활하는 것은 불가능했기에 한국에서는 집과 회사 그리고 아이의 학교와 같이 생활권 내 꼭 필요한 동선 내에서만 운전을 했다.

그랬기에 미국이라는 나라에서 낯선 표지판과 교통법규 속에 운전할 자신은 더더욱 없었다. 그러나 미국에 와보니 차 1대만으로는 생활에 제약이 생길 수밖에 없을 것 같았다. 우리가 사는 팔로스 버디스에서 남편의 학교까지는 차로 약 50분 정도가 소요되며, 남편은 첫 학기에 일주일에 2~3번 학교에 가야 했는데 집의 위치상 아이의 학교, 가장 가까운 마트 심지어 헬스장 그 어느 곳도 차 없이는 이동이 불가능한 거리에 있었기 때문이다. 남편이 학교에 가고 나면 장을 보거나, 아이를 데리러 가는 것이 차 없이는 완전히 불가능했다. 매 학기마다 남편의 학사 일정이 달라질 수 있는 상황에서 아이의 방과 후 스케줄을 매번 남편의 일정에 맞춰 짤 수도 없는 일이었다. 결국 우리는 계획을 변경해 2대의 차량을 구입하기로 했다.

차를 구입하는 방식으로 가장 먼저 떠올린 방법은 중고차 구매였다. 단기로 거주를 하는 입장에서 새 차를 구입할 이유는 없었기에 중고로 차를 구매할 생각이었지만 우리가 미국으로 입국한 2021년 12월 말 미국의 중고차 시장은 반도체 수급난으로 부르는 게 값이라고 할 수 있을 정도로 과열되어 있었다. 실제로 어떤 경우에는 중고차가 신차보다 비싸게 팔리고 있을 정도로 이해하기 힘든 상황이었다. 그렇다고 신차 구매를 고려하자니 대기 시간이 너무 길어 당장 생활을 시작해야 하는 우리에겐 그 또한 마땅치 않았다. 결국 최대한 합리적인 가격으로 바로 이용할 수 있는 중고차를 알아보는 것이 최선이었다.

어떤 방법으로 구매하는 것이 최선인지 확신할 수 없는 상황에서 중고차 전문업체로 잘 알려진 Carmax 모바일 애플리케이션을 통해 가용예산 내 차량을 검색하기 시작했다. 오랜 검색 끝에 마음에 드는 차량을 발견하고 직접 방문하여 상담을 받아 보기도 했다. 그러나 온라인에 소개된 가격은 세금이 포함되지 않은 가격이었다. 우리가 1차 확인한 가격에 세금이 포함되면 처음 체크했던 가격에서 최소 500만원 이상이 더해졌다. 반면 예산 안에 들어오는 차량은 연식이 오래되었거나 후방 카메라와 같은 옵션이 없었다. 달리 대안을 찾지 못한 채 하루 이틀 시간만 흐르고 있었다. 그러다 정착 서비스를 도와주시던 제니&제이님께 차량 구입을 위한 도움을 요청해 보기로 했다. 두 분께서 보여주신 진심과 성실함에 믿음이 갔던 이유이기도 했다. 그러자 두 분께서는 우리를 한인타운에 위치한 오토시티(Auto City Motors)로 안내해 주셨다.

오토시티는 한국인 사장님께서 운영하시는 중고차 매매소였다. 규모가 크진 않았지만 이곳을 소개했을 때는 가격적인 면에서 많은 이들이 만족했었고, 무엇보다 차량 구입 후 부수적인 문제가 없는 곳이라고 했다. 우리는 제니&제이님을 믿고 오토시티에서 차량 구입을 위한 상담을 받아 보기로 했다. 오토시티 사장님과의 첫 만남은 꽤 신선했다. 만나자마자 희망 스펙과 가용 예산을 체크하시더니 채 5분도 되지 않아 바로 지하 주차장으로 내려가 차를 보여주시겠다고 하셨다. 차가 있는 주차장으로 내려가기까지 소요된 시간은 10분도 걸리지 않았다. 사장님께서는 차

키가 가득 담겨 있는 너덜너덜한 쇼핑백을 들고 오시더니 3~4대의 차량을 주차장 내 센터로 거칠게 이동시키셨다. 그러고는 "내부랑 외부랑 편하게 보세요!" 하시는 것이었다. 상당히 유머러스하고 거친 방식에 '차를 이렇게 막 다뤄도 되나?', '차 키를 왜 종이봉투에 담아가지고 다니시지?' 하는 생각에 웃음이 터져 나오려는 걸 간신히 참았다. 보여주신 차량의 내외부를 모두 살펴보고 사무실로 올라가자 "어떠셨어요?"하고 바로 의사를 물어보셨다. 다행히 보여주신 차량 중 Honda의 CRV 차량이 마음에 들어 "정확한 가격이 어떻게 될까요?"하고 여쭤보았다. 그러자 사장님께서는 기존 견적서에 표시된 가격에 두 줄을 찍찍 긋고선 다시 써넣은 숫자를 보여주시며 "이 가격에 해드릴게요!"하고 세상 쿨한 네고의 기술을 보여주시는 것이었다. 밀당이란 건 1도 없는 참으로 쿨한 거래 방식이었다.

사장님이 제안하신 숫자는 믿을 수 없는 가격이었다. Carmax가 미국의 중고차 매매 업체 중 비교적 최근 차량을 다루는 업체였음에도 불구하고 Carmax에서 체크한 차량들보다 500만원 이상 저렴한 가격이었다. 게다가 1년간 무상 수리 또한 보장되는 놀라운 조건이었다. 물론 차를 이용하면서 우리의 관리 부주의로 발생하는 수리는 자가 부담을 해야겠지만 중고 차량을 판매하면서 차 자체의 결함이나 단기간 내 문제가 생길 경우 이에 대한 무상 수리를 약속할 만큼 믿고 구매해도 된다는 의미일 것이었다. 1년 무상 수리 조건의 경우 실제 Carmax에서는 유료로 제공하는 옵션으로 워런티(Warranty) 가입 시 별도로 100만원 이상의 지출을 해야하는 상황이었다. 사장님께서 보여주신 신뢰 덕분에 우리는 고민할 것 없이 바로 계약을 하고 당일 차량을 양도받았다. 이후 우리의 두 번째 차량 또한 오토시티 사장님께 원하는 스펙의 차량조건과 가용예산을 말씀드린 후 소개해 주신 대상으로 시장가 대비 저렴하게 추가 구매할 수 있었고 미국에서 생활하는 동안 만족하며 차량을 이용했다.

  한국을 떠나오기 전 각종 사이트를 통해 숱하게 차량을 검색했던 것이 무색하게 우리는 그렇게 오토시티에서 2대의 차량을 모두 구매했다. 솔직히 말하면 LA에 와서 한국인 사장님이 운영하시는 중고차 매매소에서 차를 구입하게 될 줄은 몰랐다. 왠지 모르게 한국인과 거래를 하면 더 바가지를 씌우지 않을까 하는 선입견이 있었기 때문이다. 그러나 오토시티에서의 차량 구입을 계기로 경험을 하기 전부터 선입견을 가졌던 마음을 반성했다. 우리의 필요와 상황에 맞는 차량을 만족스러운 가격에 구입할 수 있도록 좋은 업체를 소개해주신 정착 서비스 측의 제니&제이님께도 감사한 마음이 들었다. 역시 사람은 경험을 통해 배운다. 그렇게 우여곡절 끝에 구매한 2대의 차량과 함께 우리는 두 발에 자유를 얻을 수 있었다.

구분	사이트 및 문의처	비고
Carmax	www.carmax.com	미국 내 가장 대중적인 중고차 매매소
Carvana	www.carvana.com	온라인 전용 중고차 거래소
Carfax	www.carfax.com	차량 사고이력 조회 사이트
Kelly Blue Book	www.kbb.com	차량 매매가치 책정 사이트
Auto City Motors	213-700-5242	1144 S Western Ave #104 LA, CA90006

▲ 미국 현지의 중고차 구매 참고 사이트

미국 정착, 하루만에 끝내기!

생각해보면 다시 해낼 수 있을까 싶을 만큼 미국으로 떠나오기 전 며칠 간 우리 가족은 정말이지 살인적인 스케줄을 소화해야 했다. 출국 이틀 전 한국 집을 비우는 이사를 했고, 출국 하루 전엔 회사로 마지막 출근을 함과 동시에 코로나 백신 3차 접종과 출국을 위한 코로나 검사를 받아야 했다. 출국 당일엔 코로나로 인한 항공사 탑승 정책에 따라 전날 코로나 검사를 받았던 병원에서 검사 결과지를 받아 공항으로 향했다. 더불어 애견을 동반해야 했던 만큼 공항에 도착하자마자 인천공항 내 농림축산검역본부 사무실에 방문하여 동물 검역 신청을 하고 증명서를 발급받았다. 이렇게 한치의 오차 없이 모든 과정이 마무리되기까지 신속 정확하게 일을 진행해야 했다.

출국 당일엔 양가 부모님께서 공항으로 마중을 나와 주셨는데 일 년 동안 손녀를 못 본다는 마음에 아이도, 부모님도 눈물 바람이었지만 우리 부부는 그야말로 정신없는 일정을 소화해 내느라 그저 모든 준비가 끝났다는 안도감에 가슴을 쓸어내리며 슬퍼할 겨를도 없이 비행기에 올랐다. 그렇게 며칠간 피로가 쌓인 상태였는데도 비행기에 탑승하고 나니 이런 저런 생각에 잠이 오질 않았다. 한국에서 미리 계약하고 간 집은 어떨지, 앞으로 일 년이란 시간을 어떻게 살아가면 좋을지 걱정과 설렘이 교차했다. 기내에서 잠도 제대로 이루지 못한 상태에서 미국에 입국한 당일 시차 적응도 하기 전에 감기는 눈을 떠가며 휴대폰 개통을 하고, 인터넷 신청을 하고, 은행에 방문해 계좌 개설을 했다. 첫날부터 아이를 찬 바닥에 재울 순 없었기에 3시간의 반짝 쇼핑으로 IKEA에서 책상, 매트리스와 같은 기본적인 살림살이를 구매하고 마트에 들러 세탁 세제 및 샴푸와 같은 생활용품까지 모두 구비한 후에야 팔로스 버디스에 위치한 집으로 돌아와 천천히 집의 구조와 상태를 둘러볼 수 있었다.

참으로 힘든 일정이었지만 당시 우리는 4일 후 바로 서부 로드 트립을 떠날 예정이었기에 여유 부릴 시간이 없었다. 이후 아이의 학교 등록을 위한 교육국 방문, 캘리포니아 운전면허 취득을 위한 DMV방문 등의 별도 일정은 여행에서 돌아온 후 따로 진행해야 했지만 생각해보면 미국에서의 생활을 위한 대부분의 준비는 모두 미국에 입국한 당일에 꾸린 것들이었다. 물론 정착 서비스로 도움을 주신 제니&제이님과 함께였기에 지체 없이 모든 스케줄을 소화하고 생활을 위한 셋팅을 할 수 있었지만 다행스럽게도 빠듯한 일정 안에서 모든 것이 톱니바퀴처럼 실수 없이 맞아 떨어진 덕분에 빠르게 정착 준비를 마칠 수 있었다.

실제로 열흘 간의 서부 로드 트립을 끝내고 돌아온 다음날 아이는 바로 교육국에 방문해 앞으로 다닐 학교를 배정받을 수 있었고, 이틀 후 학교에 등교할 수 있었다. 나 또한 동일한 기간에 한국에서 미리 등록하고 온 Adult School로 영어 수업을 다니며 바로 공부를 시작할 수 있었다. 여행했던 기간을 제외하면 입국 후 지체된 기간 없이 바로 현지에서의 생활이 정상적으로 돌아가기 시작한 것이다. Adult School에서 만난 친구들과 처음 인사를 나눌 때면 "미국엔 언제 처음 오셨어요?"하는 질문을 받곤 했는데 "저는 온 지 이제 2주 되었어요."하고 이야기하면 모두들 놀라워했다. 현지 정착 후 생활 적응에 최소 반년 정도를 보내고 여유를 찾아 Adult School에 다니기 시작하는 시점이 보통 1년 이후라고 했다. 물론 저마다 처한 상황과 사람의 성격에 따라 다르겠지만 우리는 정말 빠르게 현지 생활을 시작한 편에 속하는 것 같았다.

　미국에 입국하던 당일과 출국 전 며칠은 다시 생각해도 정말 빠듯하고 힘든 일정이였지만 지금 생각해보면 그것이 당시 주어진 상황 속에서 우리가 할 수 있는 최선이었다. 조금 더 시간 여유가 있었다면 가구 하나를 사더라도 가격과 디자인을 비교했을 것이고, 기본적인 식기류도 자재와 컬러 등을 고심해가며 더 예쁜 것들로 들일 수 있었겠지만 미니멀 라이프를 살기로 결심한 후였기에 소품과 가구에 큰 의미를 두지 않았던 때라 구입 후에도 생활하면서도 후회는 없었다. 오히려 짧은 시간 집중해서 꼭 필요한 것만 골라 살림으로 들였기에 필요 이상의 낭비 없이 알찬 소비를 할 수 있었다. 휴대폰 개통, 인터넷 신청, 은행 계좌 개설 등도 시간이 더 많았다면 하루에 하나씩 여유를 부리다 지연되거나 누락되었을 수도 있었을 것이다. 분주히 움직인 탓에 미국에 도착한 다음날엔 완전히 녹초가 되어 오후 2시가 넘어서야 눈을 떠야 했지만 빠르게 셋팅을 끝낼 수 있음에 감사했다. 미국 정착, 하루 만에 끝내기는 이렇게도 가능하다. 이렇게 살아가는 사람들도 있다. 조금 무모하지만 용감하게 우리의 미국 생활은 그렇게 시작되었다.

LA 1년 살기, 생활비의 무게

　잘 다니던 회사를 휴직하고 미국으로 떠나올 때 우리 부부는 마음의 준비를 충분히 했다고 생각했다. 벌이 없이 1년을 살게 될 것이란 것도, 미국 아파트의 렌트비가 한 달에 3,400달러 (환율 적용 시 한화 480만원 상당)라는 것도 알고 있었고, 생활비가 만만치 않을 것이란 것도 충분히 인지하고 있었다. 아파트 렌트비가 매우 비싼 편에 속했지만 치안과 주변 환경을 고려해 선택한 결과였고, 모든 것은 누가 등 떠밀어서가 아닌 온전한 우리의 선택으로 결정한 일이었다.

> 인생을 길게 봤을 때
> 일 년쯤은 그렇게 살아도 괜찮다고,
> 통장 잔고는 마이너스가 되더라도
> 우리에겐 경험과 추억이 쌓일 것이라고
> 믿으며 궤도 이탈을 선택했다.

돈은 한국으로 돌아가 다시 벌면 된다고 생각했기에 집을 계약하고, 차를 사고, 매주 마트에서 삶을 지속하기 위한 식재료를 카트에 담으면서도 담담할 수 있었다. 그러나 시간이 갈수록 마음이 흔들리기 시작했다. 우리의 예상보다 생활을 위한 고정 지출비가 컸던 이유였다. 명품백이나, 고급차는 없어도 경험하는 것에는 돈을 아끼지 말자는 생각으로 삶의 모든 순간을 경험의 가치로 선택해온 우리였기에 미국행을 결정할 수 있었고, 벌이없이 지출만 해야하는 상황에서도 여행과 축구, 코딩, 수영, 스케이트 등 아이의 경험과 배움을 위한 것에는 돈을 아끼지 않았다. 그렇다 보니 미국의 높은 물가와 함께 경험이란 명목 하에 매월 나가는 고정 지출비가 월1,000만원이 넘는 상황에 당면하게 된 것이다. 남편의 석사과정 학비나 현지에서 등록한 나의 요가 지도자 과정 등 규모가 큰 비용을 제외해도 월 평균 생활비가 한화로 1,000만원이 넘는 실정에 마음에는 큰 돌덩이 하나가 얹혀 있는 것 같았다.

　미국으로 떠나오면서 10년이 넘은 세간살이를 모두 처분하고 왔기에 돌아가면 집도, 차도, 가전도, 가구도 모두 새로 장만해야 한다는 것을 생각하면 더욱 머리가 아파왔다. 할 수만 있다면 아르바이트라도 하고 싶었지만 학생 신분의 F1, F2 비자로 미국에 온 우리는 어떠한 경제 활동도 할 수 없었다. 예상보다 월평균 생활비가 많이 발생하긴 했지만 모르고 선택한 일도 아니었고, 딸아이나 반려견이 아플 때 추가로 발생할 수 있는 의료비 등 여러가지 상황의 변수를 생각하면 마음을 더욱 단단히 먹어야 했다.

　그럼에도 불구하고 어떤 날엔 백수의 삶이 괴로워 잠이 오지 않았다. 특별한 이벤트가 없어도 다달이 월 천만원이 넘게 나가는 생활비의 무게는 버겁고 무거운 것이었다. 한국에서 살 때는 먹고 싶은 과일, 배달음식, 식재료 등을 마음껏 사고 아낌없이 생활하고도 평균 지출은 미국 생활비의 절반에도 미치지 않았기에 그 무게는 더욱 무섭게 다가왔다. 벌이도 없으면서 운동을 하겠다고 헬스장까지 끊어 무리를 하는 건 아닐까? 이 물건이 우리에게 꼭 필요할까? 지출을 하는 매 순간 신중해야 했다. 그렇다고 어렵게 떠나온 미국에서 생활비를 아끼겠다고 스트레스 받으며, 두 손을 꽁꽁 묶고 생활할 수도 없는 일이었다.

　3인 가족의 생활비가 이러한데 식구가 많은 가족은 어떻게 살아갈까 싶었다. 미국에서 생활하는 내내 줄어가는 통장 잔고를 보는 것은 내내 적응하기 어려운 일이었다. 그러나 LA, 이 먼 곳까지 와서 괴로워만 할 수는 없었다. 어떤 선택에도 아쉬움은 남기 마련이지만 마음이 흔들릴 때마다 가장 좋은 선택은 뒤돌아보지 않는 선택이라는 말을 떠올렸다. 그리고 우리의 선택을 최선의 것으로 만들기 위해 두 발을 딛고 선 이곳에서 후회 없는 시간을 살자고 마음먹었다. 생활의 괴리감은 빈번하게 우리를 찾아왔지만 그럼에도 불구하고 다행인 것은 다시 1년 전으로 돌아간다 해도 같은 선택을 했을 것이라는 사실이었다. 모든 것이 새로운 이곳에서 우리는 여느 때보다 많은 것을 경험하며, 새로운 자극들을 느끼고 있었다. 생활의 무게가 버겁게 느껴질 때면 과거로 돌아가도 같은 선택을 했을 거라는 확신이 마음에 작은 위로가 되어주었다.

구분	상세 내용	금액 (단위:달러)	비고
고정 생활비	아파트 렌트비	3,489	수도, 쓰레기 처리비, 관리비 포함
	자동차 보험비	220	
	주유비(차량2대)	300	
	전기세	500	
	인터넷	65	
	통신비(2인)	80	
	헬스장(2인)	384	
고정 교육비	방과 후 프로그램	405	주 3회
	코딩 학원	329	
	축구 클럽	175	1년에 2,100$
	아이스 스케이트	113	
	미술 학원	215	
유동 식비	식비 및 기타 생활비	3,000	
	TOTAL	9,275	당시 환율 1,400원 적용 시 한화 1,300여만원

▲ 초기 정착비를 제외한 월 평균 생활비 현황

니가 사는 그 집

팔로스 버디스에서의 생활이 익숙해질 무렵, 미국에 오기 전 거주지로 고려했던 집들과 동네는 어떤 모습일까 궁금한 마음이 들었다. 그래서 남편과 주말을 이용해 해당 지역들을 가보기로 했다. 우리가 고려했던 지역은 사우스 패서디나, LA다운타운의 파크 라브레아, 레돈도 비치, 맨해튼 비치 그리고 팔로스 버디스였다. 최종 후보지로 선택한 팔로스 버디스를 제외하면 총 4곳의 후보가 있었고 모두 Trulia나 Zillow같은 현지 부동산 애플리케이션을 통해 검토했던 곳들이라 세부 주소도 알고 있었기에 쉽게 찾아갈 수 있었다.

여행에서 돌아온 첫 번째 주말, 가장 먼저 찾아간 곳은 사우스 패서디나였다. 이곳은 듣던 대로 미국의 전통 하우스들이 즐비한 풍경 속 고즈넉한 분위기를 자랑하고 있었다. 저마다 다른 개성의 아기자기한 하우스들이 길목마다 자리하고 있어 집을 구경하는 재미가 있었다. 반면 평온함을 넘어 지나치게 고요해 보이는 동네 분위기가 심심하게 느껴지기도 했다. 주택가와는 달리 쇼핑몰과 커피숍들이 위치한 중심가에는 힙하고 세련된 가게들이 많았는데 우리가 이곳에 살았다면 주말마다 부지런히 그곳을 찾았을 것 같았다. 우리 집이 될 수도 있었던 집과 그 집을 계약했다면 아이가 다닐 수도 있었던 학교 앞에도 가보았다. 지금은 다른 선택을 하였지만, 인연이 되었다면 이곳에 살게 되었을 수도 있었다고 생각하니 모든 풍경이 애틋하게 느껴졌다

　두 번째 주말, 찾아간 곳은 LA 다운타운의 파크 라브레아(Park La Brea)였다. LA 다운타운에 위치한 이곳은 실제 많은 한인들이 거주하고 있는 대단지 아파트로 남편의 학교인 USC까지 통학 거리가 가까워 거주지로 고려했던 곳이다. 학교까지의 통학 거리가 20분 내로 매우 가깝다는 점, 한인타운 인근에 위치한 만큼 한인마트 및 병원 등의 편의시설을 쉽게 이용할 수 있다는 점, 그로브몰(Grove Mall)과 같은 대형 쇼핑몰이 단지 앞 도보 5분 거리에 위치해 있어 생활하기 편리하다는 점 등 많은 장점을 지닌 곳이었기에 우리처럼 USC나 UCLA로 유학을 오는 사람들이 1순위로 고려하는 거주지이기도 했다.

　그러나 파크 라브레아 아파트를 찾아가는 길 하나를 사이에 두고 홈리스들의 텐트가 즐비한 풍경과 고급 주택단지가 늘어선 상반된 풍경을 보며 단지 안은 안전 했을지라도 치안 면에서는 마음 놓고 생활하기 어려웠을 것 같다는 생각이 들었다. 아파트 자체는 듣던 대로 훌륭한 조경과 뛰어난 입지에 위치해 있었지만 그럼에도 이곳을 선택하지 않은 이유는 우리처럼 단기로 미국 체류를 하는 경우 한인들이 많은 이곳의 입지적 조건이 충분한 현지 문화 체험과 언어 발달에 마이너스로 작용할 수도 있겠다는 생각 때문이었다. 만일 LA 다운타운의 파크 라브레아를 거주지로 선택했다면 지금과는 사뭇 다른 일상을 살고 있었을 것 같았다.

세 번째 주말 행선지는 레돈도 비치(Redondo Beach)와 맨해튼 비치(Manhattan Beach)였다. 레돈도 비치와 맨해튼 비치는 차로 10분 내 이동이 가능할 정도로 인접해 있는 만큼 닮은 모습을 하고 있었다. 두 곳에서 고려했던 아파트는 모두 신축으로 건물 외관이 깨끗했고, 주변 환경이 깔끔해 보였다. 동네 전반의 분위기가 정돈되어 있었고, 치안 면에서도 거리를 떠도는 홈리스 부랑자들이 보이지 않아 안전해 보였다. 팔로스 버디스가 자연에 가까운 시골 풍경이고, LA 다운타운이 도시에 가까웠다면 레돈도 비치와 맨해튼 비치는 자연과 도시가 적절히 조화를 이룬 모습이었다. 굳이 구분을 하자면 맨해튼 비치 쪽이 레돈도 비치보다는 상대적으로 더 부촌 같아 보였다. 레돈도 비치에는 물놀이를 하거나 조깅을 하는 사람들이 많았고, 맨해튼 비치는 물에 몸을 담그고 놀기보다는 감상하기에 좋은 해변 같았다. 신기하게도 레돈도 비치와 맨해튼 비치에서 고려했던 아파트 모두 아직 공실이 남아 있는지 입주자 모집 공고 현수막이 걸려 있었다. 집 앞에 걸려 있는 현수막을 보며 이곳에 살았다면 어땠을까? 어떤 생활을 해 나갔을까? 같은 이야기를 나누며 한참동안 주변을 서성이다 걸음을 뗐다.

그렇게 거주지로 고려했던 후보 지역들과 집 인근 투어를 모두 끝내고 남편에게 물어보았다. "돌아보니까 어떤 것 같아? 어디가 제일 살고 싶은 곳이었어?" 남편의 대답은 나와 같았다. 다행스럽게도 현재의 거주지로 선택한 팔로스 버디스가 우리 두 사람에게 모두 1순위였다. 어디든 장점과 단점이 있겠지만 많은 이들이 팔로스 버디스의 단점으로 꼽은 편의시설이 멀다는 것이 우리에겐 단점으로 여겨지지 않았고, 자연에 가까운 시골 풍경은 큰 장점으로 느껴졌으며, 무엇보다 치안 면에서 그 어느 곳보다 안전한 곳이라는 것이 이유였다. 한국에서 집을 직접 보지도 않고 부동산 애플리케이션으로 집을 찾아 대행 서비스를 통해 계약한 집이 이토록 마음에 들 확률이 얼마나 될까? 기적과도 같은 행운에 감사하며 그렇게 니가 사는 그 집 투어는 3주 만에 끝이 났다.

  주변 지역을 돌아보며 각 마을의 분위기와 풍경을 볼 수 있어 유익했고 주말마다 여행을 떠나는 것 같은 기분에 설레기도 했던 시간이었다. 저마다 선택의 기준과 고려 요소는 다를 수 있겠지만 우리처럼 USC나 UCLA로 단기 유학을 위해 이주를 하는 가족이 있다면 학교까지의 통학 거리를 감안하더라도 많은 장점을 가진 팔로스 버디스를 거주지로 자신 있게 추천할 수 있을 것 같다. 실제 미국에서 생활하는 동안 샌디에고, 포틀랜드, 샌프란시스코 등 캘리포니아 내 많은 도시로 여행도 다녀보았지만 팔로스 버디스만큼 자연경관이 뛰어나면서 안전하고 생활의 편의성까지 갖춘 곳은 찾기 어려웠다. 도시보다는 시골에 가깝다고 할 수 있을 법한 이곳의 자연 친화적인 환경, 붐비지 않는 한적함 등이 우리의 정서와 맞아떨어져 거주하는 내내 만족하면서 살 수 있었던 것일지도 모른다. 내 경험의 폭이 다가 아니기에 이곳이 베스트라고 말할 순 없지만 사는 내내 팔로스 버디스라는 천국 같은 곳에 머물 수 있음에 매일 감사했다.

두 번째

생활자의 시선

—— 살아보기 전에는 알지 못했던 것들

나의 첫 번째 ID, 캘리포니아 운전면허증

미국에 온 지 3주차 되던 금요일, 캘리포니아 운전면허 필기시험을 치르기 위해 DMV(Department of Motor Vehicles의 약자로 차량 등록과 운전면허를 담당하는 행정부서)를 찾았다. 정착 서비스 측에서 미리 주신 기출문제가 있었는데 여기에서 90% 이상 출제가 될 것이라는 말만 믿고 전날 밤 열심히 공부를 해두었기에 자신만만한 상태였다. 준비해온 여권, i-94, i-20, 집 계약서, 신청서 번호를 접수하고 응시료를 납부한 뒤 차례를 기다렸다. 곧이어 접수 후에는 시력 검사를 마치고 사진 촬영도 했다. 이후 안내에 따라 컴퓨터들이 늘어서 있는 필기 시험장으로 들어섰다. 선택 언어 중 한국어로도 시험을 치를 수 있도록 옵션이 있었기에 한국어를 선택하고 천천히 문제를 풀어나갔다.

그런데 이상했다. 기출문제는 눈 감고도 풀 수 있을 만큼 충분히 숙지를 해둔 상태였는데 계속해서 처음 보는 문제들이 나왔다. 문제를 모두 풀고 나면 화면에 합격 여부가 바로 표시되는데 결과는 불합격이었다. 컴퓨터로 진행되는 필기시험은 총 3번의 기회가 주어지니 한 번 더 시도를 해보기로 했다. 그러나 두 번째 응시에서도 문제는 처음과 비슷한 방식으로 전개됐다. 마지막 남은 한 번의 기회까지 써버리면 한화로 약 4만원이 넘는 응시료를 다시 납부해야 했기에 한 번의 기회를 남겨두고 아쉬운 마음으로 시험장을 나왔다.

뒤따라 나온 남편 또한 같은 자료로 공부했으니 같은 결과이지 않을까 예상하며 어떻게 되었냐고 물어봤는데 다행히 남편은 합격이었다. 남편도 미리 숙지했던 내용과 전혀 다른 문제들이 나와서 당황했지만 두 번째 응시에서 다행히 합격을 했다고 했다. 나중에 알고 보니 정착 서비스 측에서 자료를 누락해 기출문제의 일부만을 전달해 주신 것이었다. 정착 서비스 측에선 미리 전달받은 자료만으로는 합격이 어려웠을 거라고 하시며 오히려 남편의 합격을 신기해하셨다. 나는 추가로 전달해 주신 자료를 더 숙지한 후 다시 한번 필기시험에 도전하기로 했다. 그렇게 주말 동안 한 번 더 공부를 한 후 3일 뒤 다시 DMV로 향했다. 이번엔 다행히 합격이었다. 결국 나는 필기시험 응시료를 납부하고 얻을 수 있는 3번의 기회를 모두 쓰고서야 겨우 필기시험을 통과할 수 있었다. 그래도 추가 응시료 납부 없이 첫 번째 관문을 통과했다는 것에 마음이 홀가분했다.

이제 남은 것은 실기시험. 실기시험은 시험장마다 주행 코스가 다르다는 이야기를 들은 터라 집에서 1시간 30분 정도를 가야 할 만큼 거리는

멀지만 시험 코스가 무난하다고 하는 뉴홀 DMV(Newhall DMV)로 예약했다. 1주일을 기다려 실기시험을 보러 가는 날, 남편도 나도 한국에서부터 운전을 계속해 왔었기에 큰 걱정은 하지 않았다. 실기시험을 볼 때에는 캘리포니아 운전면허 소지자의 동승이 필요했는데 감사하게도 정착 서비스 측과 공식적인 작업이 모두 끝난 상태였음에도 두 분께서 동승자로 실기시험장에 함께 해 주셨다.

 뉴홀의 주택가는 듣던 대로 까다롭지 않은 코스로 이루어져 있었고, 감독관의 지시에 따라 운전을 하는 것은 그리 어렵지 않았다. 단 한 번 비보호 좌회전 코스에서 실수를 한 것이 마음에 걸렸지만 감독관의 반응을 봤을 때 그리 심각한 실수라고 여겨지지 않았다. 감독관은 인자한 느낌의 백인 할아버지셨고, 약 15분가량의 코스 주행을 마친 후 무언가를 열심히 적고 계시기에 내심 합격을 기대하며 기다리고 있었다. 그러나 결과는 불합격, 비보호 좌회전 코스에서 마주 선 차량들에게 먼저 양보를 하지 않고 앞서 나간 것이 불합격의 이유였다.

 불합격 통보를 받고 감독관이 떠나자 이상하게 눈물이 쏟아졌다. 정착 서비스 측의 제니&제이님과 남편이 다가오자 너무 창피해 눈물을 멈추고 싶었지만 마음처럼 잘 되지 않았다. 얼바인(Irvine)에 사시는 제니&제이님께서 어렵게 시간을 내 먼 곳까지 걸음해 주셨는데 한 번에 합격을 하지 못한 것에 대한 미안함과 자책감, 그리고 그간 미국에 온 뒤 낯설고 새로운 환경에서 고군분투하며 쌓여온 감정이 복받쳐 터진 눈물이었다. 한국에서였다면 그냥 '떨어졌네, 다시 보면 되지!'하고 웃어넘겼을 일이었는데 복합적인 마음이 교차해 아이처럼 울고 말았다. 제니&제이님께서는 코스 주행

한 번 없이 한국에서처럼 운전한다면 누구라도 한번에 합격하기 어렵다며 미리 경험해 보라는 의미로 동승한 것이니 전혀 부담 갖지 말고 미안해할 필요도 없다는 말로 나를 위로해 주셨다. 덧붙여 실기 재응시를 위해 주행 연습 및 동승에 도움을 주실 분을 소개해 주셨다. 그렇게 우리는 제니&제이님으로부터 소개받은 분과 일정을 조율해 2차 응시 일정을 잡고 일주일 후 다시 뉴홀 DMV를 찾기로 했다.

다시 일주일이 지나고 시험 시작 1시간 전 두 번째 실기시험을 위한 뉴홀 DMV에 도착했다. 먼저 남편이 동승자 분과 함께 코스를 돌아보기로 했다. 남편이 코스 연습을 할 때 나도 뒷좌석에 앉아 우리가 시험 볼 코스를 미리 숙지할 수 있었다. 남편의 주행 연습이 끝난 후 나도 직접 운전대를 잡아 주행 코스를 연습했다. 연습을 하고 나니 지난번 시험에서 내가 왜 떨어졌는지를 단번에 알 것 같았다. 기본적으로 미국 주택가에는 STOP 사인이 많은데 나는 멈추었다고 생각했으나 어설프게 멈추고 다시 출발해 감점이 되었을 것이다. STOP 사인 앞에서는 완전히 멈추고 하나, 둘, 셋 3초 정도를 세고 출발했어야 했다. 특히, 비보호 좌회전에서 양보 없이 먼저 출발하는 것은 자살행위나 다름없는 행동이었다.

STOP 사인에서의 완전한 멈춤, 그리고 좌회전과 우회전 시 고개를 완전히 돌려 반드시 회전 방향을 어깨너머로 확인하는 것, 비보호 도로에서는 양보 후 출발할 것 이렇게 3가지만 유의해도 합격률이 높아진다는 것을 알 수 있었다. 충분히 연습을 한 후 다시 치른 두 번째 실기시험에서는 우리 모두 합격이었다. 이게 뭐라고 운전면허 시험 합격에 세상을 다 가진 기분이 들었다. 실기시험 합격 후 우리는 제일 좋아하는 북창동 순두부(BCD)를 찾아 서로의 합격을 축하했다. 그렇게 우리는 우여곡절 끝에 미국에 온지 6주 만에 캘리포니아 운전면허 소지자가 되었다.

구분	준비 서류	비고
필기	여권	원본 및 사본
	i-94 사본	미국 관세국경보호청의 출입국 기록 서식
	i-20 사본	교육기관이 발행한 학생정보 기록 인증문서
	거주증명 서류	응시자의 성명/주소가 포함된 집 계약서 또는 유틸리티 빌
	신청서번호	www.dmv.ca.gov 온라인 사전등록번호(CA거주자 해당)
실기	Valid Permit	필기시험 합격 후 DMV에서 발급받은 확인증
	차량등록증	Current Registration Card
	차량보험증	Current Proof of Insurance for Vehicle
	실기시험접수증	필수는 아니지만 미리 준비해두면 빠른 접수 가능
	동승자	CA 운전면허 소지 동승자(동승자 면허증 준비 필요)

▲ 캘리포니아 운전면허증 취득을 위한 DMV제출 서류

백수들의 소확행,
럭셔리 피트니스 클럽 회원이 되다

미국에 온지 2주째 되었을 때였다. 남편이 운동을 시작하자고 했다. 한국에서 매일 출근을 하고 바쁜 일상을 이어가던 시절에도 운동을 빼먹지 않았던 남편이었기에 이상한 일은 아니었다. 남편은 지독한 운동광이었다. 열심히 운동하는 것에 비해 조각 같이 훌륭한 몸을 가진 건 아니었지만 그는 운동 자체를 진심으로 좋아하고 즐겼다. 그는 미국 입국 후 2주 동안의 생활을 위한 셋팅과 서부 로드 트립을 다녀오느라 멈추었던 운동을 위해 이미 모든 검색을 끝낸 후였다. 아이를 학교에 데려다 주고 한 주가 시작되던 월요일, 남편이 미리 검색해 두었다는 헬스장 2~3군데를 함께 둘러보기로 했다.

방문했던 헬스장 모두 훌륭한 시설을 갖추고 있었지만 남편은 그 중에서도 Equinox라는 시설을 마음에 들어 했다. 그곳에는 요가, 수영, 사이클, 헬스 등을 할 수 있는 모든 시설이 갖추어져 있었고 시간마다 다양한 수업이 운영되고 있어서 자유롭게 원하는 클래스를 예약해 수강할 수 있었다. 한국에서부터 미리 검색을 해보았던 곳이기에 인지하고 있던 곳이기도 했는데 직접 답사해 보니 생각했던 것보다 더 좋은 시설과 체계적인 시스템을 갖고 있었다. 샤워실의 세안 제품과 로션까지 모두 키엘 제품으로 갖추고 사우나와 샤워시설까지 완비하고 있어 눈이 휘둥그레질 정도였다.

이곳은 미국 전역에 다양한 지점을 운영하고 있었는데 미국 내 최고의 Fitness로 선정된 적도 있을 만큼 평이 좋은 곳이었다. 예상대로 남편은 여기에서 함께 운동을 시작하자고 했다. 하지만 다달이 납부해야 하는 멤버십 비용이 부담스러웠다. 한화로 1인당 20만원이 넘는 금액을 두 사람이 함께 등록하면 매월 약 50만원 가까이 되는 금액을 운동을 위한 고정비로 지출해야 하는 상황이었다. 미국에서 생활하는 동안 고정 수입도 없는 상황에서 너무 큰 사치를 하는 것만 같아 망설여졌다.

언제나 경험에 투자하고, 성장을 위한 일에는 돈을 아끼지 말자던 우리 였지만 회사를 휴직하고 제한적 백수가 되고 나니 현실적인 여건을 생각 하지 않을 수 없었다. 고민 끝에 3일간 무료 체험을 할 수 있는 제도가 있 다기에 해보기로 했다. 오랜만에 매트를 펴고 요가를 하니 온 몸의 세포 하나하나가 깨어나는 것 같았다. 천천히 들이마셨다 내쉬어 보는 숨. 낯 선 환경 속 잔뜩 긴장했던 어깨에 힘을 빼고 내 몸 구석구석을 살피니 그 야말로 살 것 같았다. 요가를 마치고 따뜻한 물에 샤워를 하니 긴장했던 몸이 풀려 뭐든 잘해볼 수 있을 것 같은 마음마저 들었다.

월 회비가 부담스러웠지만 결국 우리는 3일간의 체험을 마치고 정식 회원으로 등록하기로 했다. 백수들이 이렇게 사치를 부려도 되나 싶었지 만 비싼 돈을 내고 등록한 만큼 열심히 운동해서 아프지 말고 건강하게 생활해보자고 서로를 독려했다. 그렇게 나는 매일 요가하는 여자가 됐다. 헬스장에 등록하고 운동을 시작한 후 우리는 일주일에 6일 이상 매일 운 동하는 패턴을 이어갔다. 한국에서도 일주일에 3번 정도는 요가를 했지 만 퇴근하고 나면 지칠 대로 지쳐 힐링 요가만 찾아 하곤 했었는데 미국 에 온 뒤로는 강도 높은 GX와 다양한 클래스를 매일 하다 보니 어느 때 보다 건강한 컨디션을 유지할 수 있었다.

어느 날은 한국에서 아무리 시도해도 한 번도 성공하지 못했던 요가 동 작이 한번에 되는 신기한 일을 경험하기도 했다. 한국에 있을 때 다니던 요가원의 선생님께 10년을 넘게 요가를 해도 안 되는 동작은 되지 않는

다며 투정을 부린 적이 있었는데 "퇴사하면 다 돼요!"하고 웃으며 말씀하시던 선생님의 말이 떠올랐다. 선생님 말씀처럼 긴장을 내려놓고 내게 집중하자 한 번도 성공하지 못했던 동작이 너무나 쉽게 되는 것이었다. 출근으로 굳었던 나의 어깨가 문제였던 것일까? 아니면 긴장했던 마음이 문제였던 것일까? 이유는 알 수 없었지만 미국에 온 뒤 매일 요가를 하며 나는 나날이 건강해져 갔다.

그토록 바라던 해외살이 였지만 누가 등 떠밀어서도 아니고, 온전한 우리의 선택으로 찾아온 타지에서 낯선 언어와 시스템에 헤매다 자책하게 되던 많은 날에도 우리는 언제나 헬스장으로 향했다. 아이를 학교에 데려다 주고 난 뒤 곧바로 헬스장으로 가서 운동으로 하루를 시작하는 것은 자연스럽게 우리의 일상 루틴이 되었다. 매일 같은 시간, 일정하게 몸을 움직이고 땀을 흘리는 이 작은 루틴은 우리가 생각했던 것보다 일상에 많은 활력을 불어넣어 주었다.

그야말로
백수들의 소확행이었다.

작진 않지만 '소중하고 확실한 행복'이라고 정의해야 할 것 같은 우리의 운동 루틴은 그렇게 미국 생활에서 빼놓을 수 없는 부분이 되었다. 이따금 끝을 모르고 치솟는 물가에 벌이 없이 지출만 하는 백수의 삶이 괴로워 잠이 오지 않을 때도 많았지만 그래도 헬스장을 등록하기로 한 것에 후회는 없었다. 결국 누군가는 무모하다고 말하던 미국행도 우리 가족만의 다정한 시간을 보내기 위한 선택이 아니었던가! 내 몸을 돌보고, 건강한 컨디션으로 이 곳에서의 삶을 잘 살아내는 일, 그것이 우리가 여기에서 해야 할 유일한 임무였다.

골라가는 재미가 있는 미국 마트

미국에는 정말 다양한 마트가 있다. 이 정도면 모두 알았다 싶은데 길을 가다 보면 코너마다 새로운 이름의 마트가 나타난다. 특히, 캘리포니아에는 다양한 인종이 살고 있는 만큼 타겟(Target), 월마트(Walmart), 홀푸드 마켓(Whole Foods market)과 같은 현지 브랜드 외에도 한국인을 위한 마트, 일본인을 위한 마트, 페르시안을 위한 마트, 멕시칸을 위한 마트 등 다양한 인종별 마트들이 존재한다.

우리가 살고 있는 팔로스 버디스(Palos Verdes)는 비교적 외곽에 위치해 있음에도 불구하고 차로 20분 거리 내 트레이더조(Trader Joe's), 타겟(Target), 랄프(Ralphs), 월마트(Walmart), H마트(HMart), 한남체인(Hannam Chain), 코스트코(Costco), 도쿄 센트럴(Tokyo Central), 세이와 마켓(Seiwa Market), 본스(Vons), 홀푸드 마켓(Whole Foods Market) 등 10여개가 넘는 마트들이 있었다.

선택지가 다양하다 보니 어느 마트를 메인으로 이용할지, 마트마다 어떤 특징이 있는지 파악하는 것도 어려웠다. 실제 미국에 산지 1년이 넘을 때까지도 이 모든 마트를 다 가보지는 못했다. 그랬기에 마트에 대한 나의 개인적인 의견이 정답이 될 순 없겠지만 적어도 처음 미국 생활을 시작하는 누군가에겐 참고가 되었으면 하는 마음으로 주로 애용하던 마트와 각 마트의 특징들을 적어본다.

내가 가장 많이 이용한 마트는 빈도순으로 트레이더조(Trader Joe's) 〉 타겟(Target) 〉 한남체인(Hannam Chain) & H마트 〉 코스트코(Costco)였다. 트레이더조는 집에서 5분 거리에 위치해 있으면서 매일 먹는 우유와 계란, 신선한 채소와 과일 등 품질 좋은 식재료를 가장 손쉽게 구할 수 있는 마트였다. 처음엔 비교 대상이 없어 좋은 줄도 몰랐다. 그러다 점차 다른 마트들을 경험해 가며 자연스럽게 애정하게 된 곳이었다. 트레이더조는 좋은 농작물을 직접 발굴해 다이렉트로 계약하고 독점 판매하는 방식을 통해 소비자에게 합리적인 가격에 좋은 물건을 제공하는 것으로 유명하다. 소비자가 직접 피부로 느낄 수 있는 이런 장점과 신뢰 덕분에 트레이더조에서 직접 개발해 판매하는 자사 브랜드 제품(PB) 역시 인기가 높다.

우리 가정의 경우 가격 면에서 아무리 타 마트의 제품이 저렴 하더라도 우유, 계란, 채소와 과일만큼은 가급적 트레이더조에서 구입해 먹었다. 자주 먹는 식재료일수록 믿고 먹을 수 있는 마트, 접근성이 좋은 곳에서 조달하는 것이 좋다고 판단했기 때문이다. 이외에도 와인, 빵, 냉동식품까지 트레이더조에는 매력적인 상품들이 무궁무진하게 많았고 새로운 걸 시도하는 것에 있어 성공율이 월등하게 높았기에 언제나 기대감으로 즐겁게 식재료를 구입할 수 있었다.

두 번째로 애용한 마트는 타겟이었다. 타겟은 우리나라의 이마트와 같은 종합 할인 마트이다. 이마트처럼 지역과 동네에 따라 규모가 크기도 작기도 하다. 처음 미국에 왔을 때 TV와 청소기도 토렌스의 대형 타겟 매장에서 산 것이었다. 우리 동네에 위치한 타겟에는 의류, 문구류, 화장품, 생활소비재, 식품 등을 파는 비교적 규모가 작은 매장이었다. 그럼에도 물, 물티슈, 키친타월, 주요 세제, 문구류 등 생활에 꼭 필요한 각종 물건들을 모두 구비하고 있어 생필품이 떨어지면 가장 손쉽게 구할 수 있는 마트였다. 가까운 거리에 위치해 있으면서도 필요로 하는 대부분의 것들을 갖추고 있어 자주 찾게 되는 고마운 마트였다.

세 번째로 자주 찾던 마트는 한인마트인 한남체인과 H마트였다. 캘리포니아 그 중에서도 토렌스 지역에는 많은 한인들이 거주하고 있어서 운 좋게도 두 종류의 한인마트를 인근에 두고 비교해 가며 이용할 수 있었다. 한남체인과 H마트에 들어서면 이 곳이 한국인지, 미국인지 헷갈릴 만큼 한국 마트와 꼭 닮은 모습을 하고 있다. 한인마트에서는 미국 현지 마트에는 없는 한국 조미료(참기름, 진간장, 멸치액젓 등)와 채소(무, 배, 고구마, 콩나물 등) 같은 식재료를 유용하게 조달했다. 2주에 한 번 정도 한인마트에서 장을 보고 나면 든든한 마음으로 식구들과 집밥을 실컷 해먹을 수 있었다. 처음 미국에 왔을 땐 H마트만 주로 이용하다가 식당에 다녀오는 길에 우연히 한남체인에 들렀는데 이곳의 물건이 H마트보다 조금 더 저렴하다고 느꼈고, 무엇보다 적립된 포인트를 다시 현금처럼 사용할 수 있는 시스템과 한국어로 출력되는 영수증을 통해 구입한 식재료의 목록과 가격을 쉽게 확인할 수 있다는 점도 좋았다.

    코스트코의 경우 좋은 품질의 생활용품과 식재료를 합리적인 가격에 구입할 수 있는 창고형 할인매장이지만 멤버십이 없었기에 멤버십을 갖고 있는 지인들과 일정을 맞춰 함께 쇼핑할 수 있을 때에만 몇 차례 이용했었다. 가격과 품질 면에서 확실한 장점을 지닌 마트였기에 남편이 일주일정도 한국에 다녀올 기회가 생겼을 때 미국보다 저렴하게 가입할 수 있는 한국 매장의 코스트코 멤버십 가입을 부탁했고 이것을 미국에서 호환해 사용하기 시작했다. 앞서 언급했던 마트들보다 가장 먼 거리에 위치하고 있지만 그럼에도 불구하고 할인율이 커서 친구들과의 파티를 준비하거나, 쟁여두고 먹을 식재료를 구입할 때 꼭 찾게 되는 마트였다. 만약 한국에서 미국으로 단기 거주를 계획하는 가정이 있다면 한국에서 사용하던 코스트코 멤버십 카드를 가지고 오기를 권하고 싶다. 우리처럼 코스트코 멤버십 가입을 하지 않은 상태라면 한국에서 미리 멤버십 가입을 하고 오는 것이 좋다. 2023년 1월 기준 한국 코스트코 가입비는 1년에 33,000원이었고, 미국 코스트코 가입 비용은 1년에 $60로 환율 적용 시 약 80,000원이었다. 그렇기에 한국에서 미리 가입을 하고 온다면 연회비를 절약해 다양한 할인 혜택을 누릴 수 있을 것이다.

생수 찾아 삼만리

미국에 온 후 처음 며칠은 급한대로 인근 마트에서 생수를 사다 먹었다. 그런데 밥을 짓는데도, 국을 끓일 때도, 마시기 위한 용도로도 생활에는 생각보다 많은 양의 식수가 필요했다. 한국에서는 정수기를 사용했기에 필요한대로 언제든지 편하게 물을 조달할 수 있었는데 미국에서는 생활에 필요한 식수를 어떤 방식으로 조달하는 것이 좋을지 고민스러웠다. 특히 생수는 마트마다 가격도 제 각각이었기에 일년 살이를 하는 동안 사용할 물을 어디에서 조달하는 것이 좋을지 혼란스러웠다.

미국에도 H마트와 같은 한인마트에 가면 놀랍게도 한국 정수기 회사들이 정성스레 만든 전단지와 함께 가입 권유를 하고 있었는데 1년을 단기 거주할 우리에게 최소 3년 이상의 약정 가입을 해야 하는 정수기 설치는 적절치 않은 옵션이었다. 홀푸드 마켓(Whole Foods market)이나 월마트(Walmart)와 같은 대형마트에 가면 업소용 물통에 물을 담아갈 수 있도록 리필용 물만 판매하는 곳도 있었다. 물 자체는 비교적 저렴하게 조달할 수 있는 방법이었지만 최소 2.5갤런 이상 되는 무게의 물통을 들고 날라야 하는 것이 부담스러웠고 특히, 입구가 좁은 물통의 안쪽을 깨끗이 씻어서 사용할 수 없다는 점이 위생적일 것 같지 않아 이 방법도 패스했다.

셀프 정수 기능을 가진 브리타라는 물통에 수돗물을 받아 정수해서 쓴다는 이들도 있었지만 물에 다소 예민한 식구들을 고려할 때 이 방법도 적절치 않아 보였다. 코스트코 멤버십을 가진 친구들은 코스트코에서 물을 배달시켜 먹거나 정기적으로 구매하는 경우도 있었지만 우리에겐 코스트코 멤버십이 없었고 3인 가족의 식비로 회원비를 납부하기엔 60달러라는 비용이 합리적으로 느껴지지 않았다. 학생 신분인 남편 덕분에 한동안 아마존 프라임을 무료로 이용할 수 있었는데 이때 아마존에서 물을 배달시켜 보기도 했다. 하지만 배달원이 물을 엉뚱한 곳에 두고가는 경우가 많았고 그럴 때마다 아파트 계단을 오르내리며 무거운 물들을 집 앞까지 다시 옮겨야 하는 것이 불편하게 느껴졌다. 아마존이라고 해서 물 값이 저렴한 편도 아니었기에 이 방법도 역시 패스했다.

그런데 등잔 밑이 어둡다고 우리의 물 정착지는 생각보다 가까운 곳에서 발견되었다. 집에서 15분 거리, 특히 매일 운동을 하러 가는 헬스장 바로 앞에 타겟(Target)이라는 마트가 있었는데 이곳에서 팔고 있는 물의 가격이 생각보다 저렴했던 것이다. 1Gal(3.78L) 단위의 물이 한 통에 0.89 달러에 판매되고 있었다. 물을 한 통씩 마실 때마다 플라스틱 쓰레기가 생겨난다는 점이 마음에 걸리긴 했지만 그간 고려했던 여러 옵션 가운데 가장 위생적이면서 저렴하게 물을 조달할 수 있는 방법이었고 매일 가는 헬스장 바로 앞에 위치하고 있어 부담 없이 3~4병씩 사다 나르기도 좋았다. 그렇게 우리는 타겟에서 파는 Good&Gather의 1Gal짜리 물로 정착하게 되었다. 1Gal 단위 물의 가격이 1달러 미만이라면 괜찮은 가격이니 꼭 타겟이 아니더라도 인근의 가까운 매장을 이용해 물을 조달한다면 좋을 것 같다.

미국 신용카드의 신세계

처음 미국에 왔을 때 우리는 BoA(Bank of America)를 주거래 은행으로 두고 은행에서 발급한 체크카드 만으로 생활을 했다. 그러다 어느 날 학교에 다녀온 남편이 팀프로젝트를 하며 알게 된 다른 한국 학생을 통해 사회보장번호(SSN, Social Security Number) 없이도 항공 마일리지나 페이백 혜택을 받을 수 있는 신용카드 발급이 가능하다는 정보를 접하면서 신용카드의 신세계로 입문하게 되었다. 남편의 친구가 추천한 카드와 발급 기관 역시 우리의 주거래 은행인 BoA(Bank of America)였다.

친구의 추천대로 학교 수업이 끝난 후 은행에 간 남편은 상담을 통해 사회보장번호 없이도 신용카드 발급이 가능하다는 것을 확인했고, 그 자리에서 바로 VISA 신용카드를 신청했다. 카드 발급을 신청하자마자 은행에서는 가입 축하금으로 현금처럼 사용할 수 있는 $200를 포인트로 적립해 주었다. 또한 카드를 사용할 경우 가맹점에 따라 1.5%, 3%, 4.5%까지 캐시백 혜택이 주어져 사용하지 않을 이유가 없었다. 남편이 먼저 카드를 발급받고 이어서 나도 동일한 카드를 발급받아 총 $400의 포인트 혜택을 가계에 보탤 수 있었다.

마트나 식당에서 지출을 할 때 계좌에서 바로 현금이 빠져나가는 체크카드 보다 신용카드를 사용해 캐시백 혜택을 누리는 편이 훨씬 경제적이었기에 우리의 지출 옵션은 바로 신용카드로 바뀌었다. 그렇게 소비 생활을 이어가는 동안 다른 지인을 통해 AMEX(American Express) 신용카드에도 혜택이 많다는 것을 알게 되었다. AMEX 카드는 전화 상담을 통해 간단히 발급받을 수 있었는데 첫 해 입문 연회비 $0에 카드 발급 후 6개월 내 해당 카드로 $2,000 이상 사용 시 델타항공에서 사용할 수 있는 보너스 마일리지 65,000 포인트를 적립 받을 수 있는 조건이었다. 우리 부부 모두 이 카드를 발급받고 기간 내 해당 조건을 달성하여 미국 내 여행 시 이동에 필요한 항공료를 마일리지로 사용하며 여행 경비를 절약할 수 있었다.

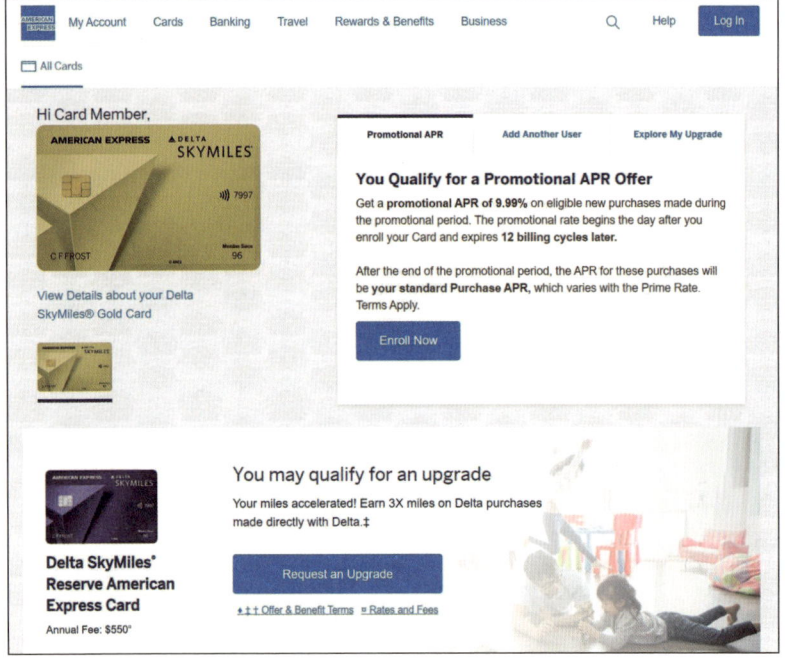

발급받은 신용카드 모두 사용할 때마다 캐시백 혜택이 있어 경제적으로도 큰 도움이 되었다. 미국에 온 초기부터 사용했다면 같은 지출을 하더라도 상당한 페이백 효과를 누릴 수 있었을텐데 더 일찍 알지 못했던

것이 아쉬웠다. 사회보장번호가 없다는 점 때문에 카드 발급이 안될 거라고 지레 겁을 먹고 알아보지 않은 탓이었다. 이후 미국으로 단기 거주를 하러 온 한국인 가족을 만났을 때 사회보장번호 없이도 카드를 발급받을 수 있고, 카드 사용 시 많은 혜택이 있다고 알려 주었다. 우리처럼 미국에 단기 거주하는 누군가가 있다면 정착 초기부터 신용카드를 발급받아 보다 많은 혜택을 누리기를 권하고 싶다.

아는 만큼 할인 받는 자동차 보험

처음 미국에 왔을 때 우리는 정착 서비스에서 안내받은 파머스 보험(Farmers Insurance) 사를 통해 6개월 단위 단기 보험을 가입했다. 미국에 온 초기라 어떤 보험을 가입하는 것이 좋을지 비교할 경황도 없었고, 빠르게 보험을 가입하고 차량을 이용해야 하는 상황이었기에 비교적 큰 회사에 속하는 파머스 보험에 가입을 한 것이다. 월 보험료는 $309 였고, 보상 대상이 1명인 경우 대인 $50,000에 사고로 인한 총 보상 금액은 $100,000까지 보장되는 조건이었다.

시간이 흘러 어느덧 보험을 갱신할 시점이 다가왔고 혹시나 하는 마음에 갱신을 하기 전 몇 군데 비교를 해보기로 했다. 그런데 놀랍게도 체크 차원에서 비교했던 다른 보험사의 가격이 앞서 가입한 파머스 보험사에 비해 현저하게 좋다는 것을 알게 되었다. 보험사 홈페이지를 통해 몇 군데 추가적인 보험사에 견적 요청을 하고 비교한 결과 최종적으로 AAA 보험사를 선택했다. 동일 기간인 6개월 계약에 파머스 보험보다 월 보험료가 $100 달러 저렴한 조건이었다. 커버리지는 파머스 보험사의 2배인 대인 $100,000(보상 대상이 1명인 경우), 사고로 인한 총 보상 금액은 $300,000까지 보장되는 조건이었다.

미국에 와서 초기 현지 상황을 알지 못한다는 핑계로 정착 서비스 측에 의존해 능동적으로 알아보지 않고 추천하는 보험을 가입했던 것이 뒤늦게 후회됐다. 그래도 늦게나마 보험사를 교체하여 월 $100라는 적지 않은 비용을 아낄 수 있어 다행이었다. 보험사를 변경하는 과정을 통해 앞으로는 무엇을 하건, 적극적이고 능동적인 태도로 직접 알아보고 비교한 후에 결정해야 겠다고 다짐하게 됐다. 미국 생활에 적응해 갈수록 이전에는 보이지 않았던 많은 것들이 보이기 시작했다. 처음에는 경황이 없어 모든 것이 두렵고 겁도 났지만 점차 비교하고 알아볼 수 있는 마음의 여유가 생겨갔다. 미국에서 생활 예정인 지인이 있다면 처음부터 겁먹기보다는 하나씩 부딪쳐가며 알아보고 경험해 가라는 말을 해주고 싶다. 누구에게나 처음은 있기에 실수하더라도 시행착오를 통해 배워 나간다면 보다 경제적인 선택을 할 수 있을 것이다.

한 달에 20만원이 넘는 미국의 통신비 절약 TIP!

한국에서 나란히 통신사에 다니던 우리 부부는 10년 넘게 근무하면서 미국의 통신 서비스는 어떨까 선진국의 통신 환경에 대해 관심이 많았다. 그래서 미국에 가게 되면 Verizon이나 AT&T 같은 미국 대표 통신사의 서비스를 경험해 보고 싶었다. 미국에 가기 전엔 각 회사의 대표적인 통신사 서비스를 비교해보며 휴대폰과 인터넷을 개통하는 그런 그림을 상상했지만 현실은 달랐다. 미국에 입국하자마자 정착 서비스 측과 함께 선택의 여지없이 T-mobile 매장으로 달려가 바로 휴대폰을 개통해야 했기 때문이다.

미국에서는 은행 계좌 개설, 인터넷 설치, 아이의 학교 등록 등 행정 처리를 할 때 현지 연락 번호가 있어야 했기에 이것이 선결되어야 다음 미션들을 진행할 수 있었다. 그렇다보니 자연스럽게 미국에 입국하자마자 정착 서비스 측의 제안에 따라 서둘러 휴대폰을 개통해야 했던 것이다. 우리는 한국에서 사용하던 단말에 T-mobile에서 구입한 선불유심(USIM)을 끼우는 방식으로 미국 번호를 만들었다. 선불유심은 한달(30일)치 이용 요금을 미리 내고, 전화를 사용하다가 다시 충전하는 방식인데 대부분 무제한 통화를 제공하며, 데이터는 사용량에 따라 40불~60불까지 다양한 가격대의 옵션이 존재했다. 우리는 데이터를 무제한으로 이용할 수 있는 요금제를 선택해 2회선의 결합할인 요금으로 한달에 총 $80를 납부했다. Verizon이나 AT&T의 가격과 통신 품질도 비교해 보고 싶었지만 T-mobile 자체의 통화 품질도 나쁘지 않아 미국에서 거주하는 내내 처음 개통했던 무선 상품을 유지하며 만족스럽게 사용했다.

　T-mobile 서비스를 이용하며 특이했던 점은 통신사에서 T-mobile Tuesday라는 이름으로 매주 화요일 멤버십 혜택을 제공한다는 점이었다. 이는 우리가 근무하던 KT의 멤버십 서비스와도 유사했는데 KT 멤버십이 매월 다양한 혜택 중 고객이 선호하는 옵션을 선택하도록 설계해 기간 내 원하는 시점에 사용하게 했다면 T-mobile Tuesday 서비스는 매주 화요일 통신사에서 선정한 제휴 혜택을 제공하는 점이 달랐다. T-mobile은 다양한 제휴사들과 콜라보를 진행하고 있었는데 크리스피 도넛, 도미노 피자 등 제휴사를 계속해서 변경해가며 이용 고객들이 다양한 혜택을 누리도록 했다. 우리가 살던 팔로스 버디스는 도심보단 외곽에 위치해 있어 매주 선정되는 제휴사들을 찾아 가기는 어려워 실제로 혜택을 이용한 건 한 번뿐이었지만 통신사 직원의 관점에서 해외 통신사의 멤버십 서비스를 직접 체험해보고 비교해 보는 것은 재미있는 경험이었다.

　미국 입국 당일 T-mobile에서 휴대폰을 개통한 후 바로 COX 매장에서 인터넷도 신청했다. 인터넷 또한 미국의 대표 통신사인 Verizon이나 AT&T 서비스를 이용해 보고 싶었지만 애석하게도 우리가 거주하는 아파트에는 COX 인터넷만 독점 공급되고 있어 달리 선택권이 없었다. 미국의 통신비가 비싸다는 것은 알고 있었지만 실제 가격은 우리가 예상했던 것보다도 훨씬 비쌌다. 인터넷만 신청할 경우 속도에 따라 월 $60에서 $99, 인터넷과 TV를 함께 신청할 경우 채널의 개수와 인터넷 속도에 따라 월 $165에서 $260의 요금이 책정되어 있었다. 우리는 미국 현지의 다양한 채널 시청에 대한 니즈가 있었기에 울며 겨자 먹기로 인터넷과

TV를 함께 이용할 수 있는 월 $165의 요금제를 선택했다. 가장 저렴한 요금제를 선택했음에도 환율 적용 시 한화로 20만원이 넘는 금액을 매월 납부해야 했다. 그나마 기본 계약 조건이 2년 단위로 형성되어 있었는데 우리가 미국에 처음 갔을 때에는 1년만 거주할 계획이었기에 이에 대해 양해를 구하니 1년 후 해지를 하더라도 위약금이 부과되지 않는 조건으로 계약을 할 수 있었다.

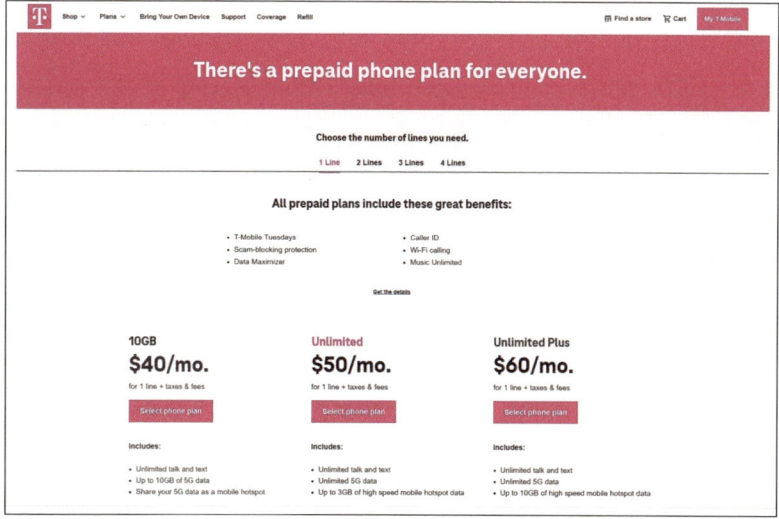

구분	상세 내용
인터넷 (모뎀 $12/월)	① 150Mb $59.99/month (2 year Contract) ② 500Mb $69.99/month (2 year Contract) ③ 1,000Mb $99.99/month (2 year Contract)
인터넷+TV (모뎀 포함)	① 140채널+150Mb $165.00/month (2 year Contract) ② 250채널+500Mb $230/month (2 year Contract) ③ 250채널+1,000Mb $260/month (2 year Contract)
공통	Deposit $50~$100/설치비 $100

▲ COX 인터넷 및 결합 상품 가격

그렇게 인터넷과 TV를 사용하며 일상을 이어가던 어느 날이었다. 이웃 친구 나탈리의 집에 초대되어 함께 저녁을 먹다가 영화를 보려고 TV를 틀었는데 나탈리의 집에는 COX 셋톱이 아닌 Super Box라는 단말이 설치되어 있었다. 나탈리에게 "우리 아파트는 COX 회선만 쓸 수 있는 거 아니었어?"하고 물으니 나탈리가 말했다. "맞아. 근데 이건 인터넷만 있으면 어느 회사 회선이건 상관없이 연결해서 쓸 수 있는 단말이야. 나도 친구집에 갔다가 우연히 알게 되어서 구입했는데 아마존에서 $300 정도에 구입하면 월 사용료 없이 채널이랑 VOD를 무제한으로 다 볼 수 있어. 완전 대박이지? Jenny 너도 이걸로 바꿔. 내가 링크 보내줄게!" 리모콘을 들고 메뉴를 살펴보니 미국 NBA, MLB 등 각종 스포츠 중계를 비롯해 수백 개가 넘는 채널이 제공되고 있었고, 심지어 극장에 걸려 있는 최신 영화가 무료 VOD로 제공되고 있었다.

우리는 나탈리가 보내준 링크를 통해 그 날 바로 아마존에서 슈퍼박스를 구입했다. 셋톱박스와 리모콘 2개 구성에 가격은 $329였다. 한국의 IPTV와 유사한 메뉴로 구성되어 있었지만 놀랍게도 모든 VOD는 별도의 결제 없이 무료로 시청할 수 있었다. 설치도 매우 간단해 전원 어댑터와 인터넷 선만 연결하면 바로 사용할 수 있었다. 슈퍼박스를 설치한 당일, 바로 COX에 전화해 TV 옵션을 해지했고 덕분에 인터넷과 TV 명목으로 납부하던 통신요금을 $165에서 $89로 절약할 수 있었다. 재미있었던 것은 그 후 남편이 우연히 인스타그램에 뜬 광고를 통해 COX 인터넷 할인 프로모션이 진행된다는 걸 알게 되어 COX 측에 프라이스 매치(Price Match)를 요구했더니 당시 진행되던 프로모션 가격으로 조정을 해주었다는 점이다. 그 일로 우리집 인터넷 비용은 $89에서 다시 $69가

되었다. 밑져야 본전이라는 생각으로 시도해본 것이었는데 너무도 친절하게 월 인터넷 비용을 최저 가격으로 조정해주어 한 번 더 통신비를 절약할 수 있었다. 이 일을 통해 미국에서는 이러한 최저 가격 보상제가 통용되고 있다는 것을 알게 되었고 아마존이나 차량 보험 등을 이용하면서 내가 구입한 상품보다 더 저렴한 가격에 프로모션이 진행 중인 것을 발견하면 당당하게 프라이스 매치를 요구해 추가 할인을 받을 수 있었다.

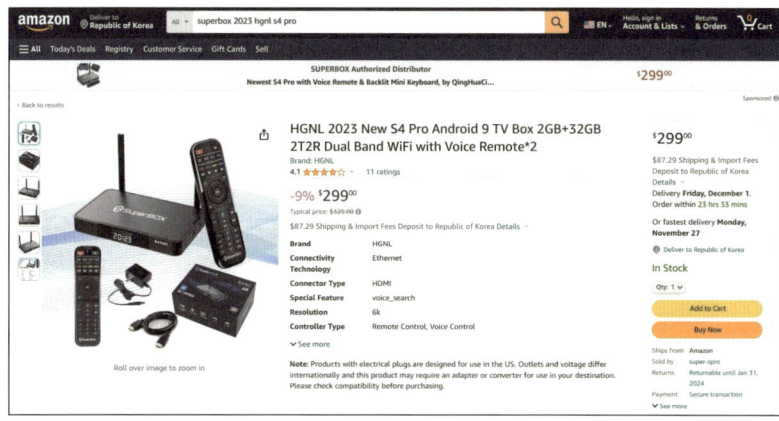

체리피커의 배달 어플 이용하기

한국인에게 배달은 생활의 일부다. 우리 역시 직장생활을 하며 늦은 퇴근을 하거나 평소보다 몸이 고단해 저녁 차리는 일을 쉬고 싶을 땐 치킨, 보쌈, 피자 등 다양한 배달 음식으로 끼니의 도움을 받았다. 그 중에서도 금요일 저녁의 치맥은 무언의 약속과 같아서 주중의 전쟁 같은 일상을 치른 후 한 주 끝에 맞이하는 우리만의 루틴이 되어있었다. 그렇다보니 어느새 배달 앱의 배달비 무료 월정액 서비스까지 가입하는 충성 고객이 되어 있었다. 그 뿐인가? 깜박하고 미리 준비하지 못한 아이의 준비물과 생필품, 식료품까지 굳이 카트를 끌고 마트를 가지 않아도 자기 전 클릭 한 번이면 다음 날 새벽 문 앞까지 필요한 것들을 배송해주는 새벽배송 서비스 덕분에 장을 보러 가지 않아도 생활에 불편함이 없는 배달 문화의 특혜를 삶 속 깊숙이 누리고 살았다.

자랑스러운 배달의 민족 답게 누구보다 빠른 시스템에 익숙해진 우리였지만 미국행을 선택할 때 배달 편의성에 대한 부분은 기대가 없었다. 한국에서는 당연하게 누렸던 서비스를 미국에서 동일하게 누리기란 어려울 거라고 미리부터 짐작한 이유였다. 인터넷 설치를 신청했더니 한 달 만에 방문을 했다더라, 미국은 땅이 넓어 한국처럼 배달했다가는 1박 2일만에 음식을 받는다더라 등 카더라 통신의 근거 없는 말들도 기대감을 내려놓는데 일조하였다. 애초부터 기대감이 없었던 덕분인지 실제 미국에 온 뒤 경험한 배송 서비스는 생각보다 나쁘지 않았다.

한국에 있는 배달의 민족, 요기요, 쿠팡이츠와 같이 미국에도 대표적인 배달 애플리케이션 서비스들이 많았다. 대표적으로 Uber Eats, Doordash, Grubhub와 같은 배달 앱이 가장 많이 통용되고 있었다. 배달 음식의 경우 추가로 청구되는 배달 비용과 배달을 해주시는 분의 서비스 TIP까지 부수적으로 추가되는 비용이 부담되어 많이 이용하진 않았지만 각 배달 앱에 처음 가입했을 때 신규 회원에게 제공되는 무료 배송 혜택 또는 할인 혜택을 적용 받아 3번 정도 배달 앱을 이용해 보았다. 미국은 대지가 넓고, 각 주마다 환경 여건도 다르기에 배달이 되지 않는 지역도 많은 것으로 알고 있지만 LA와 같은 도심에서는 이러한 배달 애플리케이션을 통해 음식을 배달시켜 먹는 것이 가능했다. 지레 짐작했던 것처럼 배달이 아예 불가능한 환경은 아니었던 것이다.

한 가지 특이했던 점은 매장에서 식사할 때와 배달 시의 음식 가격이 동일한 한국과 달리 미국에서는 배달 앱에 명시된 음식 가격이 더 비싼 경우가 많았다. 짐작컨대 배달 앱을 통해 주문이 들어왔을 때 배달 앱 회사에 납부해야 할 수수료 부담 등을 고려해 음식점에서 책정한 가격이 아닐까 싶지만 최종적으로 납부해야 할 가격을 고려했을 때 바깥 음식을 먹더라도 식당에 가서 먹는 편이 조금 더 저렴한 편이므로 신규 가입 회원에게 제공되는 혜택을 모두 사용한 뒤에는 추가로 배달을 해서 먹는 일은 없었다.

테이크아웃을 해도 팁을 줘야 하나요?

여행자가 아닌 생활자로 미국에 사는 동안 내내 적응하기 어려웠던 3가지가 있었다. 느는 것 같다가도 늘 제자리 걸음이었던 영어, 매주 금요일 밤마다 열리는 광란의 파티 그리고 어디를 가나 음식값 외에 추가로 지불해야 하는 팁이었다. 영어의 경우 모국어가 아니기에 제2외국어 로서의 한계를 인정하며 할 수 있는 만큼만 하자고 현실을 받아들였고, 파티 문화 또한 시간이 갈수록 차츰 적응하게 되었지만 팁 문화는 그렇지 않았다. 생활과 직결되어 있는 만큼 벌이 없이 소비만 해야 했던 우리 가족에게 이처럼 부담스러운 것이 없었다. 미국 내 어디를 가나 서비스에 대한 감사의 표시로 팁을 지불해야 하는 문화가 있다는 것은 알고 있었지만 지불해야 할 비용의 10% 정도로 팁을 인식했던 것과 달리 대부분의 식당과 커피숍에서 지불해야 하는 팁의 최소 단위는 15%로 형성되어 있었다.

식당을 나서기 전 결제를 하기 위해 카운터에서 담당 직원과 마주서면 모니터 화면에 3가지 선택 창이 뜨곤 했다. 15%, 20%, 25%. 처음 이 화면을 보았을 때 겉으론 태연한 척했지만 매우 당황스러웠다. 10%라 아니라 15%부터 시작이라니… 이제 미국 사회에서 10%의 팁은 매우 적은 편에 속하는 사회 분위기가 형성되어 있었다. 일반적으로 지불하는 팁의 최소 단위는 15%로, 서빙하는 직원이 매우 만족스러운 서비스를 제공했다면 20%는 주어야 감사의 표시가 전달된다는 것을 알게 되었다. 간혹 아이의 학교 엄마들과 모임이 있는 경우 고급 레스토링이나 와인바라도 가게 되면 그렇지 않아도 비싼 음식값에 자동으로 따라붙는 팁이 부담스러워 소심해지던 순간도 더러 있었다. 그나마 고급 레스토랑이나 와인바를 가게 되면 분위기 값이라 생각하고 기분이라도 내지만 황당한 건 한인마트의 푸드 코트에서 짜장면을 사 먹어도 팁을 지불해야 한다는 사실이었다. 서버를 통해 서빙을 받는 것도 아니고 진동벨이 울리면 고객이 직접 음식을 가져오고 반납까지 해야 하는 시스템에서도 팁을 지불해야 한다니 황당스러웠다. 어수선한 마트 한 켠에 자리를 잡고 앉아 식사해야 하는 공간에서도 주문한 음식값에 따라 지불해야 하는 팁의 최소 단위는 역시 15%였다.

미국 친구들의 경우 서비스에 만족하지 않으면 팁을 지불하지 않는 경우도 있었고, 자리에 앉아 식사를 하거나 차를 마실 때는 팁을 지불하지만 음식을 포장하거나 음료를 테이크아웃하는 경우 팁을 내지 않기도 하는 것 같았다. 강제조항이 아닌 만큼 이 모든 것은 선택사항이지만 일반적인 팁의 지불 수준이 더 이상 10%가 아니라는 사실과 테이크아웃 까페와 음식점에서까지 팁을 지불하는 문화가 보편화 되어 있다는 것은 부정할 수 없는 사실이었다. 팁을 지불해야 하는 것이 법적으로 규정되어 있는 것은 아니지만 미국 사회 전반에 깊숙이 자리한 문화인만큼 팁을 지불하지 않으면 먹은 만큼의 음식값을 지불하고도 눈총을 받는 민망한 상황이 발생할 수 있었다.

커피를 테이크아웃하기 위해 들른 스타벅스에서도 결제 전 계산대에 놓인 커다란 모니터 화면에 팁 선택 옵션이 떴을 때 나는 팁 문화가 거부할래야 거부할 수 없는 미국 사회의 일부임을 받아들였다. 한 평생을 한국에서 살아온 우리에게 외식을 하거나 까페를 갈 때마다 지불해야 하는 팁은 매번 부담스러운 존재였지만 계속해서 부정하고 거부하기 보단 차라리 일상의 한 부분으로 인정하고 받아들이는 편이 정신 건강에 이로울 것 같았다. 받아들였다기 보다는 체념했다는 편이 조금 더 솔직한 표현일 테지만 말이다.

한 번은 Adult School에서 수업 시간에 팁을 주제로 선생님과 이야기를 나눈 적이 있었다. 한국, 일본, 중국, 스위스, 이란, 독일까지 다양한 나라에서 온 학생들 중 특히 아시아권에서 온 학생들이 팁 문화에 대한 어려움을 토로했다. 한 일본인 친구가 선생님께 일반적인 경우는 그렇다 치더라도 테이크아웃을 하는 경우까지 팁을 지불해야 하는 것은 납득하기 어렵다며 이런 경우 팁을 지불하지 않는 것에 대해 어떻게 생각하느냐고 물었다. 그러자 선생님께서는 자신은 미국인이고, 팁을 지불하는 문화에 오랫동안 노출되어 왔지만 여전히 아까운 마음이 드는 것도 사실이라며 테이크아웃을 하는 경우 팁을 지불하지 않는 경우도 더러 있다고 했다. 덧붙여 팁을 지불할지 말지는 개인의 선택사항이지만 자신의 경우 선결제를 하는 까페 시스템에서 팁을 지불하지 않을 경우 음료를 제조하는 직원이 자신의 커피에 침을 뱉을까 두려워 늘 팁을 지불한다는 답이 돌아왔다. 선생님의 솔직한 답변에 모두가 크게 웃었지만 한편 씁쓸한 마음을 감출 수 없었다.

분리수거 없는 미국, 이대로 괜찮을까?

　미국에서 살게 될 아파트에 처음 입주하던 날이었다. 현관문을 열고 안으로 들어가니 싱크대 선반 위에 웰컴 메시지와 함께 쓰레기 버리는 날짜와 시간이 적혀진 공지문이 놓여있었다. 일요일부터 목요일까지(금요일과 토요일은 제외) 저녁 6시부터 8시 사이 현관 앞에 쓰레기 봉투를 내놓으면 아파트에서 계약한 쓰레기 업체에서 수거해 간다는 내용이었다. 한국에서는 집집마다 직접 쓰레기를 처리해야 했는데 현관 앞에 내놓기만 하면 쓰레기를 수거해 간다고 하니 기대했던 것보다 편리한 쓰레기 처리방식에 놀랐다.

　그러나 얼마 지나지 않아 기대감은 걱정으로 바뀌었다. 정착 초반, 우리는 하루가 멀다하고 이케아를 찾아 가구와 생활용품들을 구입해 오곤 했었는데 그러다보니 집에는 매일 박스와 플라스틱 같은 폐기물들이 쌓여가고 있었다. 한국에서는 종이와 플라스틱, 유리와 비닐 하다못해 음식물까지 모두 분리수거 하는 것이 기본이었기에 당연히 미국에서도 같은 방식으로 쓰레기를 버릴 것이라 생각했었다. 그런데 아파트에서 배포한 공지문에는 쓰레기 버리는 요일과 시간만 안내되어 있을 뿐 어디에 분리수거를 해야 하는지는 안내되어 있지 않았다.

　점점 쌓여가는 쓰레기를 방치할 수 없어 분리수거를 어떻게 하면 좋을지 묻기 위해 아파트의 관리사무소인 리싱오피스를 찾았다. 리싱오피스 직원은 거실에 놓여있는 검은색 쓰레기통에 모든 쓰레기를 담아 현관 앞에 내놓으면 된다고 말해 주었다. 음식물은 싱크대 개수구에 연결되어 있는 그라인더를 통해 분쇄하면 된다는 말을 덧붙이며, 분쇄가 어려운 음식물이 있을 경우 검은색 쓰레기통에 한데 담아 버리면 된다며 인자한 미소를 지어보였다. 분리수거를 어떻게 하면 되는지 물었는데 쓰레기통에 한데 담아 버리면 된다고 하니 의아했던 나는 한 번 더 확인을 했다. "그러니까 종이랑 플라스틱, 유리 같은 것을 구분할 필요 없이 쓰레기통에 모두 합쳐서 담고 현관 앞에 내놓으면 된다는 거죠?" 그러자 관리실 직원이 "Yes, that's right! Perfect!" 라는 답변과 함께 조금 전 보다 더 환한 웃음을 지어보였다.

그렇다. 미국에서는 분리수거를 하지 않아도 되는 것이었다. 실제로 아파트에는 별도의 분리수거 공간이 존재하지 않았고 우리는 아파트 규정에 따라 쓰레기통 사이즈에 맞는 봉투를 구입해 모든 쓰레기를 한데 담아 버리기 시작했다. 음식물의 경우 싱크대에 연결된 분쇄기를 사용할 수도 있었지만 해산물이나 고기의 비계 같은 것들이 분쇄기를 통해 갈리지 않을 경우 고장이 날수도 있다는 걱정에 그라인더를 사용하지 않고 따로 봉투에 담아 쓰레기 봉투에 다시 담는 식으로 처리했다. 그렇게 생활하다보니 쓰레기를 버릴 때마다 마음이 불편했다. 우리뿐만 아니라 아파트 입주민 나아가 이 나라의 모든 미국인들이 같은 방식으로 쓰레기를 버린다면 소재별로 분리수거가 되지 않은 이토록 많은 쓰레기들은 모두 어디로 가는 걸까 싶었다.

물론 주마다 쓰레기 처리법에 있어 상이한 정책을 시행하는 샌프란시스코와 같은 도시에서는 재활용이 가능한 쓰레기는 분리수거하고, 음식물 쓰레기는 퇴비로 만드는 프로그램을 새롭게 시도하기도 한다. 하지만 대부분의 주에서는 LA와 같이 모든 쓰레기가 무분별하게 버려지고 있는 것이 현실이었다. 하물며 주택가마다 성인 키 만한 커다란 쓰레기통이 집집마다 놓여 있는데 매일마다 버려지는 그 많은 쓰레기들은 대부분 땅 속에 매립된다고 하니 쓰레기를 버릴 때마다 마음이 불편했다. 이와 같은 방식으로 쓰레기를 처리하게 된 이유는 쓰레기를 분리수거하여 재활용하는 것보다 매립하는 것이 비용 면에서 경제적이고, 대지가 넓어 매립지 또한 충분하기 때문이라고 했다.

쓰레기 처리 방식을 바로 개선하기 어렵다면 일회용품을 줄이는 등 생활 속 일상의 작은 습관들을 개선해 나가면 어떨까 싶었다. 실제 오리건 주에 위치한 포틀랜드로 여행을 갔을 땐 쓰레기 배출을 제로화 하자는 취지의 제로웨이스트 샵을 보기도 했고, 많은 주민들이 제로웨이스트 샵을 이용해 환경 보호를 위한 생활 속 실천을 해 나가는 것을 볼 수 있었다. 그곳에서는 플라스틱 용기를 줄이기 위해 친환경 샴푸와 비누 등을 집에서 가져온 용기에 담아갈 수 있도록 하였고, 자연에 분해되는 소재의 대나무 칫솔이나 천연 수세미 등을 판매하고 있었다. 평소 일회용품을 줄이고 자원을 재활용하자는 제로웨이스트의 취지를 지향하는 나도 포틀랜드에 머무는 동안 제로웨이스트 샵에서 재활용이 가능한 빨대와 수저 같은 것들을 구입했었다. 포틀랜드를 여행하면서 우리 아이들이 살아갈 미래를 위해 이렇듯 건강한 가치관을 기반으로한 생활 속 실천들이 미국 전역에 보편화되었으면 좋겠다는 생각을 했다. 한국으로 돌아와 다시 분리수거를 하는 일상에 익숙해지며 종이와 플라스틱 그리고 유리를 분리 배출할 때마다 팔로스 버디스의 아름다웠던 풍경과 함께 오늘도 한데 모아 버려질 미국의 쓰레기 생각에 가슴 한 켠이 아렸다.

미국에도 당근마켓이 있을까?

나는 중고거래를 좋아한다. 내게는 쓸모를 다한 물건이 누군가에게는 필요한 물건일 수 있고, 반대로 누군가에게는 필요 없어진 물건 중 내게 필요했던 물건을 찾기도 한다. 그런 면에서 중고거래는 수명을 다한 물건에 생명을 불어넣는 제법 가치 있는 일이라고 느낀다. 나의 중고거래 역사는 아이의 탄생과 함께 시작되었다. 아이가 태어나고 육아휴직을 하며 대부분의 시간을 집에서 보낼 때였다. 직장을 다니며 늘 바쁘게만 지내다가 신생아와 하루 종일 집에 있으니 전에는 보이지 않던 집 안 곳곳의 무용한 살림들이 보이기 시작했다. 아이용품이 늘어나며 자연스레 집도 좁아지고 사용하지 않는 물건들에 대해 정리의 필요성을 느낄 때였다.

어느 날, 아이가 잠든 틈을 타 정리를 해보자 마음먹고 옷장, 신발장, 수납장 등 애써 모른척해 왔던 공간들을 들여다보았다. 놀랍게도 문을 여는 곳마다 사용하지 않는 물건들이 가득했다. 옷장 한 켠 자리만 차지한 채 한 번도 입지 않았던 옷과 신발, 운동용품 등을 모두 꺼내 동네 맘 까페에 글을 올렸던 날, 하루만에 137만원을 벌었다. 그렇게 우리집에서 존재감 없이 자리만 차지하던 수많은 물건들은 모두 새주인을 찾아갔다. 그날부터 나는 우리집의 중고팀장이 되었다. 당근마켓이 없던 시절, 동네 맘 까페에서 시작해 중고나라를 거친 나의 중고 역사는 시간의 흐름에 따라 계속해서 발전하며 변모해갔다.

미국으로 떠나기 전에도 많은 짐을 버리고 정리하며 당근마켓을 유용하게 활용했다. 미국으로 가져가기엔 부피가 크고, 한국으로 돌아왔을 때 작아져 사용하지 못할 아이의 자전거, 겨울 외투와 장난감, 책까지 다양한 물건을 당근마켓으로 판매했다. 이토록 중고거래를 즐겨하는 나였기에 자연스레 미국에 가기 전 미준모와 같은 네이버 까페를 통해 LA 인근에서 구입할만한 무빙 세일이 있는지 열심히 찾아보기도 했다. 우리와 같이 미국에서 단기 거주를 하고 귀국을 앞둔 이들이 올린 무빙 세일 게시글이 꽤 있었지만 아쉽게도 거리가 너무 멀거나 인계를 받아야 할 기간이 맞지 않는 등 우리의 여건에 맞는 대상을 찾기가 어려웠다. 결국 미국 입국 후 필요했던 대부분의 가구와 살림은 모두 새 것으로 구입했다. 하지만 한국으로 돌아갈 때가 되자 1년 반 동안 사용했던 살림살이를 처분하기 위해 구매자가 아닌 판매자로 무빙 세일 리스트를 작성해야 할 시간이 다가왔다.

우리가 살았던 팔로스 버디스 인근에는 토렌스, LA다운타운 등 주변에 거주하는 한인분들이 가입한 카카오톡 그룹 채팅방이 있었는데 이곳에서 한인들 사이 중고거래가 활발히 이루어지고 있었다. 나는 이곳에 무빙 세일 리스트를 올려 보기로 했다. 리스트를 올리기 전 판매하고자 하는 대상은 최대한 물건의 장점이 돋보이도록 사진을 찍고, 스크래치가 났거나 설명이 필요한 부분은 추가로 촬영하여 설명을 덧붙였다. 우리가 판매하고자 했던 물품은 모두 일년 반 전 새 것으로 구매했던 것이기에 각 물건의 컨디션에 따라 판매할 가격은 30%에서 50% 할인된 금액으로 책정했다. 사진에는 각 물품의 번호와 가격을 함께 표기해 한 눈에 판매 정보가 파악될 수 있도록 했다. 또한 매일 많은 글이 올라오는 카카오톡 그룹 채팅방에 내가 올릴 무빙 세일 판매글이 스팸이 되지 않도록 사진은 묶어

올리기 기능을 이용해 한 번에 업로드했다. 이런식으로 일주일에 한 번씩 계속해서 게시글을 올렸다. 그러자 처음에는 판매되지 않던 물건들도 결국에는 각자 새 주인을 찾아줄 수 있었다. 그렇게 약 한 달 여에 걸쳐 식탁, TV, 침대 매트리스, 책상, 히터 등 대부분의 살림살이를 모두 판매할 수 있었다. 수익금으로 얻은 200만원은 귀국 비용에 보탤 수 있었다.

하지만 마지막까지 판매되지 않는 쇼파가 문제였다. 일년 반도 채 사용하지 않은 쇼파였지만 막내 반려견 마음이가 물어뜯고 긁어 사용감이 많은 탓인지 아무도 사겠다는 사람이 없었다. 필요하신 분께 무료로 드리겠다고 글을 올려 보아도 새주인은 나타나지 않았다. 결국 쇼파를 버려야겠다 마음먹고 아파트 관리사무소인 리싱오피스에 대형 폐기물 처리 방법에 대해 문의했다. 리싱오피스에서는 몇 곳의 폐기물 처리 업체 연락처를 주며 그 중 한 곳에 수거 접수를 하면 된다고 알려 주었다. 대형 폐기물에 대한 수거 요청을 접수할 경우 폐기물의 종류에 따라 소정의 비용을 납부해야 한다는 안내도 함께였다.

리싱오피스에서 알려준 폐기물 수거업체에 문의해보니 쇼파와 같은 가구를 버릴 경우 약 $200 정도의 비용을 납부해야 한다고 했다. 한국에서도 대형 가구를 버릴 때 일정 비용을 납부해야 하지만 금액의 규모가 예상보다 컸다. 당시 환율로 한화 30만원 가까이 되는 금액을 내고 쇼파를 버려야 한다니 이왕이면 새 주인을 찾아주는 편이 좋겠다 싶었다. 그러나 아무리 지속적으로 글을 올려도 사용감이 많은 쇼파를 가져가겠다는 사람은 없었다. 그렇게 쇼파 때문에 골머리를 앓던 우리에게 이웃에 살고 있던 친구가 OfferUp에 글을 올려 보라는 제안을 해주었다. OfferUp은 위치기반 중고거래 앱으로 미국에서는 빈번하게 통용되는 앱이라고 했다. 그동안 인근에 사는 한인 분들을 대상으로만 무빙 세일 리스트를 올려왔는데 OfferUp은 한인이 아닌 미국 현지 사람에게 쇼파를 인계할 수 있는 루트였다. 친구의 말에 그 자리에서 바로 어플을 깔아보니 한국에서 자주 이용하던 당근마켓과 유사한 메뉴들로 구성되어 있었다. 거래 수수료도 없고, 거래 후 유저간 만족도를 평가하게 되어 있어 후기를 통해 상대방에 대한 정보도 확인할 수 있었다. 한국인 단톡방에 올리기 위해 미리 촬영해 두었던 사진들이 있어 바로 글을 올려 보았다. 그러자 놀랍게도 곧바로 알람이 울리기 시작했다.

  한번에 5명 정도가 연락이 와서 먼저 연락주신 분과의 거래가 불발될 경우 연락 드리겠다고 줄 세우기까지 해야 할 정도였다. 이렇게 쇼파를 처분하게 되는구나 기대감에 차 있던 우린 부지런히 답글을 달며 먼저 문의해온 사람과 거래 약속을 잡았다. 그러나 연락해왔던 5명 모두 내일 바로 찾으러 가겠다는 말과 함께 연락이 두절되었다. 하루가 지나고, 이틀이 지나도 연락이 오지 않았다. 그 후에도 유사한 상황을 여러 번 반복해서 겪어야 했다. 결국 새주인을 찾아주는 것을 단념하고, 대형 폐기물 수거업체를 통해 처분해야겠다고 마음먹고 있던 어느 날, 또 다른 문의자가 나타났다. 문의해온 사람은 우리집으로부터 1시간 정도 떨어진 거리에서 지금 쇼파를 가지러 오겠다고 했다. 그러나 이미 여러 번 바람을 맞았던 우린 기대감을 내려 놓은 채 아파트 정문 주소를 알려주고 이웃 친구 집에서 보드 게임을 하고 있었다.

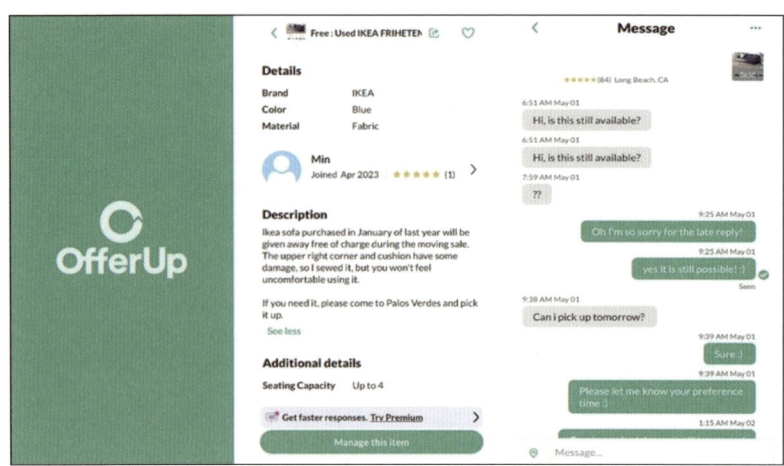

▲ OfferUp 게시글 및 대화 내용

　그런데 놀랍게도 정확히 한 시간 후 쇼파를 가지러 오겠다고 했던 사람으로부터 도착했다는 메시지를 받았다. 같은 아파트 이웃집에 모여 있던 우린 정말일까 의심하는 마음 반, 기대 반으로 헐레벌떡 약속 장소로 뛰어갔다. 아파트 정문 앞에는 정말로 작은 SUV를 타고 온 멕시코 아저씨가 우리를 기다리고 계셨다. 그는 우리에게서 무료로 가져간 쇼파를 리폼해 다시 멕시코로 수출한다고 했다. 능수능란하게 쇼파를 차량 지붕 위로 올린 그는 고맙다는 인사와 함께 유유히 사라졌다. 그렇게 한 달 넘게 우리의 속을 썩이던 쇼파가 눈 앞에서 사라지던 순간, 남편과 나는 손뼉을 치며 기뻐했다. 한국으로 떠나오기 정확히 10일 전의 일이었다. 미국의 당근마켓 OfferUp의 위력을 경험한 순간이었다. 결국 쇼파를 끝으로 우리는 모든 살림을 중고거래로 완판시키고, 한국으로 돌아올 수 있었다.

구분	내용	사이트 주소
미준모	미국 이민, 여행, 유학 등 정착관련 정보 제공 네이버 까페	www.mijunmo.com
라디오코리아	북미주 한인 방송 커뮤니티	www.radiokorea.com
OfferUP	위치기반 온라인 중고 마켓	http://offerup.com
Facebook market place	페이스북이 만든 온라인 마켓	http://facebook.com/marketplace

▲ 한인 및 현지인 대상 중고거래 사이트

미국 도서관 200% 활용하기

남편과 나는 책을 참 좋아한다. 아이를 낳고 어떻게 키워야 할지 막막했을 땐 육아서를, 다른 사람들은 어떻게 재테크를 할까 궁금했을 땐 재테크 서적을 펼쳤다. 여행을 떠나고 싶지만 연차를 낼 시간과 여력이 없을 땐 여행 에세이를 읽으며 대리만족을 했다. 한 권의 책에는 한 사람의 인생 혹은 한 분야에서 오랫동안 갈고 닦은 고수의 노하우가 담겨 있었다. 인생의 특정 시기, 물음표에 가로막힐 때마다 우리는 자연스럽게 서점이나 도서관을 찾았고 그때마다 꼭 맞는 정답은 아니어도 중요한 힌트쯤은 건질 수 있었다. 책은 어떤 상황에서든 길이 되어 주었다.

엄마가 된 후부터는 아이에게 읽어줄 책을 찾기 위해 집 앞 도서관을 찾는 날이 많았다. 도서관에는 자라나는 아이의 변해가는 관심사에 맞춰 읽어줄 다양한 책들이 넘쳐났다. 자연스럽게 도서관을 찾는 일은 우리 가족의 일상 루틴이 되었다. 3주에 한 번 커다란 가방에 책을 가득 채워 대출해오면 3주 동안 잠자리에 들기 전 아이에게 다양한 주제의 책을 읽어줄 수 있었다.

미국에 오기 전에도 구글맵으로 미국에서 살게 될 집에서 차로 15분 거리에 도서관이 있다는 것을 미리 검색해 두었다. 멀지 않은 곳에 도서관이 있어 다행이었다. 미국 입국 후 필요한 가구와 생활용품을 구비해 어느 정도 생활 환경이 갖춰진 시점에 더 이상 이케아를 찾지 않아도 되었던 토요일, 드디어 도서관을 찾았다. 생각했던 것보다 큰 규모의 건물과 내부 공간, 정갈하게 정리된 도서들… 팔로스 버디스 도서관의 첫 인상은 편안함이었다. 처음 마주하는 공간이었음에도 불구하고 적당한 고요함 속 익숙한 책 냄새를 맡자 마치 오래전부터 이 공간을 알아왔던 것처럼 편안하게 느껴졌다. 천천히 내부 공간을 둘러본 후 데스크에 있던 직원분께 회원 카드를 어떻게 만들 수 있는지 문의하니 다운 받아야 할 애플리케이션을 친절하게 알려 주셨다. 그 자리에서 가족 모두가 애플리케이션을 다운받아 가입하고 도서관 계정을 만들었다.

생활자의 시선

한국에서는 1인당 최대 7권까지 14일간 대출이 가능했기에 남편과 아이 그리고 나의 계정까지 모두 합치면 총 21권까지 책을 대출할 수 있었다. 또한 1회에 한해 7일까지 기간 연장을 할 수 있었는데 미국에서는 1인당 100권까지 대출이 가능했고, 다른 회원의 예약이 없다면 연장 또한 제약이 없다고 느껴질 정도로 반복 적용이 가능했다. 무엇보다 도서관을 처음 찾았을 때 한국 도서의 보유 수량이 기대했던 것보다 많아 놀라웠다. 어린이 코너의 경우 도서 수량이 아주 많지는 않아 미국에 사는 동안 도서관에 있던 거의 모든 책을 다 읽을 수 있는 수준이었지만 성인 코너의 경우는 꽤 많은 도서가 진열되어 있었고, 신간도 꾸준히 유입되어 도서관에 갈 때 마다 반가운 한국 신간을 만나볼 수 있었다.

한국 도서는 입구에서 멀지 않은 우측 창가에 비치되어 있었는데 커다란 창을 통해 들어오는 햇살을 받으며 작은 쇼파에 앉아 책을 읽는 시간은 미국에 머무는 내내 내게 선물 같은 시간이 되어 주었다. 도서관에 갈 때 마다 우리는 3주 정도 분량의 책을 대출했는데 이 때마다 아이에게 읽고 싶은 책을 직접 고르게 했다. 다만 한글책을 선호하는 아이가 책을 편식하지 않도록 한글책과 영어책의 분량을 5:5 정도로 배분해 적절한 비율로 대출하도록 가이드 했다. 이렇게 빌려온 책들 덕분에 잠자리에 들기 전 아이와 다정한 시간을 가질 수 있었다.

한국처럼 미국의 도서관에도 열람실과 자료실, 컴퓨터실과 프린터실이 존재했는데 특이했던 건 최소 2인부터 최대 8인까지 이용 가능한 다양한 규모의 그룹 스터디룸이 다수 존재한다는 점이었다. 한국에 비해 팀 프로젝트가 많은 미국 학교의 특성상 도서관에도 팀 프로젝트를 진행할 수 있는 공간이 준비되어 있었다. 그룹 스터디룸은 도서관 어플을 이용해 미리 이용 시간을 예약할 수 있어 우리도 조용하게 책을 읽고 싶거나, 아이의 학습을 도와야 할 때 유용하게 이용했다. 평소 학생들이 그룹 스터디룸에서 친구들과 토론하거나 과제를 하는 모습도 자주 볼 수 있었다. 정기적으로 도서관을 이용하면서 도서관 이용 스킬 또한 늘어갔다. 찾는 도서가 없을 경우, 한국에서처럼 다른 도서관에서 보유하고 있는 도서를 연계 대출할 수 있는 상호대차 서비스를 이용해 필요한 도서를 대출하기도 하고, 오디오북을 대출해 운전하면서 음원 파일로 듣기도 했다. 그리고 다양한 닌텐도 게임도 도서처럼 준비되어 있어 게임도 대출할 수 있었다.

미국으로 여행을 가거나 한 달 혹은 일 년 단기로 거주를 하는 지인이 있다면 가까운 도서관을 찾아 회원 가입을 하고 현지 도서관을 이용해 보라고 권하고 싶다. 도서관이라는 공공재는 모두에게 열려 있기에 부담 없이 자유롭게 이용할 수 있으며, 열람실 등 도서관 내 다양한 편의시설을 이용하는 동안에는 여행을 일상처럼 영위하는 특별한 경험도 할 수 있을 것이다.

베트남 미용실 단골이 되다

남편은 머리를 자주 하는 편이다. 나는 3개월에 한 번 미용실을 가는 한 편, 남편은 3주에 한 번 미용실을 찾는다. 머리카락의 길이가 짧다 보니 조금만 자라도 지저분해져 다듬어야 하는 이유도 있겠지만 커트 외에도 펌이나 염색 같은 헤어 스타일링을 자주 하는 등 평소 머리하는 것을 즐기는 편이다.

13년 전 모처럼 아껴 두었던 연차를 이용해 북유럽으로의 여행을 앞둔 주말엔 남편이 함께 염색을 하자고 제안한 적도 있었다. 평소 출근으로 할 수 없었던 샛노란 색으로 염색을 하고 여행지에서의 시간을 즐겨보자는 것이었다. 아이를 낳기 전이었고, 서른이 되기 전이었기에 남편의 제안이 재미있게 느껴졌고 우리는 함께 염색을 했다. 그렇게 같이 샛노란 머리를 하고 유럽 여행을 다녀와 출근을 하기 전 다시 머리 색을 바꾸었다. 이후 머릿결이 완전히 상해 몇 달 동안 샴푸를 할 때마다 퍽퍽해진 머릿결로 고생을 해야 했지만 그 여름 사진 속에는 같은 색의 머리를 하고 해맑게 웃고 있는 우리가 남았다.

머리로 장난 치길 좋아하는 만큼 남편은 여행을 떠날 때마다 현지 미용실을 가는 것도 좋아했다. 수년 전 뉴욕으로 여행을 떠났을 땐 소호 거리의 바버샵에서 머리를 자르고 바보가 되어 나온 적도 있었다. 남편이 현지의 힙한 스타일을 소화하지 못한 탓인지 커트를 끝내고 나온 남편의 모습이 너무도 어수룩해 한참을 웃었다. 사실 남편은 머리 숱이 많은데다 머리카락이 방방 뜨는 특수한 모질을 갖고 있어 한국에서도 펌을 통해 옆 머리를 눌러주고 고도의 스킬을 가진 헤어 디자이너의 도움을 받아야만 겨우 머리를 다듬을 수 있었다. 그렇다보니 늘 가던 미용실이 아닌 새로운 미용실을 가면 실패할 확률이 높았다. 그런 남편에게 미국에 정착한 후 자신의 머리를 만족스럽게 만져 줄 헤어샵을 찾는 것은 꽤나 중요한 숙제였다.

어느 미용실을 가야 할까 고민하던 남편이 처음으로 찾아간 곳은 한인들이 많이 거주하는 LA 다운타운의 한인 미용실이었다. 대부분의 손님이 한국 사람들인 만큼 한국과 비슷한 스타일로 머리를 잘 다듬어 주시지 않을까 하는 기대감이 있었다. 머리를 손질한 결과 대만족은 아니었지만 적어도 실패는 하지 않은 것 같았다. 그러나 너무도 비싼 가격이 문제였다. 커트 한 번 했을 뿐인데 팁을 포함해 $120 정도의 금액을 지출해야 하다 보니 재방문하기가 부담스러웠다. 남편은 커트비가 너무 비싸다며 장발이 되겠다는 선언과 함께 한동안 미용실을 끊었다. 그러나 머리를 한 지 한 달이 넘어가고, 두 달이 되어가자 그의 몰골은 눈 뜨고 봐주기 힘들 지경이 되었다.

결국 그는 두 번째 미용실을 찾아갔다. 이번엔 우리가 살고 있는 팔로스 버디스에서 차로 25분 거리에 있는 토렌스의 한인 헤어샵이었다. LA 다운타운에 위치한 미용실 보다는 가격이 저렴하면서 한국 사람들을 대상으로 하는 미용실이니 괜찮은 대안이 될 수 있을 것 같았다. 그러나 커트를 마치고 집에 돌아온 그를 보고 나는 경악을 금치 못했다. 그의 얼굴엔 눈썹 한 쪽이 사라져 있었기 때문이다. 그도 자신의 몰골을 인지하고 있었다. 원장님께서 미용을 하시다가 실수로 눈썹 한쪽을 밀어 버리셨다고 했다. 눈썹을 잃어버린 그는 기분이 언짢아 팁은 주지 않고 왔다고 했다. 기가 막혔다. 50% 할인을 받아도 모자랄 마당에 팁을 주지 않고 왔다며 스스로를 위로하고 있는 남편을 보자니 울화통이 터졌다.

다시 눈썹이 자랄 때까지 그는 또다시 미용실과 작별을 했다. 그러나 고난의 시기는 금방 다시 찾아왔다. 그의 머리카락이 무성하게 자라 있었던 것이다. 이번엔 LA에 거주하는 한인들이 가입되어 있는 그룹 카톡방을 통해 정보를 구해보기로 했다. 눈팅만 하던 카톡방에 모처럼 용기를 내 "팔로스 버디스 근처에 저렴하고 괜찮은 미용실 있을까요? 정보 부탁드립니다."하고 글을 올리자 곧바로 추천 글들이 올라왔다. 그 중 세 분 정도가 동일한 미용실을 추천하고 있었다. "베트남 분들이 운영하시는 미용실인데 가격도 저렴하고 잘 잘라 주세요! 저희 가족은 항상 여기로 가요!" 세 분이나 동일한 곳을 추천하니 믿어봐도 좋을 것 같았다. 지난 번 혼자 미용실에 보내 한 쪽 눈썹을 밀린 채 돌아온 남편이 걱정되어 이번엔 나도 함께 동행하기로 했다.

베트남 미용실엔 열 분이 넘는 미용사들이 계셨다. 일렬로 쭉 늘어선 거울과 의자들, 90년대 분위기가 물씬 느껴지는 인테리어가 세련되진 않았지만 꽤 넓은 내부에 절반 정도는 손님이 차 있을 만큼 영업이 잘 되는 것 같았다. 드디어 남편의 차례가 왔고, 한 베트남 아저씨께서 다가오셨다. 미용사 분들이 영어에 능통하지 않다는 정보를 미리 입수한 남편은 준비해간 샘플 사진을 아저씨께 보여드렸다. 사뭇 진지한 표정의 아저씨는 조용히 고개를 끄덕이시더니 망설임 없이 가위질을 시작하셨다. 너무도 거침없이 머리가 잘려 나가는 것을 보며 불안감이 엄습했지만 커트가 모두 끝나고 보니 지금까지 찾아간 미용실 중 이번이 가장 나은 것 같았다. 펌을 하지 않고 커트만 했는데도 이전보다 확연하게 깔끔해진 모습이었다. 남편의 표정을 보니 본인도 만족하는 것 같았다.

미국에 사는 동안 한국에서처럼 펌과 커트를 할 순 없으니 그냥 머리를 길러보자 생각하고 한 번도 미용실을 찾지 않았던 나도 갑자기 베트남 아저씨께 머리를 맡기고 싶어졌다. 이번엔 바톤 터치를 해 남편이 앉았던 의자에 내가 앉았다. 머리가 길어 말릴 때도 성가시다고 느꼈던 터라 손가락으로 가위 모양을 만들어 목 부분에 대고는 잘라 달라는 의사 표현을 했다. 이번에도 역시 베트남 아저씨께서는 조용히 고개를 끄덕이시곤 바로 가위질을 시작하셨다. 순간 족히 30센티는 되어 보이는 머리카락이 바닥으로 잘려 나갔다. 짧은 단발 머리를 하겠다고 해서인지 곧이어 아저씨는 바리깡까지 들고 뒷머리를 파기 시작했다. 바리깡의 진동 소리를 들은 나는 밀려드는 불안함에 눈을 질끈 감았다. 뒤에 앉아있는 남편과 딸은 낄낄거리며 신이나 나를 놀리고 있었다. 손이 빠른 아저씨께서는 금방 미용을 마치시곤 다 됐다며 어깨를 툭툭 두드리셨다. 천천히 숙였던 고개를 들어 눈을 떴는데 생각했던 것보다 모양새가 괜찮은 것 같았다. 자세히 보니 제법 마음에 들기까지 했다.

둘이서 머리를 자르고 낸 비용은 $50 정도였다. 한인 미용실의 절반도 안 되는 가격에 두 사람이 커트를 하고, 결과도 만족스러우니 이 정도면 대성공이었다. 그렇게 우리는 베트남 미용실의 단골손님이 되었다. 미국에 머무는 내내 머리가 자랄 때마다 베트남 미용실을 찾았고 바디랭귀지로도 충분한 의사소통을 하며 한결 깔끔해진 모습으로 집에 돌아올 수 있었다. 미용실 카운터 아주머니께서는 계산할 때마다 명함 사이즈의 스탬프 쿠폰에 도장을 찍어 주시곤 하

셨는데 10개의 스탬프를 모으면 커트 한 번을 무료로 할 수 있다고 하셨다. 한국으로 돌아오기 전까지 10개의 도장을 모두 모으진 못했지만 백수 부부의 머리를 단정하게 다듬어준 것만으로도 충분히 고맙고 정다운 베트남 미용실이었다.

우리가 사랑한 LA 맛집

어떤 시간은 맛으로 기억된다. 이탈리아를 떠올리면 달콤했던 리쪼 아이스크림과 진한 향기의 에쏘(에소프레소)가, 베트남을 떠올리면 코코넛 커피가, 뉴욕을 떠올리면 베이글이 생각나는 것처럼 여행지에서의 맛은 오랫동안 기억에 남아 그 곳의 추억을 되새기게 한다. 우리에게 LA는 무엇으로 기억될까? 시간이 지나 한국에서의 일상에 익숙해지면서 그리워하게 될 LA의 맛, 우리가 사랑한 LA 맛집에 대해 이야기해 보려 한다.

— BCD Tofu House 북창동 순두부

아이러니하게도 먼 나라 미국에서 우리가 가장 애정했던 음식은 북창동 순두부로 잘 알려진 BCD Tofu House의 순두부&갈비 세트였다. 처음 북창동 순두부를 찾은 것은 5년 전 LA로 여행을 왔을 때였다. 한식 마니아인 남편과 아이를 위해 LA에서 갈만한 한식당을 검색하니 북창동 순두부 추천 글을 어렵지 않게 찾을 수 있었다.

　많은 이들이 추천하는 곳이니 괜찮겠지 하고 찾아간 식당에서 고향의 맛에 반한 우리는 여행 중 이곳을 두 번이나 더 방문했었다. 시간이 지나 LA에 여행자가 아닌 생활자로 사는 동안에도 한국 음식이 그리운 날엔 어김없이 북창동 순두부를 찾았다. 다른 한국 식당을 찾아보기도 했었지만 이곳만큼 깊은 만족감을 주는 곳은 없었기 때문에 언제나 우리의 선택은 고민 없이 북창동 순두부였다.

▲ BCD Tofu House의 북창동 순두부

　타국에서의 생활이 낯설고 힘들어 지친 어느 날에도 뜨거운 순두부찌개에 흰 쌀밥을 담가 노릇하게 익은 갈비로 한 끼를 배불리 먹고 나면 무엇이든 해볼 수 있을 것 같은 용기가 생겼다. 한식의 본거지인 한국에서도 이처럼 맛있는 순두부찌개와 갈비는 먹어본 적이 없는 것 같았다. 실제로 1996년 미국에서 문을 연 북창동 순두부는 1998년 한국 마포에 직영점을 내며 한국으로 역수출되기도 했다. 이제는 한국으로 돌아와 주변 어느 식당을 가나 쉽게 순두부찌개와 갈비를 접할 수 있게 되었지만 여전히 LA에서 먹던 북창동 순두부와 갈비 맛이 그립다.

— **Lamppost Pizza 램포스트 피자**

넷플릭스의 오리지널 시리즈 중 셰프의 테이블이란 시리즈가 있었다. 이 시리즈의 피자편에선 전 세계의 피자 장인들을 찾아가 어떻게 그들만의 레시피를 만들 수 있었는지부터 피자를 만드는 철학까지 세계 최고의 피자를 만들게 된 다양한 스토리를 들려준다. 실제 시리즈에 소개된 6명의 피자 장인 중 미국에서 가장 맛있는 피자로 소개된 곳은 Pizzeria Bianco라는 곳이었는데 본점이 피닉스인 이곳의 대표가 LA에 분점을 내면서 우리도 이곳을 찾아 셰프 비앙코가 만든 피자를 맛볼 수 있었다. 물론 그의 피자는 독창적이고 특별했지만 우리에게 LA 최고의 피자는 따로 있었다.

그건 바로 램포스트 피자였다. 램포스트 피자는 아이의 축구팀 친구 생일파티에 초대되어 방문하면서 처음 알게 된 곳이다. 미국 내 위치한 30개의 체인 중 우리가 즐겨찾던 곳은 토렌스 지점이었다. 램포스트 피자의 첫 인상은 그야말로 동네 피자집, 투박한 외관에 실내 모니터에는 축구, 야구, 아이스하키 등 각기 다른 스포츠 경기가 재생되고 있어 동네 아저씨들이 모여 피자에 맥주를 들이켤 것 같은 분위기의 피자집이었다. 파티를 주최한 아이의 부모가 미리 주문해둔 피자가 나왔을 때에도 흔히 볼 수 있는 비쥬얼에 기대감은 제로였다. 그러나 피자를 한 입 베어 무는 순간 알아차렸다. 미국의 피자 장인은 이곳에 있었다는 것을…

우리 테이블에 놓인 피자는 The Veggie Jackson이라는 피자였는데 다양한 채소들이 가득 들어간 피자를 베어 무는 순간 입 안 가득 퍼지는 신선한 버섯향에 눈이 휘둥그레졌다. 다른 피자들과 달리 건강하고 담백하며 조화로운 맛이었다. 그 후로 우린 램포스트 피자의 단골이 되었다. 피자가 먹고 싶을 땐 언제든 고민 없이 램포스트로 달려갔고, 매번 Veggie Jackson을 주문했다. Veggie Jackson을 한 입 베어 물고 맥주 한 잔을 곁들이는 날이면 세상 부러울 것이 없었다. 누군가 LA에서 맛있는 피자집을 소개해 달라고 한다면 주저 없이 램포스트 피자를 추천할 것이다.

▲ Lamppost Pizza(램포스트 피자)

— VONS Chicken 본스치킨

여느 때와 같은 금요일이었다. 금요일 밤마다 치킨을 시켜먹던 가닥 때문이었는지 그날 따라 유난히 한국 치킨이 먹고 싶었다. '혹시 근처에 한국 치킨집이 있을 수도 있지 않을까?' 하는 마음에 구글맵에서 Korean Chicken을 검색해보니 집에서 30분 정도 되는 거리에 VONS Chicken 이라는 한국 치킨집이 있었다. 리뷰로 보아 대부분의 손님이 미국 현지인 같았다. 한국 사람이 쓴 후기는 많지 않았지만 후기가 꽤 좋은 편이었다. 치킨에 목말라 있던 우린 아이가 학교에 간 틈을 타 치킨집을 찾아보기로 했다. 그렇게 30분이 2시간처럼 느껴지는 길을 따라 드디어 치킨집에 도착했다.

치킨을 주문하고 '우리가 기대한 한국 치킨 맛이 아니면 어쩌지?' 걱정되는 마음을 애써 감추며 자리에 앉아 치킨이 나오길 기다렸다. 완성된 치킨이 나오고 한 조각을 집어 한 입 베어 무는 순간 남편과 나의 눈이 마주쳤다. 그동안 우리가 먹었던 수많은 치킨은 무엇이었던 걸까 싶을 만큼 너무도 완벽하고 이상적인 맛이었다. "너무 맛있다! 왜 이렇게 맛있지? 미국에서 먹어서 그런가? 그동안 치킨을 너무 굶어서 그런가?" 시답지 않은 이야기를 주고받으며 순식간에 치킨 한 마리를 먹어 치웠다. 그 후로 본스치킨은 우리의 참새 방앗간이 되었다.

알고보니 본스 치킨은 한국에도 100개 이상의 지점을 보유한 프랜차이즈였다. 우리가 한국에서 즐겨먹던 치킨 브랜드가 아니어서 몰랐지만 나름의 매니아 층을 보유한 치킨 브랜드였던 것이다. 신기하게도 우리가 매장에서 치킨을 먹을 때마다 우리 부부가 치킨집의 유일한 한국인 손님일 때가 많았다. 현지인 손님이 더 많은 만큼 한국 치킨 프렌차이즈가 미국에서 자리 매김했다는 의미일 터였다. 그 때마다 우리 브랜드가 미국에서도 당당히 자리를 잡았다는 생각에 덩달아 뿌듯한 마음이 들었다. 본스치킨 덕분에 이따금 외로움이 느껴질 때마다 우리는 좋아하는 치킨을 뜯어먹으며 스트레스를 떨쳐 버리고 다시 힘을 낼 수 있었다.

▲ VONS Chicken(본스치킨)

― **IN-N-OUT 인앤아웃**

파이브가이즈, 인앤아웃, 쉑쉑버거를 미국의 대표적인 3대 버거라고 한다. 파이브가이즈와 쉑쉑버거는 이미 한국에도 진출해 있어 한국 사람들에게 인지도가 높은 편이다. 우리는 5년 전 미국으로 여행을 갔을 때 뉴욕에서 쉑쉑버거와 파이브가이즈를 LA에서 인앤아웃을 처음 경험했었다. 하지만 이미 오랜 시간이 지나 햄버거의 맛이 어땠는지 기억이 흐릿해진 상태였기에 미국에 사는 동안 3대 버거라고 불리우는 햄버거의 맛을 비교해보고 마음 속의 1순위를 다시 정해보기로 했다. 미국에 사는 동안 인앤아웃은 우리가 살았던 LA에서, 쉑쉑은 뉴욕에서, 파이브 가이즈는 스페인 여행을 하던 중 다시 찾아 맛볼 수 있었다.

각 햄버거 프랜차이즈는 저마다의 특징을 갖고 있었는데 파이브가이즈는 매장에서 자유롭게 리필해 먹을 수 있도록 비치한 땅콩이 시그니처였다. 많이 먹으면 조금 느끼해 한 번만 가져다 먹은 후 다시 리필하진 않았지만 후렌치 후라이를 튀길 때도 땅콩 기름을 사용하는 만큼 파이브가이즈라는 브랜드의 특징을 한 눈에 보여주는 특별한 마케팅 방식이 재미있게 느껴졌다. 햄버거의 맛에 있어 파이브가이즈 버거에는 치즈가 너무 많이 들어가 내 입맛엔 조금 느끼하게 느껴졌다.

쉑쉑버거의 햄버거는 스테이크 버거 등 특별한 메뉴가 다양하게 존재하는 만큼 다른 브랜드보다 더 고급화되어 있는 것 같았다. 실제 육즙이 풍부하고 깊은 햄버거의 맛은 너무도 훌륭했지만 세트 메뉴를 주문했을 때 $25 달러가 넘어가는 부담스러운 가격에 비해 햄버거의 사이즈는 매우 작아서 양이 부족하게 느껴졌고 가격면에서도 만족도가 떨어졌다.

결론적으로 내 마음 속 1순위는 인앤아웃이었다. 처음 인앤아웃을 찾았을 때 왠지 느끼할 거라고 예상했지만 햄버거의 맛이 너무도 담백하고 깔끔해 놀랐던 기억이 있다. 게다가 감자튀김은 생감자를 그 자리에서 바로 튀겨내 신선하고 바삭한 감동적인 맛이었다. 그날 부로 나는 한 달에 두 번은 인앤아웃을 찾을 만큼 이곳을 애정하게 되었다. 별도의 비용 없이 토마토 또는 양파의 양을 추가로 요청할 수 있는 데다가 세트 메뉴를 주문해도 $10가 넘지 않는 착한 가격 또한 장점이었다. 인앤아웃은 서부에서 시작해 캘리포니아를 포함하여 유타, 아리조나, 네바다와 같은 특정 주에만 오픈되어 있는데 특히 LA에서 많은 사랑을 받는 햄버거 체인이기도 했다. LA에만 40개가 넘는 매장이 있을 만큼 지점도 많았는데 그래서인지 어느 매장을 가도 늘 많은 사람들이 줄을 서서 주문을 하는 것을 쉽게 볼 수 있었다.

▲ IN-N-OUT(인앤아웃)

세 번째

아이의 미국 생활

— 내 아이의 열살을 지켜본다는 것

아이의 미국 초등학교 첫 등교

 2주 간의 서부 로드 트립에서 돌아온 다음 날 아이의 학교 등록을 위해 교육구를 찾았다. 한국에서부터 아이의 학군을 고려해 거주할 동네와 집을 선택했기에 어쩌면 가장 많은 공을 들였던 학교 배정이 확정되는 순간이 다가온 것이다. 미국도 한국처럼 공립학교의 경우 거주지에서 가장 가까운 곳으로 배정되는 것이 일반적이지만 1순위 배정 학교의 인원이 만석일 경우 인근의 다른 학교로 배정되는 일들도 있었기에 별다른 문제 없이 희망 학교로 배정이 될지는 알 수 없었다.

 만일을 대비해 인근 학교까지 모두 평점이 높은 동네로 집을 구하고 이곳 팔로스 버디스로 우리의 거주지를 정했지만 해당 학교의 상황에 따라 자칫하면 매일 다녀야 하는 통학거리가 늘어날 수도 있었기에 떨리는 마음으로 교육구를 찾았다. 우리가 교육구에 방문한 날은 긴 겨울 방학이 끝나고 첫 등교가 시작된 날이어서 우리 외에도 학교 등록을 위해 대기하고 있는 이들이 꽤 많았다. 다행히 우리는 오전 8:55 미팅을 예약해 두어 특별히 서류상의 이상만 없다면 우선 배치가 될 것 같았다.

 그러나 문제는 서류가 완벽하게 준비되지 않은 상태였다는 점이다. 학교 등록을 위해서는 여권, 유틸리티 빌(집주소와 부모 중 한 명의 명의가 적힌 인터넷 또는 전기세 고지서), 교육구 온라인 등록서류, 거주하고 있는 집의 계약서가 필요했는데 교육구를 방문했던 날은 우리가 미국에 온 지 15일째 되는 날이어서 아직 한 달이 채 안 된 시점이었기에 전기세 고지서를 받지 못한 상태였다. 인터넷은 미국 입국 바로 다음 날 개통해 고지서는 받은 상태였지만 문제는 COX라는 인터넷 회사에서 보내온 고지서에 남편의 성(Last Name)이 Cho가 아닌 Chin으로 잘못 표기되어 있었다는 점이다. 만일 교육구에서 이 부분을 문제 삼는다면 유틸리티 빌 서류가 준비되지 못했다는 사유로 재방문을 요구할 수도 있는 상황이었다. 이 때문에 우리는 여행에서 돌아온 당일 모바일 앱의 온라인 채팅 기능을 이용해 COX 측에 고지서 재발급 요청을 해 두었다. COX 측에선 Last Name 수정을 위해서는 사내 다른 부서로 FAX를 보내 접수해야 한다는 답변과 함께 즉시 수정 가능한 상황이 아님을 안내해 왔다.

드디어 순서가 되었고, 우리의 서류가 문제되지 않기를 바라며 준비해 온 서류를 접수했다. 유틸리티 빌은 아니었지만 혹시 몰라 추가로 준비해둔 Bank of America 우편물도 함께 제출한 상태였다. 다행히 교육구 직원은 이를 문제 삼지 않았고 모든 서류를 정상 접수해 주었다. 아이는 우리가 한국에서부터 미리 알아보았던 1순위 배정 학교로 등록되었다. 학년의 경우 한국에서는 2학년 2학기까지 마치고 왔기에 3학년으로 올라갈 차례였지만 미국 학교에서는 생년월일에 의거해 미국 학교의 2nd Grade로 배정받았다. 이틀 후부터 정상 등교하라는 안내와 함께 '축하합니다'라는 말을 들은 뒤에야 긴장을 풀고 웃을 수 있었다. 그렇게 아이는 팔로스 버디스에 위치한 Point Vicente 초등학교의 학생이 되었다. 배정받은 학교는 인근 학교 중 집에서 가장 가까운 학교로 차로 5분 거리에 위치해 있었다. 교육구 방문을 마치고 차로 아이의 학교 앞을 가보았다. 예쁘게 꾸민 하우스들이 즐비한 한적한 동네에 초록 잔디와 넓은 운동장을 가진 학교였다. 구글 위성 사진을 통해 한국에서도 여러 차례

보았던 풍경이지만 직접 와보니 마음이 벅차올랐다. 이제 이곳으로 매일 아이를 데려다 주고 또 데리러 올 생각을 하면서 간이 주차는 어디에 해야 할지 주변을 살펴보고 학교 근처를 걸어 보기도 하다가 집으로 왔다.

NO	준비서류	비고
1	여권	부모와 자녀 일괄
2	유틸리티 빌	COX 인터넷 또는 Edison 전기세 고지서
3	교육구 온라인 등록서류	교육구 사전 등록서류
4	집 계약서	미국 거주지의 계약서

▲ 아이의 초등학교 배정을 위한 교육구 제출서류

드디어 아이가 처음으로 학교에 가는 날, 학교 초입에 위치한 사무실로 들어섰다. "오늘 처음 왔어요. 2nd Grade, Bailey 에요!"하고 말씀드리니 관리실 선생님께서 환한 미소로 환영한다는 인사를 해 주셨다. 잠시 후 선생님께서는 정문으로 들어서는 한 남자 아이에게 "너도 2nd Grade 지? 오늘 처음 온 친구 Bailey야. 교실로 같이 가주렴"하고 부탁을 하셨다. 아이는 고개를 끄덕이고는 딸아이와 함께 멀어져 갔다. 한국에서 기본적인 말하기와 듣기는 할 수 있도록 영어에 꾸준히 노출을 시켜 두었지만 의사소통에 문제는 없을지, 미국 학교에 잘 적응할 수 있을지, 친구는 잘 사귈 수 있을지 걱정이 앞섰다. 안쓰럽고 걱정되는 마음에 아이가 시야에서 사라질 때까지 한참을 바라보았다.

　다시 차로 돌아가려는 찰나 아이의 담임 선생님께서 다가와 인사를 건네 오셨다. 첫날 어떨지 몰라 도시락을 싸 보내긴 했지만 이번 학기에는 무상급식이 제공된다고 하시며 도시락을 싸 와도 되고, 제공되는 급식을 먹어도 된다고 말씀해 주셨다. 수업에 필요한 준비물은 없는지 여쭤보니 학교에서 수업에 필요한 모든 것을 제공하고 있어 준비물은 따로 준비하지 않아도 된다고 말씀해 주셔서 마음에 짐도 덜 수 있었다. 밝은 미소로 인사해 주시는 선생님을 뵙고 나니 한결 마음이 놓였다. 잘 부탁드린다고 인사를 드린 후 왔던 길을 따라 다시 집으로 돌아왔다.

　아이가 첫 등교를 한 날, 어느 때보다 오전 시간이 길게 느껴졌다. 월요일은 평소보다 수업이 한 시간 일찍 끝나는 날이라 오후 1시 30분 하교 시간에 맞춰 데리러 가니 다행히 아이가 밝은 표정으로 뛰어나왔다. "서연아 학교 첫날 어땠어?" 하고 물으니 "재미있었어. 친구 5명 사귀었어. 새로 사귄 친구 중에는 얼굴이 하얀 아이도 있고, 까만 아이도 있어. 다 착해" 하고 대답해 주었다. 너무나 다행이었다. 낯설고 긴장되었을 텐데 씩씩하게 친구들도 잘 사귀고 온 아이가 대견해 아이를 꼭 안아주었다.

Bailey는 수학 천재에요!

아이가 미국 학교에 다니기 시작한지 두 달이 되었을 무렵 학교 담임 선생님과의 첫 학부모 상담이 잡혔다. 친구들과 잘 지내는지, 수업은 잘 따라가는지, 영어로 의사소통 하는 것에 어려움을 겪고 있진 않는지 걱정이 많았기에 빨리 뵙고 싶은 마음이 드는 한 편, 피하고 싶은 마음도 동시에 들었다. 완벽하지 않은 내 영어로 선생님과 상담을 잘 해낼 수 있을지 걱정이 되었기 때문이다. 이런 저런 생각에 마음이 복잡했지만 당당하게 임하자 생각하고 학교로 향했다. 괜한 걱정에 엄마인 내가 자신 없는 모습으로 상담에 임하면 선생님께도 아이에 대한 좋은 인상을 남겨줄 것 같지 않다는 생각으로 미리 준비한 질문 리스트를 되뇌이며 마음을 다잡았다.

밝고 건강한 에너지를 가지신 아이의 선생님은 환한 미소로 우리를 맞아 주시며 두 달간 지켜본 아이의 학교 생활에 대해 말씀해 주셨다. 처음 등교한 1주차 수업 시간에 아이는 혼자 그림을 그리거나 먼 산을 바라보는 일이 많았다고 했다. 그러다 선생님께서 지금은 책을 봐야 할 시간이라고 주지 시키면 그제서야 선생님께 시선을 돌려 수업에 집중하기 시작했다고 했다. 그러나 놀랍게도 등교 2주만에 아이는 학교 수업의 루틴과 규칙들을 모두 인지하고 마치 1년 이상 학교에 다닌 학생처럼 빠르게 적응했다고 했다. 걱정했던 것과는 달리 선생님께서는 아이가 영어로 이해하고 본인의 의사를 전달하는데 전혀 문제가 없으며 친구들과도 매우 잘 지내고 있다고 말씀하셨다. 수업태도 또한 매우 좋다고 말씀하시기에 우리가 믿기 힘들어하자 "집에서는 안 그런가요?"하고 되물으셨다. 집에서는 다소 기복이 있다고 말씀드리자 "아이들이 다 그렇죠! 그건 자연스러운 일이에요. 하지만 Bailey의 태도는 정말 훌륭해요! Bailey는 너무 잘 해내고 있어요. 저는 Bailey가 우리 반 학생이라는 게 정말 자랑스러워요!"라고 말씀해 주셨다. 선생님의 말씀을 듣는 순간 걱정되었던 마음이 사르르 녹아내리며 안도감에 눈물이 다 날 뻔했다.

선생님께 친구들과의 사이는 어떠한지 여쭤보니 짧은 시간에 빠르게 친구들을 사귀었고, 쉬는 시간이면 아이들과 달리기 시합, 잡기 놀이를 하기도 하며 잘 어울리고 있다고 말씀해 주셨다. 놀라웠던 건 선생님께서 제법 심각한 표정으로 "그런데 그거 아세요? Bailey는 수학 천재에요!"라고 말씀하셨다는 사실이다. 한국에 있을 때 아이는 따로 선행학습을 시키지 않아 같은 반 친구들에 비해 수학이 뒤쳐지는 편이었다. 아마도 한국에서 2-2까지 교과 과정을 마치고, 미국에서 다시 2학년 2학기를 다니게 되니 친구들보다 먼저 배운 수학을 잘 풀어내는 모습에 수학을 잘한다는 평가를 받은 것 같았다. 한국 아이들이 미국에 오면 수학 천재 소리를 듣는다더니 그 일을 직접 경험하게 되어 놀라웠다.

학부모 상담은 걱정했던 것이 무색하게 매우 순조롭게 진행되었다. 다행히 큰 실수 없이 선생님과 대화를 이어 나갈 수 있었고, 무엇보다 아이가 잘 적응하고 있다는 좋은 답변을 받아 기뻤다. 아이는 언제나 선생님 복이 많은 편이었다. 해마다 애정으로 아이를 바라봐 주시는 선생님을 만났던 덕분에 단점은 다듬고 장점은 키우면서 따뜻한 시간을 걸어올 수 있었다. 그런 선생님 운이 미국에서도 이어지다니 진심으로 감사한 마음이

들었다. 처음 미국에 왔을 때 우연히 뵙게 된 현지 교민분께 아이가 학교 생활에 잘 적응할 수 있을지 걱정이 된다고 말씀드리자 "아이들은 걱정할 것 없어요. 그냥 드리는 말씀이 아니라 정말로 대부분 너무나 잘 적응하거든요. 한 번 보세요."하고 말씀하셨던 기억이 났다. 정말이었다. 아이의 담임 선생님과 학부모 상담을 했던 날, 깊은 안도와 기쁨 그리고 감사함을 느끼며 이제 나만 잘하면 되겠구나 생각하면서 남은 미국 생활에 조금 더 용기를 내보자고 다짐했다. 우리는 저마다 각자의 틀을 깨고 하루만큼 조금씩 성장해가고 있었다.

Happy Easter Day!

4월 중순, 여느 때와 같았던 오후 산책길에서 만난 이웃이 말했다. "일요일에 뭐해? Easter Day 잖아! Egg Hunt도 하고, 게임도 하고 아이들을 위한 작은 이벤트를 해볼까 하는데 시간 되면 Bailey랑 같이 와!" 일요일에 별다른 계획이 없었던 차에 아이와 같은 학교, 같은 아파트에 사는 가까운 친구들도 대부분 올 거라는 이야기에 알았다고 하고 시간과 장소를 전달받았다.

일요일 오전, 아이의 아이스 스케이트 수업을 마치고 약속 장소인 아파트 커뮤니티 센터로 향했다. 바비큐와 체스 게임 등을 할 수 있는 놀이터 옆 넓은 공간이었다. 생각보다 많은 이웃들이 나와 있었다. 엄마들 몇몇

이 미리 나와 아이들을 위한 이벤트를 준비해둔 터였다. 준비가 끝났는지 한 엄마가 아이들에게 "게임할 준비 됐니?"하고 묻자 아이들은 일제히 "네!" 하고 대답을 했다.

메인 이벤트는 Easter Egg Hunt! 플라스틱 달걀 안에 아이들이 좋아하는 작은 장난감, 초콜릿 같은 것들을 넣어 여기 저기 숨겨두면 보물 찾기를 하듯 찾는 게임이었다. 엄마들이 충분한 양의 달걀들을 곳곳에 숨겨둔 덕분에 아이들의 손에는 3~4개의 달걀이 고르게 담겨 있었다. 아이들은 잔디밭에 둘러앉아 각자가 찾은 달걀통을 열어 안에 들어있는 초콜릿과 캔디 등을 확인하고는 서로 마음에 드는 것을 교환해 가며 좋아했다.

이후 달리기 시합, 숨바꼭질 같은 놀이들을 추가로 한 뒤 각자 집집마다 준비해온 음식을 나누어 먹으며 평화로운 오후를 즐겼다. 우리는 한국식 사라다와 양념갈비, 오이 김치를 준비해 갔는데 다행히 모두 한국 음식을 좋아해 주었다. 와자지껄 자유로운 분위기 속 다양한 음식을 나누며 점심을 먹고 있는데 한 이웃이 집에서 커다란 스피커와 드럼을 가지고 나와 큰 소리로 음악을 틀기 시작했다. 그러자 어른, 아이 할 것 없이 모두가 어깨를 흔들고, 골반을 흔들며 춤을 추기 시작했다. 아파트 커뮤니티에 울려 퍼지는 BTS 음악에 맞춰 온 동네 사람들이 춤을 추는 모습이 이색적으로 느껴졌다.

남편과 나는 몸치에 파티 문화도 익숙지 않았기에 어색한 미소를 애써 감추며 박수와 함께 우리만의 몸짓으로 분위기를 즐겼다. 고학년 아이들은 브레이크 댄스를 추기도 했고, 우리 아이 또래의 저학년 아이들은 둥

글게 둘러서서 손에 손을 맞잡고 안으로 좁아졌다 넓어지기를 반복하며 저들만의 방식으로 파티를 즐겼다. 놀랍게도 오후 1시에 시작된 파티는 밤 10시까지 이어졌고 그렇게 크게 음악을 틀어 놓고 춤을 추어도 누구 하나 시끄럽다거나 방해가 된다는 클레임을 제기하지 않았다. 파티에 참여하지 않아도 지나가는 이웃마다 흐뭇한 미소를 지어 보이며 "Happy Easter Day!"하고 인사를 해올 뿐이었다. 미국에서 처음 경험한 Easter Day는 우리 가족에게 너무나도 신기하고 새로운 경험이었다.

한국에서는 기독교나 천주교 같은 종교를 가진 사람들에 한해 예수님께서 부활하신 주간의 의미를 되새기는 날이었는데 미국에서는 한국의 어린이 날처럼 모든 아이들을 위한 축제의 날로 하루를 기념하는 것 같았다. 모든 마트와 쇼핑몰에도 전부 Easter Day를 기념하는 토끼와 달걀 모티브의 디자인 소품들이 넘쳐났다. 트리만 없었지 마치 4월의 크리스마스 같은 열기가 느껴지는 미국의 Easter Day였다. 알고 보니 미국에서 Easter Day는 일년 중 가장 크게 기념하는 3대 명절 중 하나였다. 4월의 Easter Day, 11월의 Thanksgiving Day, 12월의 Christmas를 최대 명절로 기념하니 Easter Day의 열기가 크리스마스 시즌만큼 뜨거운 것은 어쩌면 당연한 일이었다. 다정한 이웃들 덕분에 미국에서의 첫 Easter Day를 이웃들과 더불어 의미 있고 즐겁게 보낼 수 있음에 감사했다. 아이는 이날 일기장에 미국에서 처음 경험한 Easter Day에 대해 쓰며 친구들과 함께 Egg Hunting을 했던 것이 가장 재미있었다고 썼다.

내 딸은 골키퍼

오전에 축구 경기가 있던 일요일 아침, 축구 유니폼을 주섬주섬 챙겨 입던 아이가 돌연 심술을 부리기 시작했다. "경기 가기 싫어, 맨날 지는데 뭐 하러 가!" 잔뜩 심술이 난 아이에게 말했다. "이기는 팀은 처음부터 이겼는 줄 알아? 100번도 넘게 지고 또 진 다음에 경험이 쌓여서 이기게 되는거지. 누구에게나 처음은 있는거야. 엄마가 보기엔 그래도 요즘 너희팀 실력이 많이 늘었던데? 예전엔 맨날 9:1, 8:1로 졌는데 어제는 5:1로 졌잖아. 그러니까 오늘은 더 잘 할 수 있겠지" 9:1로 지던 것을 5:1로 졌으니 실력이 늘은 것이라고 제법 진지한 얼굴로 이야기하다 나도 모르게 웃음이 터져나올 뻔했지만 다행스럽게 간신히 웃음을 참고 말을 마쳤다. 그러자 심술 끝에 눈물까지 글썽거리던 아이가 일순간 조용해졌다.

"처음부터 잘하는 팀은 없어요? A팀도 진짜로 처음에 다 졌어?" 그리고 곧이어 되묻는 말에 내 마음 속에 존재하는 모든 확신을 끌어 모아 대답해 주었다. "그럼, 당연하지!" 그제서야 아이는 발이 잘 들어가지 않는 스포츠 양말을 무릎까지 끌어올리며 유니폼 입기를 마쳤다. 그러나 안타깝게도 아이네 팀은 또 지고 말았다. 어제는 5:1로 졌는데 이번엔 무려 9:1이었다. 처음엔 어떻게 9:1로 질 수가 있어? 싶었지만 반복이란 무서운 것이었다. 이젠 9:1이라는 스코어에도 나는 침착할 수 있는 엄마가 됐다. 그리고 경기가 끝나자 늘 그랬듯 경기를 지켜보던 부모들은 9:1로 진 팀에게 이긴 팀보다 더 큰 소리로 박수를 쳐주었다. "오늘 너희들 너무 잘했다, 진짜로 좋은 시도가 많았어! 최고야, 너희들 정말 멋졌어!"

다른 부모들의 이런 리액션도 처음에는 놀라웠지만 지는 경기든, 이기는 경기든 칭찬을 아끼지 않고 아이들을 독려하는 이들의 응원에 이제는 나도 함께 목소리를 보태게 되었다. 미국의 교사와 부모들은 아이들의 실패를 마음껏 장려한다. 9:1로 졌어도 이긴 팀 못지 않게 큰 박수를 받은 아이들은 승패에 관계없이 자신들이 흘린 땀과 노력의 가치를 알아간다. 남편이 처음 아이에게 축구를 시켜보자고 했을 때 나는 진심으로 온 마음을 다해 운동시키는 것을 반대했었다. 축구를 하면 다칠 일이 많을 것 같았고 가파른 해안도로를 달려 훈련에 따라다니는 것도, 시합이 있을 때마다 뒷바라지하는 것도 자신이 없었다.

그런데 어쩐지 연습경기에 나간 첫 날 아이는 축구를 해보겠다고 했고,

힘든 훈련도 마다하지 않고 일주일에 몇 번씩 밤 늦도록 이어지는 연습에도 쉽지 않은 스케줄을 소화해갔다. 팀에 입단한지 3개월 후 아이는 팀의 메인 골키퍼로 배정받았고, 날아오는 공을 막아내며 빠르게 성장해갔다. 아이보다 먼저 축구를 시작한 다른 골키퍼 친구들이 2명이나 더 있었는데도 메인 골키퍼 자리를 꿰차고 코치와 친구들의 신임을 얻은 아이가 자랑스럽고 대견했다. 하지만 축구를 시작한 후 다치는 건 일상이었다. 손가락 부상 3번, 무릎 타박상은 기본, 야간 훈련때마다 모기들에게 다리를 내어 주면서도 아이는 축구가 재미있다고 했다. 아이가 연습을 마치고 벤치로 달려올 때마다 오늘도 다쳤으면 어쩌나 매번 겁이 났다. 축구를 시작하고 한참이 지날 때까지 몇 번이나 축구를 그만두었으면 했다.

그러던 어느 날이었다. 여느 때와 같이 다른 팀과 연습경기가 있던 날, 경기 중 아이가 골을 막아내지 못했을 때 같은 팀 친구들이 아이에게 큰 소리로 말하는 걸 들었다. "You almost saved!", "It's no big deal!", "You did great job, Bailey!" 아이들은 괜찮다고, 네가 최선을 다했다는 걸 우리는 알고 있다고 골대 앞을 지날 때마다 약속이나 한 듯 큰 소리로 말했다. 그 말을 듣는 순간 나는 마음이 녹아내렸다. 내가 위로 받은 것처럼 가슴이 뜨거워졌다.

다른 팀과 정식으로 겨루는 토너먼트 경기가 있던 날에도 불쑥불쑥 예상치 못한 장면이 마음을 뜨겁게 했다. 이날은 아이네 팀이 4:0으로 진 날이었다. 처음 경기를 시작할 때에 비하면 많은 성장을 이루었다는 것을 아이들도, 부모들도 알고 있었기에 우리는 스코어와 상관없이 아이들을 응원하고 있었다. 그런데 어쩐 일인지 이미 이긴 것이나 다름없었던 아이들의 활약에도 상대편 코치는 경기 내내 고래고래 소리를 지르며 아이들을 다그쳤고 지시를 이어갔다. 하지만 우리팀 코치는 언제나처럼 말이 없었다. 늘 그랬듯 묵묵히 아이들이 경기를 마칠 때까지 지켜볼 뿐이었다. 또 다시 참패한 경기가 끝난 후 코치는 아이들을 불러 모았다. 그리고는 제법 진지한 얼굴로 아이들에게 무언가를 이야기했다. 무슨 이야기를 했는지 궁금해 돌아가는 차 안에서 아이에게 물으니 코치가 이런 말을 했다고 했다. "It doesn't matter if you lose or win at a match. What matter is how you guys got into the game and what you learned from your failures. Today you did your best. Great job! I'm so proud of you guys!"

아이는 축구를 하며 많은 것을 배웠다. 실패해도 괜찮다는 것을, 실패로부터 배우는 법을, 지지하고 지지받는 법을 배웠다. 축구를 시작하길 잘했다. 이제 아이는 친구가 실수를 해도 괜찮다고 말할 줄 알고, 참패한 경기에서도 최선을 다한 자신과 친구들을 자랑스러워할 줄 안다. 아이가 축구라는 운동을 통해 수없이 실패할 수 있었음에, 진 경기로부터 배울 수 있었음에 진심으로 감사하다.

매일이 축제인 미국 학교

2017년 JTBC에서 방영한 〈나의 외사친〉이라는 예능 프로그램이 있었다. 연예인의 자녀를 외국으로 보내 아이들이 부모님과 떨어져 현지에서 적응해 가는 모습을 관찰하는 프로그램이었다. 프로그램에는 〈아빠 어디가〉로 우리에게 친숙한 가수 윤민수님의 아들 윤후군도 출연했었는데 캘리포티아 칼즈베드에 위치한 공립 초등학교에서 윤후군이 학교 생활하는 모습을 방영했었다. 당시 방송에는 미국의 초등학교에서 시행된 Crazy Hair Day에 맞춰 윤후군이 독특한 헤어 스타일로 머리 단장을 하고 학교에 가는 모습이 담겼었다. 방송에서 윤후군 뿐만 아니라 학교의 모든 선생님과 아이들이 저마다 개성을 살린 독특한 헤어스타일로 등교해 서로의 모습을 재미있어 하며 하루 종일 즐겁게 생활하는 모습을 볼 수 있었다.

당시 방송을 통해 엿본 미국 초등학교의 문화가 얼마나 신선했는지 5년이 지난 최근까지도 잊히지 않고 머리 속에 기억되어 있었다. 당시에는 칼즈베드에 있는 초등학교가 특별해서 해당 학교에서만 기획된 행사일 거라고 생각했었는데 아이를 미국 초등학교에 보내며 Crazy Hair Day는 미국 전역 대부분의 학교에서 시행되는 일반적인 행사라는 것을 알게 되었다. 실제 미국의 초등학교에는 Crazy Hair Day 외에도 다양한 이벤트가 많았다. 독특한 양말을 신고 등교하는 Crazy Socks Day, 잠옷을 입고 학교에 가는 Pajama Day, 네온 컬러의 옷을 입고 등교하는 Neon Day 등 재미있는 이벤트가 정말 많았다. 이벤트 주간이면 아이는 며칠

전부터 어떤 머리를 하고, 어떤 양말을 신고 학교에 갈지 고심하며 설레는 마음으로 등교를 기다렸다.

미국에는 거의 매월 온 국민이 기다리는 범국민적 이벤트가 있었는데 학교 또한 이에 적극적으로 동참했다. 이를 테면 Valentine's Day에는 친구들을 위한 초콜릿을 준비해 서로 교환하도록 하고, Halloween Day에는 각자 원하는 코스튬을 입고 등교해 학교 운동장을 돌며 할로윈 퍼레이드를 하게 하는 등 적극적으로 아이들이 축제를 즐길 수 있도록 했다. 여기에 학교에서 자체 기획한 행사들까지 더해지다 보니 일년 내내 축제 같은 날들이 이어졌다. 아빠와 함께 평소보다 일찍 등교해 학교에서 아침을 먹는 All Pro Dad, 해가 지고 난 밤에 여자 아이들은 분홍색 드레스를, 남자 아이들은 하얀색 셔츠를 입고 학교에 모여 춤을 추는 Rose Dance Day, 목요일 밤 아이스 링크장에 모여 친구들과 아이스 스케이트를 타는 Ice Skating Night, 불이 꺼진 밤 학교 운동장에 모여 엄마, 아빠와 함께 영화를 보는 Family Movie Night, 캐롤을 연습해 학년별로 준비한 공연을 선보이는 Winter Concert 등 아이가 미국 초등학교에 다니며 경험한 이벤트는 그야말로 무궁무진했다.

Rose Day의 경우 그냥 모여 춤만 추는 게 아니라 전문 밴드가 와서 라이브 음악을 연주해 주고 나이트 클럽처럼 화려한 조명을 설치해 학교 강당을 가득 비추어 아이들의 흥을 제대로 돋구었다. Family Movie Night에는 저녁을 대신할 수 있도록 피자와 팝콘 그리고 음료수까지 모두 준비해 엄마들에게는 저녁밥을 짓지 않아도 되도록 수고를 덜어주고, 아이들에게는 친구들과 밤 늦은 시간까지 함께 영화를 볼 수 있도록 해주었다.

캄캄한 밤에 학교에 모여 친구들과 춤을 추고, 영화를 보던 기억은 아이들에게 학교를 즐거운 곳으로 기억하게 할 것이다. 그야말로 매일이 축제 같은 미국 학교에 다니며 아이는 어디에서도 경험해 볼 수 없었던 특별한 추억들과 함께 학교에 대한 다정한 기억들을 쌓을 수 있었다.

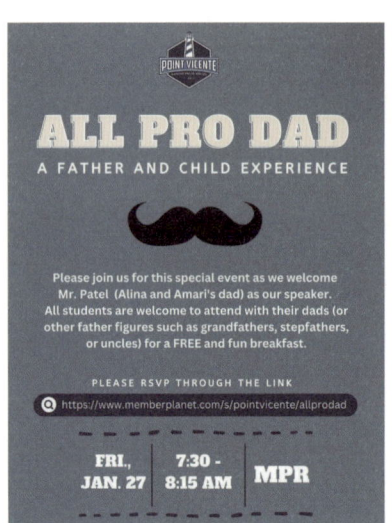

뜨거웠던 여름 캠프의 추억

　미국 초등학교의 여름방학은 길다. 두 달이 넘는 여름방학 동안 우리는 멕시코 칸쿤으로, 캐나다로 그리고 미국의 여러 도시들로 국경과 주를 넘나드는 여행을 계획했다. 한 달 반 정도의 시간을 여행하는데 할애하는 것으로 계획했음에도 불구하고 길고 긴 여름방학을 보내기엔 2% 부족한 것 같았다. 아이에겐 미국에서 보내는 처음이자 마지막 여름방학이 될 것이었기에 가족과의 여행 외에도 이 시간을 알차게 보낼 수 있는 특별한 경험을 더해 주고 싶었다. 고민 끝에 우리는 아이를 인근의 여름 캠프에 보내기로 결정했다. 물론 아이의 의견이 가장 중요했기에 캠프에 다니게 될 기간과 시간 그리고 커리큘럼에 대한 설명과 함께 참여하고 싶은지 의사를 물었고, 좋아하는 게임과 스포츠를 실컷 할 수 있다는 말에 아이는 "Yes!"를 외쳤다.

　우리가 살고 있는 캘리포니아에는 규모가 크고 역사가 오래된 다양한 캠프들이 많았다. 한국에서는 여름방학을 이용해 미국의 사설 여름 캠프를 경험하기 위하여 에어비앤비를 구하고 한 달 살기 프로젝트까지 하는 등 단기 어학연수 용으로 일부러 캠프를 찾을 만큼 유익하고 알찬 시간들이었다. 캠프에 가게 되면 아이는 또래 친구들을 만나 즐거운 시간을 보낼 수 있을 것이고, 우리는 아이가 캠프에 가 있는 동안 운동과 공부, 밀린 집안일 등을 하며 알차게 시간을 보낼 수 있을 것 같았다. 방학이 시작되자마자 2주간 멕시코 칸쿤과 캐나다로 여행을 다녀온 후 아이는 바로 여름 캠프에 다니기 시작했다. 매주 월요일부터 금요일까지 주중에 진행되는 캠프는 오전 9시부터 3시까지 점심시간을 포함해 하루 6시간에 총 7주간의 일정으로 준비되어 있었고, 우리는 여행 일정을 고려해 6주간 아이를 보내기로 결정했다. 우리가 선택한 PBC 캠프에서는 스포츠와 게임이 주된 프로그램으로 아이들이 즐겁게 참여할 수 있는 다양한 활동을 통해 협력과 존중 그리고 성취감을 배울 수 있는 프로그램들이 기획되어 있었다. 실제로 캠프에는 양궁, 테니스, 농구, 피구, 축구, 하키, 크리켓, 킥볼 등 다양한 스포츠 활동이 기획되어 있었는데 이중 아이의 관심 분야와 연령을 고려해 주별로 참여하고 싶은 활동을 선택할 수 있었다. 캠프 첫 날 완전히 다른 장소에서 새로운 친구들과의 만남을 앞둔 아이는 설렘과 걱정이 교차하는 표정으로 캠프에 갔다. 혹시나 아이가 낯선 환경에 스트레스를 받고, 적응하지 못하면 어쩌나 걱정했던 것도 잠시 첫 날 일정을 마치고 돌아온 아이는 밝은 표정으로 너무 재미있었다며 내일도 빨리 가고 싶다는 말을 해왔다.

그렇게 아이가 여름 캠프에 다니기 시작한지 3주차 되는 수요일이었다. 캐나다 여행을 다녀온 후 남편과 나는 그 사이 운동도 하고, 공부도 하는 루틴을 이어가고 있었다. 이 날도 여느 때와 같이 아이를 캠프에 내려준 후 함께 운동을 하고 있었는데 낯선 번호로 전화가 걸려왔다. "여기 PBC 캠프인데요. 베일리 어머님 되시죠? 베일리가 캠프에서 한 차례 토를 했어요. 컨디션이 안 좋아 보여서 지금 데리러 오시는게 좋을 것 같아요." 놀랍고 당황스러웠지만 평소 잔병치레를 잘 하지 않는 아이였기에 잠깐 지나가는 증상이 아닐까 싶어 조심스레 되물었다. "보시기에 지금도 베일리 컨디션이 많이 안 좋아 보이나요? 잠시 쉬고 나면 괜찮아지지 않을까요? 아침까지만 해도 아무런 문제가 없었거든요." 캠프 선생님께서는 그렇게 보기엔 베일리 상태가 좋아 보이지 않는다며 오늘은 아무래도 휴식을 취하는 게 좋을 것 같다고 말씀하셨다. "네, 선생님 그럼 지금 바로 가겠습니다." 한창 운동을 하던 때라 땀에 젖은 상태였지만 바로 짐을 챙겨 캠프로 차를 몰았다. 캠프로 향하면서도 캠프 측에서 원칙대로 픽업을 요청했지만 막상 만나면 별 일이 아닐 거라고 예상했다. 도착하면 아이가 장난기 가득한 얼굴로 우리를 맞을 것 같았다.

그러나 캠프에 도착하자마자 우리의 예상이 완전히 빗나갔다는 것을 알 수 있었다. 온몸에 힘이 없는 듯 젖은 수건처럼 늘어져 있는 모습으로 캠프 한 켠 의자에 앉아있었다. 얼굴은 창백했고, 입술은 파랗게 질린 채였다. "서연아 괜찮아? 어디가 어떻게 아픈거야? 말해줄 수 있어?" 아이는 기운 없는 모습으로 어렵게 입을 뗐다. "엄마 나 조금 어지러운 것 같아, 머리도 아프고 조금 추워. 그리고 나 지금 토할 것 같아." 선생님께 감사하다고 인사를 드린 후 아이를 부축해 캠프를 빠져나오는데 아이가 옆

화단으로 고개를 숙였다. 그리곤 곧바로 또 한 번의 토를 했다. 아침에 먹은 곰탕이 그대로 나와 화단 한 쪽을 흙으로 덮어버렸다. 그러자 덜컥 겁이 나기 시작했다. '뭐가 잘못된 거지? 장염인가?' 아이는 평소 잔병치레는 잘 하지 않는 편이었지만 자라면서 두 번 정도 크게 장염을 앓은 적이 있었고, 그때마다 병원에 입원할 정도로 아팠었다. 혹시나 다시 장염이 온 것일까 싶어 두려웠다.

집에 도착하자마자 바로 열을 재 보았다. 다행히 열은 없었다. 평소엔 에너지가 넘치고, 무엇이든 잘 먹는 아이였는데, 이 날은 집에 오자마자 제 발로 침대에 들어가 등을 구부리고 누웠다. "엄마 나 너무 졸려…" 말이 끝나기가 무섭게 아이는 깊은 잠 속으로 빠져들었다. 두 시간쯤 지났을까 잠에서 깬 아이가 기다리던 말을 해왔다. "엄마 나 배고픈 것 같아." 혹시 장염일까 걱정하던 나는 아이에게 흰 죽을 끓여 조금 먹게 해 보았다. 두 입 정도 먹었을까 아이는 숟가락을 내려 놓곤 "못 먹겠어 엄마, 미안해. 나 조금만 더 잘게"하며 작은 소리로 겨우 말을 하곤 다시 침대에 누웠다. 아침에 캠프에서 전화가 걸려왔을 때 "조금 쉬면 괜찮아지지 않을까요?"하고 안일하게 대응했던 내 자신이 부끄럽고 미웠다. 잠이든 아이의 얼굴을 들여다보며 큰 일이 아니길, 여느 때와 같이 씩씩하게 이겨내길 마음 속으로 기도하고 또 기도했다. 아이가 다시 잠 든 사이 남편이 내게 자신이 아이를 보고 있을 테니 오전에 못다한 요가를 하고 오라며 등을 떠밀었다. 체온도 규칙적으로 잴 거고, 잠에서 깨 다른 추가 증상이 없다면 미리 만들어 둔 카레도 먹이겠다며 걱정말라는 말도 함께 덧붙였다.

'그래, 어차피 샤워도 해야 하니까 요가하고 와서 저녁 시간을 잘 보내보자'하고 길을 나섰다. 요가를 하고 나와 샤워를 하려는데 남편에게서 전화가 왔다. "서연이가 일어나 배고프다고 해서 카레를 좀 먹였는데 먹은 걸 바로 다 토했어. 아무래도 병원에 가봐야 할 것 같아. 우리 운동하는 곳 바로 옆에 응급센터가 있으니까 거기로 가보자. 가는데 시간 걸리니까 샤워하고 나와. 지금 바로 출발할게" 다시 만난 아이는 처음 캠프로 데리러 갔을 때처럼 힘이 하나도 없이 축 쳐진 모습이었다. 하루 종일 먹은 것이 없으니 기운이 없을 만도 했다. 그날 하루만 3번째 토를 하는 아이의 모습에 마음이 급해진 남편은 인근 소아과로 전화를 걸었지만 예약된 진료만 가능하다며, 소아과에서 인근의 URGENT CARE를 추천해 주었다고 했다. 다행히 차로 20분만 가면 되는 가까운 곳에 응급센터가 있어 곧바로 출발을 했고, 나도 응급센터로 바로 가기로 했다.

아이에게도, 우리에게도 미국에 온 후 병원 방문은 처음이었다. 기운 없이 앉아 있는 아이를 두고 우리는 진료를 위해 접수를 했다. 병원에서는 당연한듯 가입된 보험 정보를 기재해 달라고 했다. 아이와 나는 한국 보험회사를 통해 해외 장기 체류자를 위한 보험을 가입하고 왔지만 현지에 가입된 보험은 없었기에 별도의 보험은 갖고 있지 않다고 말했다. 그러자 병원 데스크의 사무직원이 보험이 없다면 진료가 어려울 것 같다고 말해왔다. 평소 같았으면 '미국에서는 현지 보험이 없으면 진료가 불가능한가 보다'하고 발길을 돌렸겠지만 병원 한 켠에 앉아 눈을 감은 채 겨우 숨을 쉬고 있는 아이를 보면서 우리는 그럴 수가 없었다.

"진료해 주세요. 병원비가 얼마가 나오든 괜찮아요. 저희는 학생 비자로 공부하기 위해 미국에 단기 거주를 하는 사람들이라서 별도의 현지 보험은 가지고 있지 않습니다. 그렇지만 병원비를 납부할 순 있으니 걱정하지 마시고 진료해 주세요" 그러자 보험이 없으면 진료가 불가능할 것처럼 말하던 직원이 "그럼 기본 인적사항만 적어서 주세요. 아이의 상태에 따라 진단 후 많은 금액이 발생할 수 있으니 이점 참고하세요"하며 접수를 해주었다. 곧이어 우리는 진료실로 들어갈 수 있었다. 오전엔 열이 없었지만 병원에서 체온을 재니 39도를 웃돌고 있었다. 아이는 정신이 없는 와중에도 의사 선생님께 침착하게 자신의 상태를 설명했다. "머리가 조금 아프고, 어지러운 것 같아요. 속도 안 좋고 너무 추워요" 의사 선생님께서는 요즘 단체 활동을 하는 캠프에서 아이들이 친구들로부터 감기나 바이러스를 옮아 병원에 많이 온다며 구토와 고열 증세로만 봐서는 코로나 일 것 같진 않지만 혹시 모르니 검사를 해보자고 했다.

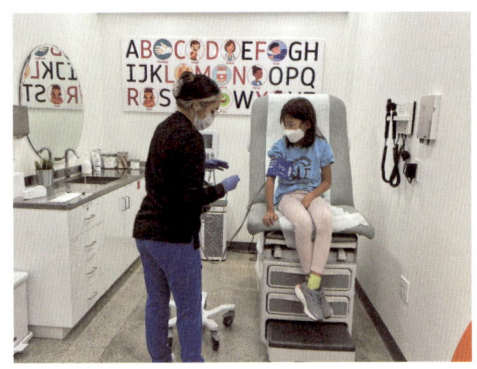

검사 결과는 내일 중으로 메일로 받을 수 있을 거라고 했다. 현재 상태로는 장염은 아닌 것 같으니 무엇이든 아이가 원한다면 잘 먹을 수 있도록 영양분을 섭취하게 해주라고 했다. 조금만 쉬면 나아질 거라며 속이 메스꺼울 때 먹을 수 있는 약도 함께 처방해 주었다. 응급실을 찾으면 늘 그렇듯 특별하게 조치된 것은 없었지만 의사 선생님의 소견을 듣자 한결 편안해진 마음으로 발길을 돌릴 수 있었다. 그날 아이는 해열제를 먹었음에도 밤새 계속된 고열에 시달렸고 우리도 아이와 함께 길고 긴 밤을 보냈다. 그리고 다음 날 메일로 검사 결과를 받았을 때 알게 되었다. 아이는 코로나에 감염된 것이었다. 그제서야 아이의 모든 증상이 이해되기 시작했다. 그리고 다시 긴 기다림의 시간이 시작되었다.

 코로나 감염이라는 것을 알게 된 만큼 자가 격리를 시작해야 했다. 캘리포니아 지침상 다시 코로나 검사를 해서 음성 결과를 받거나, 양성 결과를 받은 날로부터 10일 이상 격리한 후에 외부 활동을 시작할 수 있었기에 우리는 10일간 아이를 캠프에 보내지 않기로 했다. 캠프에도 아이의 검사 결과를 전했고, 권장기간 동안 격리한 후 다시 출석을 하겠다고 알렸다. 다행히 구토와 고열 증상은 셋째 날부터 없어져 아이는 정상 컨디션을 되찾았지만 집 앞 수영장에서 친구들이 노는 소리를 들으면서도 밖에 나갈 수 없다는 사실에 힘들어했다. 그러나 바이러스 감염으로 특정 기간 외부 활동을 할 수 없다는 것을 아이도 이해하고 있었다. 햇살 좋은 캘리포니아에서 하루 종일 집에 갇혀 삼시 세끼를 해 먹고 종일 살을 부대껴야 하는 것은 아이에게도, 우리에게도 고된 일이었지만 아이가 아프지 않다는 것 자체로 모든 것에 감사했고 지루한 시간을 충분히 이겨 낼 수 있었다.

 그렇게 길고 긴 열흘이 지나고 아이는 5주차 끝 무렵에 다시 캠프로 돌아갈 수 있었다. 캠프로 돌아간 아이는 일상으로의 복귀를 간절하게 소원했던 만큼 어느 때보다 신나게 캠프를 즐겼고 6주간의 일정을 끝내고 마지막으로 캠프에 다녀왔던 날 일기장에 이렇게 썼다. '여름 캠프는 정말 특별하고 좋았다. 왜냐하면 선생님들이 다 같이 놀아주고 재미있는 노래랑 댄스도 가르쳐주고 금요일에는 아이스바도 주기 때문이다. 그래서 나는 이 캠프가 너무 좋은데 오늘이 캠프의 마지막 날이라서 정말 아쉽다. 여름 캠프는 아주 좋은 캠프라서 잊지 않을 거라고 마음속으로 다짐했다.' 매일 캠프를 마치는 시간마다 아이는 이야기했다. "세상에 이렇게 재미있는 곳이 있어요?" 캠프를 가는 동안 아이를 시작으로 온 가족이 차례로 코로나에 걸려 낯선 타지에서 아픈 시간을 보내며 고생하기도 했지만 아이에게는 미국에서 가장 행복했던 기억의 하나로 남게 될 여름 캠프였다.

아이의 첫 생일파티

워킹맘이었던 나는 한국에서 아이의 친구들을 초대해 생일파티를 열어준 적이 없었다. 늘 바쁜 엄마여서 친구들을 초대해 생일상을 차리는 건 엄두도 내지 못했기에 가족끼리 조촐하게 생일파티를 해왔었다. 하지만 내게도 어렸을 때 친구들을 집으로 초대해 생일파티를 했던 기억이 행복한 추억으로 남아있었기에 늘 아이에게도 그런 순간을 선물해 주고 싶은 마음이 있었다. 회사를 휴직하고 미국으로 떠나오며 〈아이를 위한 생일파티 열어주기〉는 아이에게 꼭 선물해 주고 싶었던 나의 버킷리스트 중 하나였다.

그러나 한국에서조차 한 번도 열어주지 못한 생일파티를 미국에서 열어 준다는 것은 꽤 부담스러운 일이었다. 얼마나 마음에 부담이 되었던지 9월인 아이의 생일까지는 많은 시간이 남아있었는데도 미국에 온 초기부터 어덜트 스쿨에서 만난 친구들에게 아이의 생일파티는 주로 어디서 하는지, 어떤 음식들을 준비하는지 물어볼 정도였다. 서툰 언어로 엄마들과 이야기를 해야 한다는 것도 한국과는 다른 미국의 파티 문화에서 어떻게 손님을 응대하는 것이 좋을지에 대한 걱정도 모두 부담으로 다가왔다. 그러나 다행히 아이의 생일이 다가오기 전 여러 친구들의 생일파티에 초대를 받으며 미국 아이들의 생일파티 문화를 미리 경험해 볼 수 있었다. 그리고 방과 후 학교 앞에서 혹은 아이 친구의 생일파티에서 엄마들을 자연스럽게 마주치고 알아가면서 정서적인 유대감을 쌓은 덕분에 서서히 마음의 짐을 덜 수 있었다.

아이 친구들의 초대로 미리 경험했던 다른 생일파티의 경우 레크리에이션 카페, 공원이나 비치에서 진행되는 경우도 있었지만 거주하고 있는 아파트나 하우스의 마당 또는 수영장에서 여는 경우가 가장 많았다. 그중에서도 레크리에이션 카페에서 열렸던 생일파티는 카페 측에서 파티의 진행과 놀이를 리드해 주어 비용이 들더라도 깔끔하게 파티를 열 수 있어 좋아 보였다. 그러나 아쉽게도 우리가 파티를 하려했던 날짜는 이미 예약이 만료되어 여느 친구들처럼 우리도 아파트 수영장에서 파티를 열기로 했다.

남편과 나는 먼저 아이의 친구들에게 나누어 줄 초대장을 만들었다. 그런 다음 아이를 통해 친구들에게 초대장을 전달하고 아이 친구들의 부모로부터 휴대전화 메세지로 참석 가능 여부를 전달받았다. 다행히도 초대한 친구 모두가 가능하다는 답변을 보내 주어 아이가 초대하고 싶어했던 친구들을 모두 초대할 수 있었다. 처음엔 무엇부터 준비해야 할지 몰라 걱정과 부담이 앞섰지만 여러 친구들의 생일파티에 초대받았던 경험 덕분에 유사한 수준에서 준비하되 음식은 부족하지 않게, 아이들이 즐길 수 있는 요소를 조금 더 담아 셋팅하면 되겠다는 계획을 세울 수 있었다.

① 파티 2~3주 전 초대장 발송 및 참석 가능 여부(RSVP) 확인 요청
② 파티 3일~1주 전 리마인더 메시지 발송(파티 날짜, 시간, 장소 안내)
③ 초대한 아이들과 부모들을 위한 다과 준비(컵케이크, 도넛, 피자, 음료, 와인 등)
④ 파티 당일 참석한 아이들이 집에 갈 때 감사의 의미로 나누어 줄 구디백 준비
⑤ 파티가 끝난 당일 또는 다음 날 감사문자 또는 감사카드 발송

▲ 미국 아이들의 생일파티 문화

음식의 경우 처음엔 김밥이나 잡채 같은 한국 고유의 음식을 준비하면 어떨까 생각 했었지만 새로운 음식에 대한 아이들의 반응이 엇갈릴 수 있었기에 안전하게 가장 친숙한 메뉴인 피자와 스낵, 도넛, 컵케이크, 음료와 같은 생일파티 단골 메뉴로 준비하기로 했다. 아이들이 저학년이다 보

니 대부분의 경우 엄마들이 동행할 것을 고려해 엄마들을 위한 맥주와 와인, 와인 안주(햄, 치즈, 포도, 견과류, 쿠키)도 따로 준비했다. 생일파티 분위기도 살리면서 파티에 참석한 친구들과 기념 사진을 찍을 때 소품으로 사용할 커다란 벌룬 꾸러미도 필수였다. 무엇보다 아이들이 재미있게 파티를 즐길 수 있도록 아이들 숫자만큼 물총을 구매해 두고, 수영을 하며 놀다가 추워질 때쯤 불가에서 몸을 녹이며 간식을 먹을 수 있도록 마쉬멜로우와 기다란 꼬치도 준비해 두었다.

9월 중순 캘리포니아의 햇살은 따뜻했다. 아이들은 물총놀이도 하고, 다이빙을 하기도 하며 시간 가는 줄 모르고 즐겁게 놀았다. 그러다 배가 고파질 때쯤 도미노에서 픽업해온 따뜻한 피자를 나누어주니 맛있게 먹었다. 생일파티 중간 아이들을 위해 준비해둔 꼬치와 마쉬멜로우를 나누어주고 파이어 플레이스에서 직접 마쉬멜로우를 굽게 해주니 둥글게 둘러앉아 재미있어 하면서 몇 번이고 다시 구워 먹었다. 한 친구는 자기가 지금껏 먹어 본 마쉬멜로우 중 이번에 먹은 마쉬멜로우가 가장 맛있었다며 몇 번이나 엄지 척을 해주었다. 아마도 친구들과 함께 구워 먹는 마쉬멜로우였기에 맛있다고 느꼈을 테지만 아이들의 사랑스러운 리액션에 덩달아 마음이 행복해졌다.

아이들이 수영을 즐기는 동안 엄마들은 와인을 마시며 일상을 나누고 밀린 수다를 떨었다. 어느새 3시간이 훌쩍 흘러 파티를 마치고 아이들이 집으로 돌아갈 시간, 하나 둘 비치타월을 두르고 집에 갈 준비를 하는 친구들에게 한국에서 미리 준비해온 구디백과 함께 아이들이 가지고 놀던 물총을 선물로 주니 모두가 좋아했다. 한국에서부터 미리 준비해온 구디백에는 아이들이 좋아할만한 스낵과 비누방울 그리고 몸통을 누르면 입에서 풍선껌을 부는 오리 장난감이 들어 있었는데 한 친구는 지금까지 받아본 구디백 중 최고라며 구디백과 워터건을 품에 안고 신나 하면서 집으로 돌아갔다.

파티는 대성공이었다. 친구들이 불러주는 생일파티 노래, 정성껏 쓴 카드와 선물들 덕분에 아이의 얼굴엔 함박웃음이 떠나질 않았다. 남편도 나도 처음으로 준비하는 아이의 생일파티를 미국에서 열어주면서 부담이 이만저만이 아니었지만 행복해하는 아이의 얼굴을 보니 뿌듯한 마음에 파티를 준비하며 쌓였던 모든 피로가 날아가는 것 같았다. 미국으로 떠나올 때 아이가 학교 생활에 적응을 잘할 수 있을까, 친구를 잘 사귈 수 있을까 걱정이 많았는데 이렇게 많은 친구들로부터 사랑받는 아이를 보니 정말로 감사한 아이의 첫 생일파티였다.

영어 유치원은 안 다녔지만 말은 잘 합니다

　미국에 오기 전 아이는 영어로 기본적인 의사표현은 할 수 있었지만 생활에 필요한 모든 말을 유연하게 할 수 있는 수준은 아니었다. 말그대로 자기 이름을 말하거나, 화장실이 어디냐고 묻는 기본적인 표현만 할 수 있는 정도였다. 처음 아이가 배정받은 미국 초등학교로 등교하던 날, 혹시나 처음 경험하는 낯선 환경에 긴장해 아는 표현마저 잊을까 걱정이 됐다. 그래서 아이에게 "서연아! 화장실 가고 싶을 땐 선생님께 어떻게 말해야 해?"하고 물으며 학교에서 필요할 법한 기본적인 표현들을 말할 수 있는지 확인해서 보냈다. 필요한 정도의 자기 표현을 할 줄 안다고는 생각했지만 긴장할 수 있는 환경이었고, 유연하게 말하는 수준은 아니었기에 미국에서 학교 생활을 하며 어느 정도로 알아듣고, 자기 표현을 할지는 짐작이 되지 않았다.

　아이에게 처음 영어를 접하게 한 건 5살 무렵이었다. 육아용품이나 연령에 맞는 교육 정보를 접할 수 있는 육아박람회를 찾았을 때 노부영, 디즈니 등 아이들을 위한 영어 교육 콘텐츠를 처음 접했고 그 중 튼튼영어라는 영어학습 콘텐츠를 눈여겨 보게 되었다. 커리큘럼이나 콘텐츠의 인지도를 떠나 튼튼영어의 메인 캐릭터가 아이가 좋아하는 초록색이었기 때문이다. 무엇이든 아이 입장에서 좋아하는 요소가 있어야 관심을 갖고 재미있게 시작할 수 있다고 생각했기 때문에 튼튼영어를 통해 자연스럽게 영어를 시작해보면 어떨까 싶었다. 아직 한글로 자기 이름도 쓸 줄 모르는 아이에게 영어를 접하게 하는 것이 맞을까 고민이 되기도 했지만 한국에서 수년간 영어를 공부했으면서도 유학 경험이 없어 발음이나 리스닝에 한계를 느껴왔던 나였기에 일찍부터 영어를 접하면 조금 더 자연스러운 발음과 열린 귀를 갖게 될 수 있지 않을까하는 기대감으로 상담을 받아보았다.

예상대로 아이는 튼튼영어의 초록색 메인 캐릭터를 좋아했고 일주일에 한 번씩 대면해야 하는 방문 선생님과의 수업을 재미있어 했다. 그 전까지는 아이에게 TV를 거의 보여주지 않았던터라 아이는 튼튼영어 DVD를 보는 시간을 좋아했다. 그렇게 일주일에 한 번 선생님과의 수업 20분, 이외에 간헐적으로 튼튼영어에서 제공하는 DVD를 보여주는 방식으로 3년간 학습을 지속했다. 이어 7살 때부터는 지역 온라인 맘까페를 통해 소개받은 한국계 미국인 선생님과 일주일에 한 번 1시간씩 영어로 놀이하는 시간을 갖게 했다. 나의 목표는 아이가 한국어와는 다른 영어 소리에 익숙해지도록 하는 것이었고, 영어를 긍정적으로 인지하게 하는 것이었다. 그랬기에 원어민 선생님께도 수업 시간에 영어로만 소통하되 수업 시간을 공부가 아닌 놀이로 인지할 수 있도록 아이와 재미있게 놀아 달라는 부탁을 드렸다. 선생님은 7살이던 아이와 영어로 소꿉놀이 같은 역할놀이를 하기도 하고, 보드 게임도 하며 아이의 다정한 친구가 되어 주셨다. 그렇게 시작한 수업을 미국에 오기 전까지 3년간 지속했다.

영어 유치원을 생각해 보지 않은 것은 아니었지만 우리 부부는 둘 다 직장생활을 하고 있었기에 병설 유치원보다 일찍 하원하는 영어 유치원을 보내려면 하원 후 퇴근할 때까지 아이를 돌봐 줄 돌봄 이모님을 추가로 구해야 했고 이는 비용적으로나 정서적으로 모두 무리라는 생각이 들었다. 그래서 나름의 고민 끝에 아이가 즐겁게 또는 지속적으로 영어에 노출될 수 있는 방법으로 튼튼영어와 원어민 선생님 과외를 선택한 것이었다. 이외에 병행한 것이 있다면 어려서부터 아이에게 TV, 아이패드 또는 핸드폰 같은 미디어 노출을 제한하였으나 5살 이후 튼튼영어 DVD를 시작하면서 하루 30분 수준에서 디즈니 애니메이션 같은 콘텐츠를 영어로 보여 주었다는 점이다. 그러나 이러한 영어 노출에도 한국을 떠나오기 전까지 눈에 띄는 성과는 없었다. 아이는 영어로 재생되는 다양한 애니메이션을 즐겨 보는 편이었지만 콘텐츠의 내용을 정확하게 이해하고 있는 것인지 확인할 수 없었고, 원어민 선생님과의 놀이 시간에 보이는 리액션도 표현의 다양성과 유연함이 있다고 보기는 어려웠다.

그렇게 나름 영어 공부를 시켜주려고 노력해 왔음에도 불구하고 아이가 초등학교에 입학할 무렵 영어 학원에 보내기 위해 학교 근처에 상담을 하러 갔을 때는 입학이 불가하다는 답변을 듣기도 했다. 그동안 아이에게 리스닝과 스피킹 위주로 영어를 접하게 했었기에 아이는 파닉스를 배운 적이 없었고, 영어로 말하기와 듣기는 가능했지만 읽고 쓸 줄을 몰라 학원 입학이 불가능했던 것이다. 상담을 했던 학원뿐만 아니라 초등학생을 대상으로 한 주변의 영어 학원 모두 입학 조건이 같았다. 알파벳을 읽고 쓸 줄 알아야 입학이 가능했던 것이다. 초등학교 입학을 하게 되면 하교 후 아이가 시간을 보낼 곳이 필요했고, 이왕이면 영어 학원에서 시간을 보냈으면 좋겠다고 생각했었기에 당연히 입학이 가능할 줄 알았던 학원에서 입학이 어렵다는 답변을 받았을 때는 황당함과 함께 속상한 마음이 파도처럼 밀려왔다. 그동안 아이의 영어 교육을 위해 선택해왔던 모든 방법이 잘못됐다고 부정 당하는 것 같았다.

그러나 빨리 정신을 차려야 했다. 초등학교 입학까지는 두 달 정도의 시간이 남아있었기에 아이와 집에서 열심히 파닉스를 뗐다. 초등학교 입학을 두 달 앞두고 한글도 몰랐던 아이는 알파벳을 먼저 떼고 초등학생이 되었다. 그렇게 미국으로 오기 전까지 아이는 2년간 영어 학원을 다녔다. 결국 튼튼영어 3년, 원어민 선생님과의 놀이학습 3년 그리고 한국에서 다닌 영어 학원 2년이 아이가 한국에서 공부한 영어의 전부인 셈이다. 나름의 방식으로 아이에게 영어 인풋(Input)을 넣어 주고자 했지만 지금까지 했던 모든 방법이 옳은 건지, 효과가 있는 건지는 알 수 없었다.

영어를 통한 아이의 의사소통에 문제가 없다고 확신하게 된 것은 미국 학교에 다니기 시작한지 2달이 경과한 시점, 학교 담임 선생님과 상담을 할 때였다. 선생님께 아이의 영어가 서툴어 친구를 잘 사귈 수 있을지, 수업 시간에 선생님의 말씀을 이해하고 잘 따라갈 수 있을지 많이 걱정된다고 말씀드리자 선생님께서 "베일리는 영어로 의사소통 하는 것에 문제가 전혀 없어요."하고 말씀해 주시는 것이었다. 물론 교과서의 내용 중 일부 추가적인 설명을 필요로 하는 경우가 있기는 하지만 대부분의 경우 영어로 하는 말을 이해하고, 자신이 원하는 말을 표현할 수 있다는 것이었다. 실제로 학교를 다닌지 2달 정도 되었을 때 아이의 입에서 처음 들어보는 영어 표현들이 쏟아져 나오기 시작했고, 미국 친구들의 생일파티에 초대되어 갔을 때에도 아이들과 자연스럽게 소통하는 것을 볼 수 있었다.

때로는 남편과 나도 처음 들어보는 말을 할 때도 있었다. 우리는 말그대로 영어를 책으로 배웠지만 아이는 실제 생활 속에서 배워 원어민들이 사용하는 날 것의 표현 그대로를 온 몸으로 흡수하고 있었다. 아이는 우리가 생각했던 것보다 빠르게 영어를 학습해 갔고 영어를 곧 잘하는 아이를 보고 신기해하던 미국 엄마들은 베일리가 한국에서 왔다는 것을 몰랐다고 이야기하는 경우도 있었다. 놀라운 일이었다. 그제서야 어떤 방식으로든 아이에게 영어 인풋(Input)을 주고자 했던 노력들이 축적되고 있었구나 싶었다.

한국에서 초등학교 2-2학기까지 다니고 온 아이가 미국에 와서 생년월일에 따라 다시 2-2학기를 다니게 되었는데 학기말에 받은 2학년 성적표에는 대부분의 상황을 이해하고 있지만 일부 아카데믹한 면에 있어 영어로 책을 읽고 에세이를 쓰는 것에는 노력이 필요하다고 써 있었다. 반면 3학년 1학기 성적표에는 미국 아이들과 다를 바 없이 읽고 쓰는 것이 완벽하다고 쓰여 있었다. 만일 미국으로의 단기 또는 장기 유학을 고려하는 지인이 있다면 주변의 말에 휘둘리기 보다는 아이의 성향에 맞춰 즐겁게 영어를 접할 수 있는 방식으로 노력을 기울여 보라고 이야기해 주고 싶다. 아이에게 영어 노출을 해주고자 했던 나의 방식이 정답은 아닐 것이나 아이의 성향을 고려하여 각자에게 맞는 방식으로 영어 노출을 해준다면 아이들은 저마다의 방식으로 축적시켜 온 것들을 각자의 시기에 꽃 피울 수 있을 것이다.

잊지 못할 할로윈

— 코스튬 준비하기

매년 10월 31일 미국 전역에서 유령이나 괴물 분장을 하고 집집마다 찾아다니며 사탕이나 초콜릿을 받는 할로윈을 한 달 앞둔 9월, 미국은 이미 할로윈 축제가 시작된 것 같았다. 타겟, 홈굿즈, TJ MAXX 와 같은 쇼핑몰엔 할로윈 용품들이 가득했고, 집집마다 화려한 할로윈 장식으로 마당을 꾸며 볼거리가 넘쳐났다. 9월 말 미국에서 처음 맞는 할로윈을 준비하기 위해 우리도 할로윈 코스튬을 파는 〈Spirit Halloween〉이라는 가게를 찾았다. 일년에 단 3개월, 할로윈 시즌에만 문을 여는 할로윈 용품 전문점이었다.

코스튬을 비롯해 집집마다 마당을 장식했던 화려한 용품들까지 넓은 실내가 모두 할로윈 용품들로 가득 차 있었다. 아이는 가게에 들어서자

마자 10분 만에 자신이 좋아하는 코스튬을 골랐다. 기다란 꼬리가 달린 호랑이 코스튬이었다. 남편과 나도 한 시간을 헤맨 끝에 고스트 코스튬을 골라 나왔다. 할로윈이 시작되기 한 달 전이었는데도 우리가 코스튬을 고르는 동안 많은 사람들이 가게를 다녀갔고 저마다 즐거운 표정으로 할로윈을 준비하고 있었다.

─ 호박 농장에서의 펌킨 패치(Pumpkin Patch)

일주일이 지난 10월 초, 아이가 학교에 가지 않는 No School Day에 맞춰 집에서 1시간 거리에 있는 얼바인으로 펌킨 패치를 가보기로 했다. 할로윈이 되면 집집마다 커다란 호박 속을 파내고 취향대로 조각한 후 호박 안에 랜턴이나 초를 넣어두고 밤이 되면 불을 밝히는 잭오랜턴(Jack-O-Lantern)을 만들기 위해 호박 농장을 방문하여 조각할 호박을 직접 고르는 것이 펌킨 패치다. 할로윈 시즌 미국의 연례 행사 중 하나라는 펌킨 패치를 앞두고 가족 모두가 설레는 마음으로 농장으로 향했다.

호박 농장에는 모양도 크기도 다양한 호박들이 가득했는데 집 앞 트레이더조에서 $7 정도에 살 수 있는 호박이 농장에서는 $30 가까이 되는 비싼 금액에 팔고 있어서 실제로 호박을 구입하진 않았다. 하지만 마차를 타고 농장을 둘러보는 것만으로도 할로윈 분위기를 느낄 수 있어 충분히 좋았다. 동물을 좋아하는 아이는 농장에 있는 염소, 양, 낙타, 닭 등 다양한 동물 친구들에게 먹이를 주고 만져 보기도 하면서 시간 가는 줄 모르고 농장을 즐겼다. 호박 농장의 다양한 장식을 배경으로 할로윈 분위기가 가득한 가족 사진도 여러 장 남길 수 있었다.

─ 잭오랜턴(Jack-O-Lantern) 만들기

어느덧 10월 말 할로윈을 3일 앞둔 금요일, 절친한 미국 친구 나탈리의 초대로 할로윈 펌킨 카빙 파티(Halloween Pumpkin Carving Party)에 참석하면서 본격적인 할로윈 축제의 서막을 열었다. 파티의 준비물은

조각할 호박과 호박 안에 넣을 랜턴, 조각 칼 그리고 할로윈 코스튬이었다. 저녁 7시 파티 시간에 맞춰 나탈리의 집을 찾으니 이미 15명도 넘는 손님들이 각자의 코스튬을 입고 왁자지껄 파티를 즐기고 있었다. 나탈리가 준비해둔 주사기 젤리와 핏빛 와인, 귀여운 쿠키들을 나누어 먹으며 친구들과 인사를 나눈 뒤 펌킨 카빙을 위해 각자 준비해온 호박을 들고 인조잔디가 깔린 아파트 커뮤니티 시설로 자리를 옮겼다.

그사이 합류한 친구들은 더 늘어 어느새 아파트 커뮤니티엔 서른 명 가까이 되는 사람들이 개성 강한 코스튬을 입고 삼삼오오 모여 있었다. 참으로 진귀하고 재미있는 풍경이었다. 우리는 각자 잔디밭에 자리를 잡고 앉아 머리에 헤드랜턴을 낀 채 작은 불빛에 의지하면서 진지하게 호박을 조각하기 시작했다. 아이의 친구인 Hezi네도 파티에 초대되어 왔는데 친구와 함께 같은 테이블에서 호박을 조각하는 아이의 표정이 그 어느때보다 신나 보였다. 호박의 내용물을 꺼낼 때 손에 잡히던 물컹물컹한 느낌, 조각칼로 호박에 눈과 입을 만들던 순간, 완성된 호박 안에 랜턴을 넣었을 때 호박 안에서 뿜어져 나오던 환한 불빛... 아이와 함께 직접 손으로 촉감을 느끼며 완성해 낸 잭오랜턴은 오랫동안 잊을 수 없는 기억이 될 것 같았다.

— **할로윈 퍼레이드**

드디어 그토록 기다리던 할로윈 당일, 학교에서는 할로윈을 기념해 각자 준비해온 코스튬을 입고 등교하라는 공지가 전해졌다. 아이는 다른 날과 달리 제 스스로 아침 일찍 일어나 얼굴에 호랑이 페이스 페인팅을 하고 학교 갈 시간을 기다렸다. 시간이 되어 호랑이 코스튬을 입은 아이를 태우고 학교 앞에 도착하자 진귀한 장면이 펼쳐졌다. 차에서 내리는 모든 아이들이 개성 강한 코스튬을 입고 등교하고 있었는데 오른쪽에선 공룡이, 왼쪽에선 우주 비행사가 걸어오고 있었고 그 사이로 수많은 동물 친구들과 공주님들이 걸어가고 있었다.

이 날을 얼마나 기다려왔을까? 스스로 고른 코스튬을 뽐내며 당당하게 학교로 입장하는 아이들의 걸음에 설렘이 묻어나오는 듯했다. 오전 8시 30분에 맞춰 아이를 학교에 내려주고 곧 이어 시작될 할로윈 퍼레이드를 위해 남편과 나도 운동장 한 켠에 자리를 잡고 앉았다. 할로윈 퍼레이드는 전교생이 운동장에 모여 학년별로 행진을 하며 코스튬을 뽐내는 시간이었다. 부모들도 둘러서서 멋지게 꾸미고 온 아이들에게 박수를 쳐주고, 사진을 찍어 주기도 하며 모두가 함께 즐기는 시간이었다. 곧이어 퍼레이드가 시작되고 선생님의 리드에 맞춰 학년별 행진이 시작되었다.

학년별로 커다란 운동장을 천천히 돌며 행진을 시작하자 모두가 박수를 치고 휘파람을 불며 퍼레이드를 즐겼다. 선생님들도 예외는 아니었다. 아이들의 행진이 끝난 후 선생님들의 코스튬 행진까지 마친 후에 할로윈 퍼레이드는 끝이 났다. 모두가 함께 즐기는 축제에 아이들뿐만 아니라 퍼레이드를 지켜보는 부모들의 얼굴에도 덩달아 웃음꽃이 피었다. 학교의 리드로 코스튬 이벤트를 배로 즐기는 미국 아이들의 모습이 진심으로 행복해 보였다.

─ 트릭 오어 트릿(Trick or Treat)

할로윈 퍼레이드를 마친 10월 31일 저녁에는 대망의 트릭 오어 트릿 이벤트가 예정되어 있었다. 절친한 Kathy 언니의 초대로 매년 할로윈 데이에 진행되는 마을 퍼레이드에 자연스럽게 합류할 수 있었다. 아이들 개인 단위로 트릭 오어 트릿을 할 수도 있지만 아이들의 안전을 고려해 그룹으로 함께 다니게 된 것이 마을의 할로윈 문화가 되었다. 아이들은 좋아하는 코스튬과 호박 바구니를 들고 친구들과 함께 사탕을 받으러 다닐 수 있으니 더 없이 신이 날 터였다.

오후 5시 약속대로 학교 앞에 위치한 Dena의 집으로 가니 하나 둘 친구들이 모여들고 있었다. 어느새 스무 명도 넘는 아이들이 모였다. 한 엄마는 해가 진 후 캄캄한 밤에 아이들이 잘 보일 수 있도록 야광 팔찌를 넉넉히 준비하여 아이들의 목과 팔에 걸어주었다. 누가 시켜서가 아닌 할로윈 이벤트를 위해 자발적으로 준비한 배려에 마음이 따뜻해졌다. 곧 이어 아이들이 행진을 시작했다. 집집마다 약속이라도 한 듯 마당과 차고에 아이들을 기다리는 인자한 미소의 어른들이 있었고, 아이들은 부리나케 달려가 호박 바구니에 좋아하는 사탕과 초콜릿을 가득 채웠다.

아이들의 트릭 오어 트릿 이벤트는 2시간이 넘도록 계속되었다. 큰 마을에 한 집도 빠짐없이 아이들을 위한 선물을 준비해 놓았다는 것이 내게는 너무도 큰 충격이자 감동으로 다가왔다. 우리 그룹만도 스무 명이 넘었는데 온 마을 아이들이 이렇게 돌면 준비해야 할 사탕과 초콜릿의 양도 엄청날 것이었다. 그러나 누구도 얼굴 붉히는 일 없이 행복한 미소로 아이들을 맞이했고, 사탕과 초콜릿을 호박 바구니에 가득 담아주며 "Happy Halloween!"이라는 유쾌한 인사도 잊지 않았다. 아이들을 따라 마을을 돌며 친구인 Kathy 언니에게 물었다. "어쩜 이럴 수가 있어? 어떻게 온 마을이 이렇게 한 집도 빠짐없이 아이들을 위해 사탕과 초콜릿을 준비하고, 긴 저녁 시간 내내 아이들을 기다려줄 수 있지? 그것도 매년!" 언니가 웃으며 말했다. "이 어른들도 어렸을 때 이렇게 마을을 돌았을 거고 이웃들로부터 사탕과 초콜릿을 받았을 거

야. 자신이 받았던 것처럼 어른이 되었을 때 아이들에게 그대로 돌려주는 거지~ 누가 시키지 않아도 정말 기쁜 마음으로 자발적으로 하는 거야."

트릭 오어 트릿을 하는 내내 내 마음은 감동으로 가득 찼다. 온 마을과 학교, 지역 사회가 함께 참여하는 할로윈이라는 행사와 미국이라는 나라에 대해 호기심이 일었다. 어떻게 이럴 수 있을까? 아침부터 저녁까지 행복한 기억들을 가득 채우는 할로윈 데이를 아이들이 일년 내내 기다리는 이유를 알 것 같았고, 친구들과 이렇게 좋은 추억을 만들 수 있는 미국 아이들이 부러울 지경이었다. 이 소중한 행사의 대열에 아이가 함께 할 수

있다는 것도, 이렇듯 좋은 추억을 미국에서 만들어 갈 수 있다는 것에도 감사한 마음이 들었다.

2시간이 넘는 트릭 오어 트릿을 마치고 나니 아이의 호박 바구니는 가득 차다 못해 넘쳐서 주머니에까지 달콤한 사탕이 채워진 상태였다. 다시 처음 행렬을 시작했던 Dena의 집 앞에 모인 우리는 Dena 엄마의 배려로 집에서 와인을 나누어 마시며 조금 더 이야기를 나눌 수 있었고, 아이들은 그동안 바구니를 가득 채운 사탕을 바닥에 펼쳐놓고 서로가 마음에 드는 것을 교환하기도 하며 즐거운 시간을 가졌다. 대망의 할로윈 행사를 모두 마친 10월 31일 밤은 설레는 마음에 일주일 전 호박 카빙 파티를 가졌을 때처럼 늦게까지 잠을 이루지 못했다. 벅찬 마음을 오래도록 기억하고 싶어 미국에서의 처음이자 마지막이 될 할로윈의 추억을 밤늦도록 마음에 새겼다.

팔로스 버디스에서 가장 바쁜 아이

한국에서 아이는 초등학교 2학년 과정을 마치고 미국에 왔다. 이제 막 학교에 입학한 어린 나이였지만 한국에서 생활할 땐 남편과 내가 모두 직장으로 출근해야 하는 상황이었기에 학교를 마치면 곧장 영어와 미술, 피아노 학원을 가야 했다. 우리가 직장에서 일을 하는 동안 아이는 언제나 긴 하루를 보내야 했다. 퇴근을 하고 부리나케 달려와 아파트 후문 앞에서 있으면 간신히 학원 셔틀버스에서 내리는 아이를 만날 수 있었다. 다행히도 아이는 이런 생활 패턴에 잘 적응해 주었다. 그렇게 안쓰러운 마음으로 일상을 영위하다 미국으로 가기를 선택했을 때 아이와 많은 시간을 함께 해야지 마음 속으로 다짐하고 또 다짐했었다.

그러나 어찌 된 일인지 미국에 온 후 아이는 더 바쁜 일상을 보내게 되었다. 새로운 것에 호기심이 많았던 아이에게 원하는 것을 하나씩 배우게 하다 보니 너무도 바쁜 일과가 되어 있었다. 기본적으로 월요일은 학교 수업이 오후 1:30, 나머지 요일은 오후 3시경에 끝났다. 학교 수업을 마친 친구들 중 일부는 키즈 코너(Kids Corner)라는 방과 후 수업에 다니고 있었는데 아이도 학교를 마친 후 친구들과 좀더 놀고 싶다는 이유로 방과 후 수업에 등록하기를 원했다. 그렇게 아이는 일주일에 세 번(월수금) 수업을 마친 후부터 저녁 6시까지 방과 후 교실에서 친구들과 충분한 놀이 시간을 가졌다.

미국에 온 초기부터 활동해 온 축구팀에서는 골키퍼로서 일주일에 3번씩 훈련을 받고 주말이면 토너먼트 경기를 다녔다. 시작은 남편의 권유였지만 축구에 흥미를 갖게 된 아이는 매번 축구 연습 가는 날을 기다렸고, 축구팀 친구들과도 깊은 우정을 다져 나갔다. 1년 후 축구팀 활동이 끝날 무렵엔 3개월간 소프트볼팀에 소속되어 새로운 스포츠를 배웠고, 소프트볼 활동이 끝난 후엔 농구팀에 소속되어 5개월간 농구를 배웠다. 이외에도 아이스 스케이트와 테니스 그리고 수영까지 종목마다 적게는 일주일에 한 번, 많게는 일주일에 세 번씩 레슨을 받으며 다양한 스포츠를 섭렵해 갔다. 한국에 있을 때는 몸치에 운동 신경도 없는 줄 알았는데 미국에서 다양한 스포츠를 배워가며 여러 종목에서 두각을 나타냈다. 무엇보다 아이는 새로운 경험들을 두려워하지 않고 즐겼다.

미국에 온 초반부터 6개월가량 다녔던 미술학원과 1년 넘게 배운 코딩, 거기에 친구들과의 개별적인 플레이 데이트에 생일파티까지 몸이 열 개라도 부족할 강행군이 계속되었다. 다른 점이 있다면 한국에서와는 달리 남편과 내가 직접 아이의 모든 일정을 라이딩 해주었다는 점이다. 또한 우리가 퇴근하기 전까지 시간을 때우기 위해 보냈던 한국에서의 학원 일정과는 달리 아이가 자발적으로 원해서 선택한 활동들이었다는 점이다. 미국에 와서까지 이렇게 바쁜 생활을 이어가야 하나 싶어 아이에게 꼭 하고 싶은 것만 남기고 다른 것은 그만 두는 것이 어떻겠냐고 제안도 해보았지만 아이는 자신이 하고 있는 활동에 애정을 갖고 있었다. 결과적으로 아이는 미국에서 생활하는 동안 축구, 소프트볼, 농구, 아이스 스케이트, 테니스, 수영에 미술과 코딩까지 실로 다양한 경험을 했다.

아이의 미국 생활

남편과 나는 둘 다 휴직한 직장인이었기에 수입 없이 지출만 해야 하는 상황에서 아이에게 이토록 많은 경험을 하게 하는 것이 경제적으로는 큰 부담이었다. 하지만 경험의 가치를 믿는 공통된 신념이 있었기에 아이가 선택한 다양한 활동들을 지지하고 지원해 줄 수 있었다. 그렇게 학기 중에 바쁜 시간을 보내다 방학이 되면 여름 캠프를 보내기도 하고, 가족 여행도 다니며 참 바쁘게 지냈다. 출근도 하지 않으면서 왜 이렇게 정신이 없을까 자문하던 날들이 많았다. 백수가 과로사한다더니 우리를 두고 하는 말 같았다. 그러나 다시 시간을 되돌려 미국에 온 초기로 돌아간다고 해도 우리는 같은 선택을 했을 것이다.

　팔로스 버디스에서 가장 바쁜 아이였던 나의 아이는 한국으로 돌아가 또 다른 의미에서 바쁜 일상을 살아가고 있다. 어쩌면 시간이 흐른 뒤 미국에서 경험했던 다양한 일들은 퇴색되고, 많은 기억도 희미해질지 모를 일이다. 그러나 친구들과 함께 땀을 흘리던 순간의 희열, 난생처음 제 힘으로 헤엄치던 순간의 기쁨, 처음으로 아이스 링크를 가로지르던 날의 성취감은 아이의 마음 속에 오래도록 잊히지 않는 순간으로 남을 것이다. 그렇게 쌓인 작고 소중한 순간들이 아이의 인생에서 실패에 좌절하지 않고, 다시금 앞으로 나아가게 하는 힘이 되어 주었으면 좋겠다.

아기 새 구출 대작전

　5월의 어느 토요일이었다. 아침 일찍 샌디에고의 씨월드(Sea World)에 가려고 집을 나서다가 산책을 하던 나탈리와 알로를 만났다. 반갑게 인사를 하고 주차해 두었던 차를 빼려고 하는데 나탈리가 다급하게 우리를 불러 세웠다. 바람이 불어 나무 위에 있던 새 둥지가 떨어졌는지 풀밭에 널부러져 있던 아기 새들을 나탈리의 개 알로가 발견한 것이었다. 한 마리는 이미 죽어 있었고, 다른 한 마리는 다리를 다쳤는지 움직이지 못하고 간신히 숨만 쉬고 있는 것 같았다. 나탈리는 죽은 새를 두 손안에 담아 풀밭 한 켠에 눕혀주었다. 평소 동물을 좋아하는 아이는 새가 불쌍하다며 눈물을 글썽거렸다. 우리는 씨월드에 가기로 한 계획을 변경해 나탈리와 함께 아직 숨이 붙어있던 작은 새를 살려 보기로 했다. 나탈리가 어디선가 박스를 구해왔고, 서연이도 힘을 보태 아기 새가 쉴 수 있는 공간을 만들어 주었다.

　그리고는 약속이라도 한 듯 다 같이 풀밭에 쪼그리고 앉아 아기 새에게 먹일 콩벌레들을 잡기 시작했다. 집 앞 잔디밭에 그렇게 많은 콩벌레들이 있다는 것을 처음 알았다. 잡은 콩벌레 몇 마리를 아기 새에게 먹이니 배가 고팠는지 입을 크게 벌리고 잘도 받아먹었다. 그제서야 작은 새는 기운이 났는지 두 날개를 파닥거리며 날아 보려는 시도를 하는 등 작은 움직임을 보였다. 몸집이 큰 어른 셋과 아이 하나 그리고 덩치 큰 개 알로까지 모두가 아파트 앞 잔디밭에 한참을 모여 앉아 아기 새를 살폈다. 우리는 작은 새에게 토토라는 이름을 지어주었다. 신기하게도 우리가 토토를 돌보는 동안 토토와 똑 닮은 모습의 까만 새 한 마리가 나타나 나무 위를 맴돌며 큰 소리로 한참을 지저댔다. 우리끼리 토토의 엄마가 아닐까 이야기하며 자리를 떠나지 않고 한참을 맴도는 어미 새를 위해 잠시 자리를 피해주기도 했다.

나탈리와 우리는 시간을 정해 교대로 토토의 상태를 살펴보기로 했다. 3시간 간격으로 콩벌레를 잡아다 주고 물을 갈아주기도 하며 지극 적성으로 작은 새를 돌보았다. 하지만 언제까지 토토를 작은 상자 안에 둘 수는 없었기에 이틀 뒤인 월요일 오전 이곳에서 1시간 30분 거리에 있는 동물 구호 단체에 토토를 데려가 보기로 했다. 다친 새에게는 차를 타는 것도 먼 거리를 이동하는 것도 무리가 될 수 있었기에 깨끗한 상자를 구해 토토를 옮기려고 잔디밭을 찾았는데 토토의 상태가 좋아 보이지 않았다. 토토는 겨우 숨을 쉬고 있는 것처럼 보였다. 어제처럼 날아 보려는 시도도 하지 않았고 조금의 푸드덕 거리는 움직임도 없었다.

나탈리는 토토가 추워 보인다며 두 손에 작은 새를 안아 제 입으로 따뜻한 숨을 불어넣으며 온기를 나눠주었다. 그러나 나탈리의 손에서 겨우 숨을 쉬던 토토는 일순간 거짓말처럼 숨을 거두었다. 더 이상 작은 미동조차 없었다. 토토의 가느다란 목은 나뭇잎처럼 꺾여 버렸다. 우리는 토토가 정말 죽은 것인지 믿을 수 없어 몇 번이나 토토의 이름을 부르며 흔들어 보았다. 그러나 토토는 어떠한 반응도 하지 않았다. 나도 모르게 눈에서 한 줄기 눈물이 흘러나왔다. 나탈리는 아이처럼 꺼이꺼이 울었다. 우리는 작은 새를 마당 한 켠에 묻으며 함께 울었다. 겨우 이틀을 함께한 작은 새를 잃은 슬픔은 생각보다 커서 당황스러울 정도였다.

학교에서 돌아온 아이도 토토의 무덤을 보고 많이 울었다. 하늘 나라에서는 토토가 더 이상 아프지 않을 거라고 아이에게 말해주었지만 아이는 더 이상 토토를 만질 수도 볼 수도 없다는 것이 너무 슬프다며 한참을 울었다. 그 후로도 몇 달 동안 아이는 학교에 갈 때마다 잔디밭 한 켠에 자리한 토토의 무덤을 보며 작은 새에게 인사를 했다. "토토야 잘 있지? 나는 학교 갈게!", "토토야 오늘도 잘 지냈니?"하면서... 그 후로 우리는 까만 새를 볼 때마다 토토라는 이름을 떠올렸다. "엄마 저 새, 토토 닮았다. 그치?"하고 아이가 말하면 "그러네 정말 토토 닮았네"하는 대화가 몇 번이나 오갔다. 아기 새 구출 작전은 성공하지 못했지만 작은 새를 구하려던 다정한 기억 덕분에 어디서든 검은 새를 만나면 토토라는 이름을 떠올리게 될 것 같았다.

낮에는 2학년, 밤에는 3학년

미국행을 결정했을 때 많은 이들이 우리에게 아이의 언어 교육을 위해 가는 것이냐고 물었었다. 사실 우리의 해외살이 프로젝트는 신혼 때부터 계획한 인생의 버킷리스트였고, 아이는 곁다리로 따라온 셈이었기에 아이의 언어 교육을 위한 미국행이라고 볼 순 없었다. 오히려 아이의 동의를 구하지 않고 엄마 아빠의 욕심으로 한국에서 미국으로 거주 환경과 학교가 바뀌어야 하는 것에 대해 아이에게 미안한 마음이 있었다. 물론 미국에 거주하면 언어적으로 일련의 성장을 기대할 수는 있었겠지만 우리가 미국에 가겠다고 했을 때 아이는 어린 나이였음에도 불구하고 한국의 친구들과 이별해야 한다는 사실을 받아들이기 힘들어했다.

아이는 초등학교에 입학하자마자 코로나의 여파로 1학년 수업 과정의 대부분을 온라인으로 참여해야 했고, 2학년이 되어서야 부분적인 대면 수업이 시작되어 친구들과 노는데 재미를 붙인 상황이었다. 학교에 가는 것을 좋아하던 아이의 입장에서 이제 막 친해진 친구들과 헤어져서 낯선 곳으로 가야 한다는 사실은 못내 서운한 일이었을 것이다. 게다가 한국에서 초등학교 2학년 과정까지 마친 아이가 미국에서 돌아왔을 땐 4학년 2학기로 복귀해야 하는 상황이었기에 교과 과정 면에서 학습 진도 또한 친구들보다 떨어질 수 있다는 리스크가 있었다.

미국에서의 시간이 아이에게도 긍정적인 영향을 미치리라 믿었지만 한국으로 돌아왔을 때 학습면에서 아이가 느낄 혼란을 최소화하려면 부모로서 도울 방법을 고민하고 준비해야 했다. 아이가 미국에서 학교를 다닐 시기 한국의 친구들은 3-1부터 4-1까지 총 3학기에 해당하는 교과 과정을 마칠 것이다. 이에 우리는 미국에 머무는 동안 3-1부터 4-1과정에 해당되는 학기별 기본, 개념, 응용 문제집 3권씩 총 9권의 수학 문제집을 구입해 집에서 따로 학습을 이어가 보기로 했다. 한국에서는 초등학교 2-2학기 과정까지 마쳤지만 미국에서는 생년월일에 따라 다시 2-2 과정을 다니게 되었으니 낮에는 미국 학교에서 2학년의 교과 과정을, 밤에는 집에서 3학년의 교과 과정을 공부하게 된 것이다.

　한국에서 아이는 수학 학원에 다닌 적도 없어 친구들에 비해 수 개념이 잡혀 있지 않은 상태였고, 공부 습관도 마찬가지여서 자기 주도 학습이 어려운 상태였다. 그렇기에 미국에서 처음으로 3-1학기 수학 문제집을 펴 놓고 식탁에 마주앉았을 땐 아이도 우리도 모두 당황했다. 아이는 처음 배워보는 수 개념을 이해하기 힘들어 했고, 매일 규칙적으로 정해진 양의 학습을 하는 것도 받아들이기 어려워했다. 우리는 우리 대로 집중하기 힘들어하는 아이를 앞에 두고 어떻게 학습을 이끌어 가야 할지 막막했다. 특히, 수학을 가르치다 보면 아이가 이해를 못하거나 집중하지 않을 때 부화가 치밀어 오를 때가 많았는데 그럴 때마다 화내지 말아야지 하면서도 아이를 혼내게 되는 상황이 많았다. 가족과 함께 좋은 시간을 보내자고 미국에 와서는 밤마다 수학 문제집을 펴 놓고 혼을 내는 모순적인 상황이 반복되었다. 처음 몇 달은 아이에게도 우리에게도 힘들고 어려운 시간이었다. 그러나 매일 조금씩 학습을 이어가는 사이 아이는 학습 루틴에 적응해 나갔고, 우리도 인내심을 가지고 아이를 지켜볼 수 있게 되었다. 어느 순간 학교 수업과 요일별 스포츠 활동을 한 뒤 친구들과 놀고 집에 오면 아이는 스스로 문제집을 펼치기 시작했다. 기특하고 고마운 변화였다. 처음 책상에 앉았을 땐 10분도 집중하기 어려웠던 아이가 30분을 집중하기 시작했고, 끝내 1시간 넘게 엉덩이를 붙이고 앉아 있을 수 있게 되었다.

미국에서 한국으로 돌아오기 전 짐 정리를 하다 보니 책장에는 모두 풀어낸 문제집이 10권 넘게 꽂혀 있었다. 그 덕분인지 한국으로 돌아온 아이는 다행히 큰 무리 없이 자기 학년의 수업 진도를 따라갈 수 있었다. 가장 고마운 일은 학교나 학원에서 내준 숙제를 제 스스로 챙길 줄 알게 되었다는 점이다. 시험에서 꼭 100점을 맞지 않아도 나는 이것이 아이의 인생에서 정말 소중한 경험이자 큰 성과라고 생각한다.

자기 힘으로 문제집 한 권을 다 풀어냈을 때의 성취감, 책상에 앉아 몰입해본 경험, 이전에는 몰랐던 것을 알아갈 때의 기쁨 같은 것들은 살아가는 동안 자기 한계에 부딪칠 때마다 아이에게 큰 힘이 되어줄 것이다. 만일 한국에서 맞벌이를 한다는 핑계로 아이의 공부 습관을 잡아 주지 않은 채 흘러가는 대로 시간을 보냈다면 아이는 이만큼 성장하지 못했을 것이다. 미국에서 낮에는 2학년, 밤에는 3학년이었던 아이는 이제 어엿한 한국의 초등학생 4학년이 되었고 자기만의 속도로 열 살의 하루를 살아가는 씩씩한 어린이가 되었다.

아이의 미국 생활

네 번째

엄마의 이중생활

—— 백수가 된 엄마는
　　미국에서 무엇을 했을까?

엄마를 위한 학교, Adult School

　Adult School은 국가에서 운영하는 기관으로 미국에 온 외국인들이 현지 생활에 잘 적응할 수 있도록 무료로 영어 교육을 제공하는 곳이다. 미국 전역에 존재하는 Adult School 중 나는 팔로스 버디스에서 가장 가까운 Torrance Adult School에서 무료 ESL(제2언어로서의 영어, English as a Second Language) 수업을 듣고자 했다. 이를 위해 미국에 오기 전 한국에서부터 온라인으로 레벨 테스트를 신청해 둔 상태였다.

　미국에 와서 나의 Adult School 테스트를 위해 온 가족이 Torrance로 향했고, 내가 시험을 보는 동안 남편과 아이 그리고 털 친구들은 주변 잔디밭과 놀이터에서 시간을 보내며 기다리기로 했다. 시험 장소로 들어가 신청서를 작성했고, 이후 간단한 문답이 이루어졌다. 미국에 왜 왔는지, 영어 공부를 왜 하고자 하는지, 일주일에 영어를 얼마나 사용하는지, 영어를 사용할 때 느끼는 어려움은 무엇인지 등의 질문이었다. 간단한 인터뷰를 마친 후엔 컴퓨터가 배치된 교실로 이동했다. 이곳에서는 컴퓨터로 토익 RC와 비슷한 형태의 리딩 문제를 풀었다. 시간을 다 채우고자 하면 1시간 가까이 걸릴 만큼 많은 양의 문제였다. 긴장된 마음 탓인지 눈에 잘 들어오지 않았지만 집중하려고 노력하면서 끝까지 문제를 풀었다. 문제를 다 풀자 화면에 점수가 바로 표시되었고, 이제 선생님께 반 배정만 받으면 모든 과정이 완료될 참이었다.

　선생님께서 Adult School에는 레벨 1부터 레벨 6까지 등급이 있는데 나는 레벨 5를 받았다며 레벨 5에 권장하는 수업들을 소개해 주셨다. 수업은 오전/오후/저녁 등 다양한 시간대에 준비되어 있었고, 희망하는 시간과 요일에 따라 수업 선택이 가능했다. 그런데 자세히 보니 모두 온라인 수업이었다. 아직 코로나가 완전히 정상화되지 않은 상황이었기에 대부분의 수업은 온라인으로 진행되고 있었다. "혹시 온라인이 아닌 대면 수업은 없나요? 저는 영어 실력을 늘리고 싶어 이곳에 왔고 온라인보다는 대면 수업을 선호합니다."라고 말씀드리니 "대면으로 진행되는 수업이 하나 있긴 한데 이는 레벨 6이고, 여기가 아닌 Washington Ave에서 진행되는 수업이에요. 가만 보자, 집이 Palos Verdes이면 Washington Ave가 조금 더 가깝겠네요. 이 수업은 할머니 선생님께서 진행하시는 수업이고, 말씀도 천천히 하시는 편이니까 당신이 들어도 괜찮을 것 같아요"라고 하시며 긍정적인 답을 해 주셨다. 그렇게 나는 온라인 수업이 아닌 대면 수업으로 진행되는 레벨 6 수업으로 최종 배정을 받게 되었다.

그리고 다음날 바로 첫 등교를 했다. 나의 Adult School 수업이 진행되는 Washington Ave의 Griffith Adult Center는 집에서 차로 25분 거리에 있었다. 미국에 와서 초기 운전이 익숙하지 않을 때라 남편이 학교까지 동행해 주기로 했다. 아이를 먼저 학교에 데려다 주고 25분을 더 달려 Adult School에 도착했다. 교실로 들어서니 안경을 낀 할머니 선생님 캐서린이 반갑게 맞아 주셨다. 교실에는 한국인으로 보이는 아시아인 학생도 여럿 있었다. 오랜만에 책상에 앉으니 기분이 이상했다. 다시 학생으로 돌아간 것 같은 낯설고 생소한 느낌이 싫지 않았다. 나는 나의 일상에 새롭게 들어온 지금의 시간을 즐기고 있었다. 2시간 정도 수업한 후 쉬는 시간이 주어졌다. 처음 교실에 들어왔을 때 아시아인으로 보였던 분들 대부분은 한국인 어머님들이셨고 모두 수준급 이상의 영어 실력을 갖추고 계셨다. 이 분들도 집에서부터 차를 몰아 아침 8시 30분에 시작되는 수업을 듣기 위해 이곳에 오셨겠구나 생각하니 존경심과 동지애가 동시에 느껴졌다.

 같이 수업을 듣는 한국인 학생 중에는 남편이 주재원으로 발령받아 이곳에 머물게 된 분도 계셨고, 젊었을 때 미국에 와서 사업체를 일구고 영주권을 따서 아이들을 모두 키운 뒤에 계속해서 영어 공부를 하시는 분들도 계셨다. 저마다 다른 시간을 걸어왔지만 공부를 하기 위해 이곳까지 걸음을 했다는 것은 모두 같았다. 나이가 들어서도 꾸준히 노력하고 정진하는 모습이 존경스러웠다. 함께 공부하는 모습에 긍정적인 자극을 받으며 매일 아침 아이를 학교에 데려다 주고, 월요일부터 목요일 오전 8:30부터 12:00까지 영어 수업을 듣는 일상을 이어갔다.

 Adult School에서의 수업은 때론 내가 기대했던 것과는 다르게 흘러갈 때도 있어 '이대로 수업을 유지하는 것이 맞을까, 영어 공부를 위한 더 좋은 방법은 없을까'를 고민하게 했지만 이곳에서 만난 한국 어머니들의 노력하는 모습은 끊임없이 나를 반성하게 했다. Adult School을 4개월 정도 다니고 아이의 여름 방학이 시작되면서부터는 우리 가족도 멕시코와 캐나다, 미국 내 다른 도시들로 여행을 다니게 되었고, 다시 개학을 한 가을부터는 오가는 시간 대비 영어 학습으로서의 효과가 크지 않다고 생각되어 더 이상의 추가 등록은 하지 않았다. Adult School에서의 수업이 나의 영어 실력에 지대한 영향을 미쳤다고 말할 수는 없지만 매일 같은 시간, 같은 장소에서 공부를 하며 영어 노출 시간을 늘릴 수는 있었다.

또한 다양한 나라에서 온 친구들도 사귀면서 긍정적인 영향을 주고받을 수 있었던 의미 있는 시간이었다.

미국에서 요가 자격증 따기

요가를 처음 시작한 건 대학을 졸업하고 사회생활을 시작하면서부터였다. 온종일 같은 자세로 일을 하다 보니 자세가 비뚤어졌고, 집중할 때면 모니터에 빨려 들어갈 듯 얼굴이 가까워지는 습관 탓에 목 디스크가 심해졌다. 직장생활로 얻게 된 목 디스크는 오랫동안 나를 괴롭혀 왔는데 어느 날은 침대에서 스스로 몸을 일으키지도 못할 정도로 심해져 일상생활에 지장을 줄 정도였다. 긴 하루를 마치고 퇴근할 무렵이면 다리는 퉁퉁 붓고, 어깨는 돌처럼 굳어져 온몸 구석구석이 아팠다. 요가를 하면 좀 나아질까 싶은 마음에 집 앞 요가원을 찾았던 것이 15년 전이었다.

도움이 될까 의심 반, 기대 반으로 시작했던 요가는 일상생활에 생각보다 큰 활력이 되어 주었다. 하루 끝에 요가를 하고 나면 딱딱하게 굳었던 목과 어깨가 조금은 풀려 다시 또 하루를 살아갈 수 있는 힘이 생겼다. 바쁘다는 핑계로 며칠 간 매트 위에 서는 것을 게을리하면 곧 바로 몸 여기 저기가 아파오며 신호를 보낼 만큼 나는 요가와 가까워졌다. 물리치료를 받듯 요가를 생활화한 것이 10년 넘게 이어졌고, 어느 순간 자연스럽게 평생 요가를 해야겠다는 생각을 하게 되었다. 이런 생각은 요가에 대해 좀 더 잘 알아야겠다는 생각으로 이어졌다.

그렇게 언제부터였는지 기억조차 나지 않을 만큼 자연스럽게 기회가 된다면 요가 지도자 과정을 수료해야겠다는 마음을 먹게 되었다. 평생을 해야 할 운동이라면 내 몸의 특징과 컨디션에 맞게 시퀀스를 구성해 혼자서도 수련을 할 수 있을 만큼 요가를 잘 알아야겠다는 생각에서였다. 하지만 많은 시간을 투자해야 하는 과정인 만큼 기회를 잡는 것은 쉽지 않았다. 평일에 진행되는 과정은 출근으로 꿈도 꿀 수 없었고, 주말반이 있었지만 일을 한다고 하루 종일 기관에 맡겨둔 아이를 주말에도 혼자 둘 순 없었다. 그렇게 마음 한 켠 고이 담아둔 버킷 리스트를 차일피일 미뤄놓고 모른척해 왔는데 어쩌면 미국에 온 이때가 기회일지도 몰랐다.

미국에 온 후 일상생활이 어느 정도 안정화에 접어 들었을 때 요가 지도자 과정을 수료할 스튜디오를 알아보기 시작했다. 구글맵에 "Yoga Teacher Training near here"이라고 키워드를 넣어보니 생각보다 많은 요가 스튜디오가 검색되었다. 트레이닝을 시작하게 되면 일주일에 최소 3번 이상 스튜디오를 찾게 될 것이므로 구글맵에 표기된 정보에 따라 차로 40분 거리에 갈 수 있는 선에서 스튜디오를 추려 보기로 했다. 홈페이지에 안내된 트레이닝 기간과 커리큘럼을 참고해 메일로 추가 문의를 했고, 그렇게 내가 지향하는 가치와 배우고 싶었던 요소들을 고르게 담은 스튜디오를 정했다. 한 가지 마음에 걸리는 것은 롱비치의 요가 스튜디오에 가기 위해선 왕복 8차선 고속도로를 운전해야 한다는 사실이었다.

오래 전 고속도로에서 큰 사고를 경험한 나는 고속도로 운전에 트마우마를 갖고 있었다. 어렵게 주어진 기회와 시간을 놓치고 싶지 않았지만 일주일에 4번씩 홀로 왕복 8차선 고속도로를 운전해야 한다는 두려움에 등록하기가 망설여졌다. 나의 걱정을 알아챈 남편은 스튜디오까지 운전하는 것을 연습할 수 있도록 동행해 주겠다며 요가 지도자 과정을 등록하라고 독려했다. 바쁜 시간을 쪼개 스튜디오까지 동행해 주는 남편에게는 고마웠지만 사고의 트라우마를 극복하지 못한 나는 조수석에 앉아 내내 식은땀을 흘렸다. 3번이나 스튜디오까지 가는 길을 연습했지만 큰 화물 차량이 즐비한 8차선 고속도를 운전하는 것은 여전히 자신이 없었고 결국 나는 등록 포기를 선언했다. 그러자 남편은 이대로 한국으로 돌아가면 분명히 후회할 거라며 우선 등록을 해 두고 트레이닝이 시작되기 전까지 같이 다닐 친구를 구해보거나 운전 연습을 해서 자신감을 쌓아보라고 권유했다.

남편의 말이 맞았다. 요가 지도자 과정을 수료하는 것은 나의 오랜 소원이었고, 사실 이보다 적절한 타이밍은 없어 보였다. 이대로 한국으로 돌아가면 분명 후회가 남을 것이었다. 여전히 자신은 없었지만 남편 말대로 일단 등록을 해보기로 했다. 그렇게 사전 등록을 하고 몇 달의 시간이 주어졌지만 결국 함께 다닐 친구는 찾지 못했다. 그러나 다행히 운전 연습을 많이 해둔 덕분에 전보다 운전에 대한 두려움은 조금 나아진 상태였다. 운전에 대한 두려움 때문에 가장 늦게 시작하는 과정을 등록하여 한국으로의 귀국을 4달 앞둔 시점 요가 지도자 트레이닝 과정을 시작하게 됐다. 하필이면 하늘에 구멍이 뚫린듯 비가 쏟아지던 토요일 첫 수업을 가게 되었고 다행히 사고 없이 굵은 비를 피해 무사히 스튜디오에 도착할 수 있었다. 오히려 이 일로 비가 오는 날에도 무사히 도착했으니 다른 날엔 더 수월하게 올 수 있겠다는 자신감을 갖게 되었다.

   드디어 오래 기다린 첫 수업이 시작되었다. LA에는 워낙 다양한 인종이 살고 있다보니 수강생 중 나 같은 외국인이 한 명쯤은 있지 않을까 예상했는데 왠걸 지도자 과정을 수료하기 위해 모인 19명의 학생 중 영어를 모국어로 사용하지 않는 외국인은 내가 유일했다. 그러나 다행히 요가라는 같은 관심사를 가져서인지 함께 과정을 듣게 된 이들과 친구가 되는 시간은 오래 걸리지 않았다. 첫 수업때부터 우리는 같은 영혼을 가진 사람이라는 걸 알 수 있었다. 동작 하나를 취하는 방식에 대해서도 진지한 얼굴로 서로의 의견을 나누는 시간은 흥미로웠고, 함께 동작을 연습하면서 우리는 작은 성취에도 손바닥을 마주치며 함께 기뻐했다.

   처음엔 한국어로 들어도 이해하기 어려운 시퀀스와 해부학을 영어로 듣는 것이 효과적일지, 고속도로 운전에 트라우마를 갖고 있는 내가 롱비치까지 이어지는 길고 긴 다리를 건널 수 있을지 꼬리에 꼬리를 물고 이어지는 걱정에 두려움이 앞섰지만 과정이 시작된 후엔 오히려 수업을 즐길 수 있었다. 내게는 같은 목적을 가진 18명의 친구들이 생겼고, 4달간의 여정 끝에 나는 오랫동안 바라오던 버킷 리스트를 이루게 될 것이었다. 요가 지도자 과정을 수강하며 일주일에 4번씩 롱비치를 오가는 생활이 계속되었고, 그러한 시간은 미국 생활이 끝을 향해 달려갈 무렵 나의 일상에 또 다른 생기를 불어넣어 주었다.

   그럼에도 수업을 완벽하게 숙지하기 어려웠던 내게는 선생님의 설명이 디테일하고 깊은 내용으로 이어질 때마다 어김없이 이해하기 어려운 순간이 찾아왔고, 그럴 때면 모든 상황이 절망적으로 느껴졌다. 친구들이 열심히 노트 필기를 할 때 선생님의 말씀을 이해하며 따라가기에도 벅찼던 나는 결국 필기를 포기하고 집중해서 듣기를 선택했는데 그럴 때마다 나를 버티게 해준 건 친구들이었다. 열심히 필기를 하던 친구들은 수업이 끝날 때마다 앞다투어 내게 노트를 내밀었고 그 덕분에 놓친 부분들을 따라갈 수 있었다. 그 중 유난히 내게 친절하고 따뜻했던 친구 Cindy에게 어느 날 고맙다는 문자를 보내자 이런 답이 돌아왔다. "I am here for you Jenny! I will always help and remember two-heads are better than one!" 정말이지 나는 인복이 많은 사람임에 틀림없었다.

그렇게 친구들의 도움을 받아 200시간의 긴 과정을 마칠 수 있었다. 그리고 한국행 비행기를 타기 3일전 우리는 멋진 드레스와 슈트를 차려입고 스튜디오 뒷마당에서 졸업식을 했다. 선생님께서 한 사람씩 호명하며 장미꽃 한 송이를 나누어 주시면 우리는 한 사람씩 앞에 서서 장미꽃을 마이크 삼아 그동안의 소회를 이야기했다. 드디어 내게 차례가 왔을 때 친구들 앞에서 이야기했다. "제가 이 과정을 시작할 때 이것을 정상적으로 마칠 수 있을거라고 상상하지 못했습니다. 수업에 올 때마다 많은 것이 혼란스러웠고, 늘 두려웠습니다. 하지만 제 곁에는 여러분이 있었습니다. 요가에 대한 모든 것을 새롭게 알려주신 선생님과 모든 순간 저를 도와준 친구들 덕분에 이 과정을 마칠 수 있었습니다. 고맙습니다."

요가를 할 때면 겸손해진다.
평생을 이고 다닌 내 몸조차 내 뜻대로 할 수 없다는 걸
매 순간 깨달으며 미물 같은 내 자신을 자각한다.

미처 귀 기울이지 못했던 나의 숨소리에 집중하다 보면
들숨과 날숨의 소중함에 대해 생각하게 된다.
작은 매트 위에 맨몸으로 서서 나와 마주하는 시간
잘 해내고 싶지만
내 맘처럼 되지 않는 순간들을
마주하는 것은 늘 괴롭지만
그럼에도 불구하고
이 시간을 진심으로 사랑한다.

금요일의 오일 페인팅

어느 월요일이었다. Kathy 언니가 Sandi와 내가 있는 문자 메시지 그룹방에 이미지 하나를 보내왔다. "Anyone wants to take this class with me?" 일주일에 한 번씩 매주 금요일 오전에 진행되는 오일 페인팅 클래스였다. 평소 그림 그리기를 좋아하는 Sandi는 1분도 채 되지 않아 바로 답장을 보내왔다. "Yes!!!" 날짜를 보니 4/14부터 6/2까지 진행되는 수업이었다. 나는 5/16 한국행 티켓을 예약한 상태였기에 수업을 듣는다 해도 몇 번의 수업을 빠져야 하는 일정이었다. 교육청에서 하는 수업이라 8회 수업에 $108로 수업료도 저렴한 편이었지만 완결성 있게 수업을 마칠 수 없다는 사실이 마음에 걸렸다. 게다가 귀국을 위해 큰 살림살이들을 정리하고 짐도 싸야 하는 상황이었기에 마음이 분주해 수업을 온전히 즐길 수 없을 것 같았다. 친구들에게 이런 이유로 참석이 어려울 것 같다며 내 몫까지 두 배로 수업을 즐겨달라는 답장을 보냈다.

곧 서연이를 데리러 갈 시간이 되어 정신없이 오후를 보냈고 오전의 일은 까맣게 잊고 있었는데 Kathy 언니에게서 전화가 걸려왔다. "Jenny, 내가 생각해 봤는데 이번에는 내가 조금 욕심을 부려야 할 것 같아. 지금 네가 귀국 준비하느라 바쁜 것 알지만 그러니까 더더욱 이 수업을 함께 들었으면 좋겠어. 이제 너와 얼굴 볼 수 있는 날도 얼마 남지 않았는데 오일 페인팅 수업을 함께 들으면 금요일마다 우리 만날 수 있잖아? 네가 한국으로 가기 전까지 정기적으로 얼굴도 볼 수 있고, 그림도 함께 배울 수 있어. 같이 해보자. 수업료도 저렴해서 수업을 끝까지 못 듣는다고 해도 충분히 괜찮은 가격이잖아. 다시 한 번 생각해 봐!" 평소 같았으면 내가 거절 의사를 전했을 때 쿨하게 그러라고 했을 언니였지만 이제 귀국이 가까워져 오는 만큼 함께 시간을 보내고 싶은 마음에 한 번 더 제안을 해오는 언니의 마음을 알기에 나도 마음이 흔들렸다. "알았어, 그렇게 할게! 금요일 마다 언니랑 Sandi 얼굴 보는 것만으로도 충분히 의미가 있어!"

그렇게 Kathy와 Sandi, 나 우리 세 사람은 금요일의 오일페인팅 수업을 듣기로 했다. 처음 오일 페인팅 수업을 하는 날, 우리는 아이들을 학교에 데려다주고 부지런을 떨어 수업 시간보다 이른 8시 30분에 만났다. 교실 앞 잔디밭의 커다란 나무 테이블에서 아침으로 먹을 샌드위치와 샐러드, 커피를 세팅해 놓고 마주 앉으니 꼭 소풍을 온 것 같았다. 이른 아침, 새들이 지저귀는 소리를 들으며 초록의 잔디밭에 앉아 있으니 마음이 설렜다. 아침을 함께 먹으며 이야기를 나누다 보니 어느새 수업 시간이 되어 교실로 들어섰다. 교실에는 대부분 할머니 분들이 앉아 계셨는데 연세는 많으시지만 모두 오랫동안 수업을 수강해 오셔서 수준급의 그림을 그리시는 베테랑 분들이셨다. 그림을 그릴 때마다 할머니들께서는 일주일간 있었던 이야기, 남편 흉보기, 아메리칸 아이돌 같은 TV 프로그램 이야기 등 다양한 주제로 수다를 나누셨는데 그런 할머니들의 이야기를 듣다 보면 너무도 귀엽고 사랑스러워서 나도 저렇게 나이 들었으면 좋겠다는 생각을 했다.

선생님은 일본계 미국인으로 처음 수업에 온 우리를 위해 재료 사용하는 법부터 붓을 다루는 법까지 하나하나 자세히 설명해 주셨는데 놀랍게도 수업에 필요한 모든 재료는 선생님께서 직접 제공해 주셔서 따로 준비해 갈 것이 하나도 없었다. 그렇게 수업에 출석해 두 번에서 세 번 정도면 작품 하나를 완성할 수 있는 커리큘럼이었다. 수업이 종강할 때쯤이면 적어도 3개 이상의 캔버스를 완성해 집으로 가져갈 수 있었다. 첫 수업에서 우리가 그려야 할 것은 꽃이었다. 선생님께서 미리 그려 놓으신 샘플을 보았을 땐 저걸 어떻게 그리지 싶었는데 차근차근 알려주시는 대로 따라가다 보니 조금씩 꽃의 형태가 잡혀갔다. 처음 캔버스를 앞에 두고 붓을 들었을 땐 마냥 당황스럽고 어색했는데 한 번, 두 번 색을 덧입혀 갈 때마다 완성되어 가는 그림을 보니 조금씩 용기가 생겼다.

서툰 붓질로 그림을 망칠 뻔한 순간도 여러 번 있었지만 오일 페인팅의 특성상 색을 덧입혀 수정할 기회가 몇 번이고 주어져서 그림을 되살릴 수 있다는 것이 그림을 그리는 내내 위안이 되었다. 매주 금요일 오전마다 친구들과 그림을 그리는 시간은 한국으로의 귀국을 앞두고 흔들리는 마음을 다잡을 수 있는 힘이 되어 주었다. 그림을 그릴 때마다 한국으로 돌아간 후 나의 일상도 그림 그리는 시간 같았으면 좋겠다고 생각했다.

그림 그리는 시간은
몇 번이고 혼자서 자책을 하다가도
괜찮아! 하고 스스로를 위로하며
다시 일어서게 하는 연습을 하게 해 주었다.

엄마의 이중생활

LA 특파원이 되다

　3년 전 유튜브가 한창 떠오르던 때 우리 같은 일반인에게도 유튜브 채널은 선택이 아니라 필수인 시대가 온 것 같다며 PD 출신 차장님께 편집 프로그램을 배운답시고 점심시간 마음 맞는 동료들과 회의실에 모였던 적이 있었다. 하지만 처음 보는 편집 프로그램은 마냥 어렵게만 느껴졌고, 나는 결국 그 추세를 따라잡지 못했다. 그렇게 유튜브는 다른 사람의 영역이라고 선을 그어 버린 지 오래였는데 미국에 온지 12개월 차에 접어들자 뒤늦게 이곳의 풍경을 기록해야겠다는 생각이 들기 시작했다. 그렇게 하지 않으면 후회될 것 같았다. 시간이 지나면 기억은 흐려질 것이고, 기록해 두지 않는 시간은 모두 허공으로 날아가 버릴 것만 같았다.

　그래서 소중한 장면들을 기억하기 위해 용기를 내보기로 했다. 다른 사람의 영역이라고 생각했던 유튜브 채널을 만들고 남편에게 "이러다 100만 유튜버 되서 회사 그만 두는거 아니야?"하고 의기양양하게 농담을 던졌지만 영상을 3개나 만들어 올렸는데 구독자는 18명, 그야말로 무반응이었다. 어렵게 모은 18명의 구독자도 남편과 가까운 친구들을 모두 가입시킨 결과였다. 유튜브 계정을 만들어 영상을 올리기만 하면 몇 백명의 구독자는 뚝딱 만들어지는 것인 줄 알았는데 그건 이 세계를 너무도 몰랐던 나의 착각이었다. 그래도 괜찮았다. 뒤늦게 미국에서의 시간을 기록해야겠다는 일념 하나로 편집 툴을 독학해 더듬더듬 만들어 올린 영상들을 보니 정말 뿌듯했다. 한국에 돌아가서 이 영상들을 다시 보게 된다면 그때의 우리를 기억할 수 있겠다는 생각에 보는 이가 없어도 힘이 났다.

영상으로 기록하기를 선택한 것은 그 누구도 아닌 나를 위한 것이었으니 첫 번째 구독자인 나를 위해 좌절하지 않기로 했다. 그렇게 업로드한 영상이 18개쯤 되었을 때였다. 영상 하나에 낯선 댓글 하나가 달렸다. "선생님 안녕하세요! SBS 모닝와이드 제작진입니다. 저희는 현재 〈코로나19 세계는〉이라는 코너에서 세계의 코로나19 상황과 현지 사건 사고에 대해 교민분들을 영상통화로 연결해서 청해 듣고 있는데요. 선생님께 현지 상황에 대해 듣고 싶어서 이렇게 댓글을 드렸습니다. 괜찮으시다면 답변 부탁드립니다." 구독자가 100명도 되지 않는 유튜버의 계정을 어떻게 알고 찾아온걸까? 생각지도 못한 손님에 잠시 당황했지만 왠지 재미있는 일이 벌어질 것 같았다. 나는 바로 댓글을 달았다. "안녕하세요! 멋진 제안 주셔서 감사합니다. 현지 소식을 전하는데 도움이 될 수 있다면 참여해 보고 싶습니다. 이후의 진행 절차에 대해 말씀 부탁드립니다. 감사합니다."

그렇게 나의 LA 특파원 생활이 시작되었다. 생각지도 않았던 이벤트였지만 SBS 모닝와이드의 한 코너를 통해 LA 현지 소식을 전하게 된 것이다. 나의 첫 번째 인터뷰는 코로나 현지 상황과 미국 북부에서 발생한 자연재해에 대한 것이었다. 작가님께서 질문지를 메일로 보내주시면 미리 숙지하고 답변에 대해 생각할 수 있는 시간이 주어졌다. 인터뷰 영상은 셀카봉을 이용해 내가 직접 찍기로 했다. 이후 작가님과 약속한 시간에 카톡 영상 통화를 통해 인터뷰를 했고, 이때 녹음만 나의 음성을 내가 보낸 영상에 붙여 방송에 내보내는 방식이었다. 생방송이 아니라 사전 녹화를 통해 편집하고 방송에 내보내는 방식이라 인터뷰 중 실수를 하더라도 수정할 시간이 주어졌고, 작가님과 PD님께서 친절하게 리드해 주신 덕분에 무사히 인터뷰를 마칠 수 있었다.

미리 알려주신 방송 날짜를 양가 부모님께 알려 드리니 기뻐하시며 방송을 꼭 챙겨보겠다고 하셨다. 이후 PD님께서 따로 보내주신 방송분을 통해 화면에 나온 내 모습을 보니 신기하기도 했고 어색해 쑥스럽기까지 했다. 방송에는 겨우 5분 정도 분량이 나갔지만 감사하게도 소정의 출연료도 보내주셔서 식구들과 모처럼 외식을 하기도 했다. 그렇게 단발성 인터뷰로 모닝와이드와의 인연은 끝인 줄 알았는데 감사하게도 한 달여 후 작가님께서 다시 연락을 주셔서 2차 인터뷰를 하게 되었다. 2차 인터뷰의 주제는 미국의 마약 실태에 대한 것이었다. 나도 미국에 오기 전 한국에 비해 마약을 접하기 쉬운 미국의 환경과 이로 인한 사고에 대해 걱정이 많았기에 살면서 보고 느낀 것들을 솔직하게 이야기했다.

이후 미국의 총기 사고에 대한 내용으로 진행한 3차 인터뷰를 끝으로 화려했던 LA 특파원 생활은 막을 내렸다. 미국 생활을 기록하기 위해 시작한 유튜브 채널이 쏘아올린 작은 공이 SBS모닝와이드의 인터뷰로 이어져 또 하나의 추억을 만들어 준 것이다. 팔로스 버디스의 해안가를 걸으며 셀카봉으로 인터뷰 영상을 촬영했던 순간, 다양한 주제에 대해 미국 생활을 하는 동안 보고 듣고 느낀 점을 이야기하던 시간, 백수 생활에 소소한 기쁨이 되어준 출연료로 식구들과 외식을 하던 기억 모두 지나고 보니 특별하고 소중한 추억이 되어 있었다.

교실 속 엄마 선생님

미국 학교에서는 부모들의 참여도가 높은 편이다. 학교 활동에 참여하는 가장 대표적인 형태는 PTA(Parent Teacher Association)라는 학부모회에 참여하는 것이다. PTA는 학교에 필요한 기금 마련을 위해 다양한 행사를 주관한다. 실제 아이의 학교에서는 PTA에서 아이스 스케이트장을 대여해 방과 후 아이들이 스케이트를 탈 수 있는 행사를 기획하고, 학교 기금 마련을 위해 현장에서 후드티, 모자, 가방 등 학교 로고가 새겨진 굿즈를 판매하는 다양한 행사를 진행했다. 특정 레스토랑이나 까페와의 콜라보를 통해 학부모들의 이용을 독려하고 당일 발생한 수익금 일부를 학교에 기부하는 등 모금 활동을 하는 형태까지 활동의 영역도 매우 다양했다.

PTA가 보다 조직적이고 능동적인 방식으로 학교 행사에 관여하고 참여하는 형태라면, 자원봉사는 개별적이면서 자유롭게 참여하는 방식이다. 엄마들의 재능에 따라 수업 시간에 일일 교사가 되어 미술, 체육, 재배 등 다양한 수업을 지도하고, 도서관의 사서로 봉사할 수도 있다. 선생님이 주관하시는 수업에 필요한 물품을 배분하거나 도움이 필요한 친구들을 보조하는 방식으로 돕기도 한다. 다양한 이벤트와 행사가 많은 미국 학교인 만큼 엄마들의 주도로 아이들이 즐겁게 참여할 수 있는 재미있는 레크리에이션 게임을 기획해 수업 시간에 진행하기도 한다. 그야말로 학교 활동에 참여하고 봉사하는 방식은 무궁무진하다.

미국에 온 초기 나는 미국 학교에서 엄마들의 참여가 이토록 활발하게 이루어지는지 몰랐다. 어느 날 학교 수업을 마치고 온 아이가 "엄마, 오늘은 Hezi 엄마가 선생님이었어. 그래서 Art Class에서 Hezi 엄마가 그림 그리는 걸 가르쳐줬어."하고 말해주었을 때 엄마들이 다양한 형태로 수업에 참여한다는 걸 처음 알게 되었다. 이후 시간이 흘러 3학년이 되면서 새 담임 선생님을 뵙고 일년 간 중심이 될 교육 철학과 학급 운영 방식에 대해 듣기 위하여 Back to School Night에 학교를 방문했던 날, 다양한 형태로 교실 봉사가 이루어진다는 점에 대해 자세히 알게 되었다.

자원봉사를 하지 않는 부모도 있었지만 당연히 봉사를 하는 것이 여러 면에서 아이에게 긍정적인 영향을 줄 것 같았다. 무엇보다 "엄마도 교실 선생님 했으면 좋겠다."는 아이의 말이 마음을 움직였다. 한국에서는 늘 바쁜 엄마였기에 미국에서 허락된 여유로운 시기, 마음속에 후회와 아쉬움이 남지 않도록 아이를 위해 어떤 방식으로든 헌신하고 싶은 마음이 들었다. 미국 학교에서의 자원봉사는 아이뿐만 아니라 내게도 특별한 경험이 될 것이었다. 자원봉사를 하기로 마음먹고 학교 사무실에 들러 어떻게 신청하면 되는지 문의하니 제출해야 할 서류들을 안내해 주었다.

자원봉사를 하기 위해서는 ① 결핵 검사 결과에 대한 의사의 서명, ② 지문 등록, ③ 범죄 이력 조회 결과, ④ 코로나 예방 접종 증명서 이렇게 4가지가 필요했다. 이중 문제는 결핵 검사였는데 미국 현지 보험을 갖고 있지 않은 내가 일반 병원에서 결핵 검사를 받을 경우 한화로 약 30만원 가까이 되는 검사료를 납부해야 했다. 몇 군데의 병원에 전화를 걸어 검사비를 문의해 보았지만 대부분 같은 답이 돌아왔다.

고민을 하다가 학교의 간호 선생님께 결핵 검사를 받기 위한 더 나은 방안이 없을지 문의드리자 감사하게도 함께 방법을 찾아봐 주셨다. 선생님께서는 직접 COMMUNITY HEALTH CENTERS(CHC)라는 곳에 전화를 걸어 나와 같이 보험이 없는 경우 검사비가 얼마나 발생하는지 확인하신 후 내게 가까운 센터의 주소와 전화번호를 적어 주셨다. 커뮤니티 헬스 센터는 저소득층과 준보험 가입자를 위한 1차 진료 기관으로 연방정부의 지원 하에 의학적으로 소외받는 사람들이 없도록 치료 서비스를 제공하는 의료 센터였다. 선생님께 전달받은 번호로 예약을 하고 방문일이 도래해 센터를 찾았다.

이곳 지역사회의 보건센터는 나와 같이 개인 보험이 없거나 미국에서 저소득층에 속하는 경우 가족 구성원의 숫자와 가계 소득에 따라 의료비를 적용하는 요금 차등 할인 프로그램을 운영하고 있었다. 이를 위해 방문 당일 개인정보를 위한 설문에 답해야 했는데 설문지에는 가족 구성원의 수, 수입 여부, 거주지 형태 등에 대한 질문들이 있었다. 설문지를 다 작성한 후 제출하자 데스크의 직원이 나와 같이 미국에서 수입 활동을 하지 않는 경우 이곳에서 어떠한 치료를 받더라도 $20 이상의 비용이 발생하지 않을 것이니 비용 부담 없이 검사를 진행할 수 있을 것이라고 말해주었다.

곧 나의 순서가 되어 진료실에 들어갔다. 주사 바늘로 소량의 약을 팔에 투여하고 이틀 후 피부에 나타나는 반응 검사로 결핵 검사 결과를 도출할 수 있다고 했다. 다시 이틀 후 검사 결과를 위해 센터를 방문했는데 놀랍게도 양성 반응이 나왔다. 한국에서 어릴 때 BCG 접종을 한 경우 양성 반응이 나오는 경우가 더러 있다고 했다. 더 정확하게 체크하기 위해서는 피 검사나 X-ray 검사를 해야 한다고 했다. 결국 3차 방문 예약을 해야 했는데 대기자가 많아 몇 주를 더 기다려야 했다. 오랜 기다림 끝에 다시 센터를 찾은 날, 센터에서는 명확한 검사를 위한 X-ray 촬영을 위해 다른 의료기관으로 배정을 할 뿐 그 곳에서 바로 촬영을 하는 것이 아니라는 것을 알게 되었다. 미국의 비싼 의료비에 비해 하루 최대 $20를 납부하는 것은 큰 혜택이긴 했지만 타 의료기관의 X-ray 촬영 예약 명목으로 $20를 또 납부해야 한다고 생각하니 조금 억울한 마음이 들었다. 그래서 병원 측에 그럼 오늘 지불한 의료비 $20는 어디에 사용되는 것인지 묻자 Arrange Fee라는 답이 돌아왔다. 혹시나 하는 마음에 "그럼 여기서 독감 예방 접종도 맞을 수 있나요?"라고 묻자 가능하다며 오늘 비용을 지불했기 때문에 원한다면 지금 맞고 갈 수 있다는 답변이 돌아왔다.

주부 본능이 발동한 나는 그 자리에서 독감 예방 접종을 맞겠다고 했고, 본래의 목적은 달성하지 못했지만 독감 예방 접종을 받고 집으로 돌아올 수 있었다. 그리고 다시 이틀 뒤 X-ray 촬영을 위해 센터에서 안내해 준 의료기관을 찾았다. X-ray 촬영비로 납부한 진료비는 $50였다. 또 다시 이틀 뒤 X-ray 결과 판독을 위해 처음 찾았던 센터를 방문했고, 다행히 음성이라는 결과지를 받을 수 있었다. 드디어 본래 목적대로 학교에 제출해야 할 종이에 결핵 검사 결과가 음성이라는 의사의 서명을 받을 수 있었다. 총 5차례의 센터와 병원 방문 그리고 방문할 때마다 납부한 총 진료비 $60, X-ray 촬영비 $50 이렇게 $110의 비용을 납부하였다. 보험 없이 일반 병원을 가는 것 보다는 훨씬 저렴하게 결핵 검사지를 받을 수 있었지만 두 달 가까이 되는 긴 시간을 기다리며 여러 번 걸음해야 했던 만큼 지난한 과정이었다.

 이후에도 지문 등록, 범죄 결과 조회 내용을 온라인 사이트에 등록하기 위한 절차로 애를 먹어야 했지만 결국 모든 절차를 마무리하고 학교로부터 자원봉사가 가능하다는 최종 승인을 받을 수 있었다. 마음만 먹으면 언제든, 누구나 자원봉사를 할 수 있을 줄 알았는데 생각했던 것보다 많은 절차가 필요했다. 혹시 모를 사고를 대비하여 아이들의 안전을 확보하기 위한 절차였기에 마음으로는 십분 이해를 하면서도 일련의 과정들을 거쳐야 하는 것이 스트레스로 다가와 도중에는 몇 번이나 포기하고 싶은 마음이 들었다. 전에는 이곳의 자연환경, 아름다운 하늘 같은 좋은 면들만 보아 왔다면 이번 일로 미국의 의료 시스템을 경험하며 실제 미국에 거주한다는 것은 이렇듯 많은 불편함을 감수해야 하는 일이라는 걸 피부로 느끼게 되었다.

 드디어 첫 자원봉사를 하는 날, 같은 반 엄마이자 친구인 Sandi가 미술 수업을 리드하기로 했다기에 조력자로 참여하기로 했다. 막상 아이의 교실에서 봉사를 한다고 생각하니 부담스럽기도 하고 잘 할 수 있을까 걱정도 되었다. 하지만 아이들에게 수업 재료를 나누어 주고, 잘 따라가지 못하는 친구가 있으면 곁에서 도와주는 간단한 일들이었기에 1시간 30분이 훌쩍 지났고 즐겁게 봉사를 마칠 수 있었다. 담임 선생님과의 학부모 상담이나 Back to School Night 같은 학기 초 이벤트가 아니면 아이가 공부하는 교실을 둘러볼 기회가 없었는데 수업이 진행되는 동안 교실 벽에 걸려 있는 아이들의 미술 작품과 에세이까지 읽어볼 수 있을 정도로 천천히 교실을 둘러볼 수 있었고, 아이로부터 이름만 들었던 친구들도 직접 만나볼 수 있어 좋았다. 무엇보다 아이가 학교에서 어떻게 지내는지 자연스럽게 학교 생활하는 모습을 지켜볼 수 있다는데 큰 의미가 있었다. 아이도 늘 친구의 엄마가 봉사하는 모습만 보다가 엄마가 직접 교실 선생님으로 봉사하는 모습을 보며 뿌듯해했다.

시작은 어려웠지만 이후로도 한 달에 한 번 계속해서 봉사를 이어갔다. 한국에서는 미국처럼 부모들의 참여를 요하는 활동이 많지 않았지만 언젠가 봉사를 해야 할 상황이 있다고 해도 다시 회사로 출근을 하게 되면 상황이 여의치 않을 수 있었기에 내게 허락된 시간동안 마음에 아쉬움과 후회가 남지 않도록 최선을 다하고 싶었다. 교실에서 아이와 눈을 맞추고, 아이가 공부하는 모습을 지켜보았던 기억은 아이와 나의 마음 속에 또 하나의 애틋한 추억이 되어 주었다.

무용한 것들에 대하여

여행자가 아닌 생활자로 미국에 살며 놀라웠던 점이 하나 있다. 바로 이들의 파티 문화였다. 내가 사는 아파트에서는 매주 금요일마다 파티가 열렸다. 집집마다 음식과 와인을 가지고 나와 같이 먹고 이야기 나누며 함께 시간을 보내는 문화. 우리 집 앞 수영장에서는 금요일마다 많은 이웃들이 모였는데 아이들은 아이들끼리 수영과 숨바꼭질을 하며 즐거운 시간을 보내고, 어른들은 어른들끼리 이야기 꽃을 피우는 시간이었다. 겨울을 제외한 모든 계절에 매주 금요일 오후 5시 무렵부터 시작된 파티는 자정까지 이어지곤 했다.

미국의 파티 문화 자체가 낯설게 느껴졌던 우리에게 금요일 밤은 피하고 싶은 날이었다. 낯선 이웃들과의 만남이 어색할뿐더러 영어로 소통해야 하는 상황이 부담스러웠기 때문이다. 하지만 아이의 친구들이 하나 둘 집 앞 수영장으로 나오기 시작하면 아이도 나가고 싶다며 우리의 손을 잡아 끌었다. 그 바람에 어쩔 수 없이 울며 겨자 먹기로 합류한 것이 시작이었다. 그렇게 한 번, 두 번 함께 하다 보니 나중에는 우리도 금요일 밤마다 자연스럽게 이웃들과 함께 나눌 음식을 준비하게 됐다. 불편했던 자리는 시간이 갈수록 즐길 수 있는 자리가 되어갔고, 낯설었던 얼굴도 점차 애틋하고 다정한 얼굴이 되어갔다.

정말 신기했던 건 이렇게 매번 반복되는 파티에 임하는 이들의 태도였다. 음악을 틀 수 있는 커다란 스피커, 테이블을 덮을 수 있는 예쁜 패턴의 테이블보, 집에서 직접 만든 과카몰리와 케이크, 아이스박스에 가득 담긴 각종 맥주와 와인까지 파티에 임하는 이들의 태도는 매번 진심이었고 그토록 정성스럽게 파티를 준비하는 모습은 경이롭기까지 했다. 도란도란 이야기 꽃만 피우면 다행인데 흥이라도 도는 날엔 아이, 어른 할 것 없이 댄스 배틀이 열리기도 했다. 늦은 밤 하늘 높이 뜬 보름달을 보며 이웃들과 이런저런 이야기를 나눌 때면 낯설기만 했던 미국 생활에 적응해 이렇게 어울리고 있는 내 스스로가 대견하다는 마음이 들기도 했고, 이렇게 즐기며 살 수도 있는데 우리는 왜 그렇게 바쁘게만 살았을까 싶은 생각이 들기도 했다.

금요일 밤 열리는 이웃들 간의 파티뿐만 아니라 아이 친구들의 생일에 초대받아 파티에 참석할 일도 자주 있었는데 상대적으로 소박하게 진행되는 한국에서의 생일 파티와 달리 미국 아이들의 생일 파티는 비교할 수 없을 만큼 성대하게 꾸며졌다. 미국 아이들의 생일 파티에는 헬륨 가스가 가득 주입된 색색의 풍선들, 사탕과 초콜릿 등으로 가득 채워진 커다란 피냐타(Pinata), 파티에 초대되어온 친구들이 돌아갈 때 감사의 의미로 들려 보낼 구디백, 별도로 초대한 마술사나 레크레이션 강사까지… 오직 이날 만을 위해 지난 일 년을 살아온 것처럼 최선을 다해 준비한 노력과 정성이 담겨 있었다.

친구들과 함께 보내는 소소한 시간조차 예외가 아니었다. 가볍게 차나 한 잔 같이 하자고 해서 나간 자리, 작은 공원 한 켠에서 만난 친구의 차 트렁크에는 온갖 피크닉 용품이 가득 담겨 있어 놀라기도 했다. 체크 문양의 예쁜 테이블 매트, 혹시나 바람이 불어 추울까 챙겨온 갖가지 문양의 비치 타월, 찻잔과 주전자, 각종 빵과 쿠키를 담을 도자기 접시까지 일상의 작은 시간조차 진심으로 최선을 다해 즐기려는 이들의 모습에 자주 마음이 일렁였다.

나는 늘 '이 다음에, 시간되면, 은퇴하면' 같은 말들로 행복을 미루곤 했었는데 이들은 생활 속에서 숨 쉬듯 순간의 행복을 누리고 있었다. 그것은 너무나 자연스러워 어떤 노력이 아닌 이미 생활 깊숙이 자리잡은 습관처럼 보였다. 가볍게 차나 한잔하러 나간 자리에서 친구가 준비한 완벽한 피크닉을 경험하고 왔던 날, 나는 친구가 무릎에 덮어주었던 것과 꼭 닮은 문양의 비치 타월을 하나 주문했다. 예뻐서 하나 정도 갖고 싶었지만 '쓸데없는 것'으로 치부했던, 그저 위시리스트에 지나지 않았던 아이템이었다. 아마존으로 주문한 비치 타월이 내 손에 들려졌던 날, 나는 보드라운 비치 타월을 거실 바닥에 펼쳐 보이며 남편에게 말했다. "그거 알아? 이런 무용한 것들이 우리 인생을 풍요롭게 하는 거. 나도 이제 이런 쓸데없는 거 다 하면서 살 거야. 우리 다음에 놀러갈 때 이 비치 타월 가지고 가서 테이블에 예쁘게 깔고 커피 마시자! 알았지?"

비치 타월 하나 사 놓고 인생을 운운하는 내게 남편은 그러자며 웃어 보였지만 내게는 실로 큰 결심을 공식화한 매우 중요한 순간이었다. 헬륨가스가 가득 주입된 색색의 풍선, 테이블 매트, 비치 타월, 피냐타 같은 것들은 내 인생에서 무용하다고 생각했던 것들이었지만 지독한 실용주의자였던 나의 가치관을 뒤집어 놓은 일종의 선언 같은 것이었다.

'행복을 미루지 말 것'
'최선을 다해 금요일 밤의 행복을 누릴 것'

미국 친구들이 가르쳐준 삶의 지혜였다. 지독한 실용주의자였던 나의 일상이 한번에 달라지진 않겠지만 조금씩 무용한 것들을 사랑해 보자고 다짐하는 순간, 입가에 미소가 번졌다.

LA 삼시세끼

한국에서 직장생활을 할 때 나는 일을 한다는 핑계로 요리에 소홀했다. 일주일에 한 번 손녀의 얼굴을 보기 위해 집에 들르시는 친정엄마의 손에는 항상 각종 반찬들이 들려져 있었고, 그렇게 엄마의 정성에 의지해 일주일을 살 때가 많았다. 당일 배송 서비스를 통해 쉽게 구할 수 있는 간편식들로 끼니를 해결하는 경우도 많았다. 생활이 바쁘다 보니 요리하는 즐거움도 몰랐고, 아이에게 건강한 음식을 먹이고 싶은 엄마의 마음과 간단하게 한 끼를 해결하고 싶은 자아의 충돌로 끼니마다 매번 죄책감에 괴로워해야 했다. 미국에 온 뒤 내게는 핑계거리가 없어졌다. 나는 더 이상 출근을 하지 않아도 되는 완벽한 백수였기 때문이다. 더구나 밖에서 외식을 하면 맛이 있든 없든 기본 $100 이상이 지출되어야 하는 살인적인 미국의 물가 덕분에 자연스럽게 우리집 식사는 집밥으로 전환되었다. 게다가 학생 신분으로 돌아간 남편도 집에 있을 때가 많다 보니 자의반 타의반 완벽한 삼시세끼의 세계로 들어서게 되었다.

갑자기 삼시세끼의 세계에 입문하게 된 나는 무엇으로 끼니를 차려야 할지 몰라 당황스러웠다. 주부 13년차라지만 끓일 줄 아는 건 김치찌개, 된장찌개, 미역국이 전부. 할 수 있는 밑반찬의 가짓수도 제한적이었다. 처음엔 할 줄 아는 익숙한 메뉴들로 끼니를 차리기 시작했다. 카레라이스, 김치볶음밥, 계란말이 그것도 안 되면 삼겹살이나 목살을 사다가 쌈채소에 곁들여 먹기도 했다. 그러나 총알은 금세 떨어졌다. "엄마 나는 이런 것 말고 새로운 것 먹고 싶은데!" 거짓말을 할 줄 모르는 아이의 솔직한 말에 나는 레시피를 검색하기 시작했다. 결국 한국에서 사다 먹거나 친정엄마의 정성으로 얻어먹던 반찬들을 직접 만들기 시작했다. 마트에서 사면 아이 손바닥만큼의 진미채 조림이 $10가 넘었지만 재료를 사다가 집에서 직접 하면 같은 값으로 2배가 넘는 양을 만들 수 있었다. 특별한 방도는 어디에도 없었다. 그저 하나씩 해보는 수밖에... 그렇게 하나씩 새로운 메뉴들을 시도해 나가다 보니 이전에는 꿈도 꾸지 못했던 잡채, 제육볶음, 돈까스, 탕수육까지 집에서 해내기에 이르렀다.

요리 꿈나무에게 좌절을 주고 싶지 않았던지 새로운 메뉴가 식탁 위에 올라올 때마다 식구들은 열렬히 환호해 주었고, 그러다 보니 어느 순간에는 요리가 즐겁게 느껴지기까지 했다. 그렇게 생활하다 보니 어느 순간 우리는 LA에서 집밥으로 삼시세끼를 해먹는 생활을 하고 있었다. 밥 때는 왜 이렇게 빨리 돌아오는지 밥상을 차리고 돌아서면 금방 점심시간이 되었고, 점심을 해먹고 숨 한 번 돌리면 다시 저녁 때가 되었다. 삼시세끼를 해먹는 것은 실로 고되고 어려운 일이었지만 그만큼 값지고 귀한 일이었다. 한국에서는 늘 급히 때우는 식사를 하는 경우가 많았는데 마트에서 직접 장을 봐온 재료로 조리해 식구들과 숟가락을 부딪쳐 가며 밥을 먹고 있으면 살아있는 것 같았다. 산다는 건 이런 것이구나 싶었다.

결국 다 먹고 살자고 하는 일인데, 끼니도 제대로 챙겨 먹지 못하고 늘 분주하게만 살았던 시간이, 과거의 우리가 안쓰럽게 느껴졌다. 건강한 음식을 같이 먹으며 서로의 하루를 나누는 시간, 우리의 삼시세끼는 당황스럽고 어려운 시간에서 점점 설레고 즐거운 시간으로 바뀌어 갔다. 다시 한국으로 돌아간다고 해도 조금 일찍 일어나 따뜻하게 국을 데우고 식구들과 마주 앉아 아침을 먹어야지, 저녁에는 다시 모여 숟가락을 부딪쳐 가며 서로의 하루를 나누어야지 다짐했다. 미국에 와서 삼시세끼를 해 먹으며 보낸 시간은 우리의 일상에서 정말 중요한 것이 무엇인지, 앞으로 어떻게 살아야 할지에 대해 많은 것을 생각하게 했다.

미국에서 친구 사귀기

　주변 지인 대부분은 미국에 사는 먼 친척이나 친구 한 명쯤은 있는데 애석하게도 우리에게는 미국에 사는 지인이 단 한 명도 없었다. 한국에서 직장생활을 하다가 남편의 석사과정을 위해 미국에 왔다고 하면 미국에서 만난 대부분의 사람들은 우리에게 "여기에 사는 친척이나 가족이 있으신 거예요?"하고 묻곤 했다. LA를 넘어 미국에 사는 지인이 한 명도 없다고 하면 어떻게 팔로스 버디스라는 곳을 알게 되었는지, 어떻게 모든 것을 정리하고 이곳으로 떠나올 수 있었는지 되묻곤 했다. 생각해 보니 정말 의지할 곳 하나 없이 우리는 혈혈단신 미국이라는 낯선 땅에 왔다.

　미국에 온 당일 이케아에서 사온 매트리스를 방 한가운데 덩그러니 두고 침대에 머리를 누였을 때 앞으로 이곳에서 어떤 일들이 펼쳐질까 상상이 잘 되질 않았다. 미국에 온 첫날 우리집이라고 부르기엔 낯설고 차갑게 느껴지던 공간은 자꾸만 생각을 많아지게 했다. 설상가상으로 다음 날에도, 그 다음 날에도 아파트 안에서는 마주치는 이웃조차 없어 큰 단지에 우리만 사는 것 같은 정적이 흘렀다. 집 앞에 위치한 수영장, 놀이터 모두 이상하리 만치 조용해서 아파트에 다른 이웃이 살기는 하는 걸까 싶었다. 알고 보니 미국에 도착한 12월 말은 크리스마스 시즌이었고, 개학 전 겨울 방학의 막바지에 있던 때라 대부분 가족끼리 시간을 보내기 위해 여행을 떠났거나 친척 집을 방문하는 시기였다. 그 후 우리도 미국에 도착한지 4일 만에 라스베가스를 시작으로 서부 로드 트립을 다녀왔고, 열흘 만에 다시 집으로 돌아왔을 땐 집 앞 곳곳에서 많은 이웃들을 만날 수 있었다.

짧은 여행을 마치고 일상생활이 시작되었을 땐 개들과 산책을 하며, 또 아이의 또래 친구들을 알아가며 자연스럽게 이웃들을 마주쳤다. 그리고 놀랍게도 미국에서 생활한지 5개월쯤 되었을 땐 나의 핸드폰에 미국에서 사귄 친구의 번호가 30개도 넘게 저장되어 있었다. 서로의 안부를 묻고, 얼굴을 마주하고, 커피를 마시며 수다를 떨 수 있는 이웃 혹은 친구라고 부를 수 있을만한 관계가 제로에서 서른 개가 넘게 생긴 것이다. 마음을 나눌 수 있는 친구를 만들어 가면서 정서적으로도 많은 부분이 안정되어 갔다. 처음 미국에 올 때 남편은 학생 비자라고 불리는 F1 비자, 아이와 나는 동반 가족에게 부여되는 F2 비자를 발급받아 왔는데 F2 비자는 공부도, 경제 활동도 할 수 없어 시체 비자라고 부르는 것이었기에 남편은 미국에 와서 아무것도 할 수 없는 내가 우울해하진 않을까 걱정되었다고 했다.

*그러나 남편의 걱정은
쓸데없는 것이었다.*

개를 키우는 반려인이자, 아이의 엄마이면서, 어덜트 스쿨로 매일 차를 끌고 밖으로 나가야 했던 나는 어쩌면 친구를 만들기에 최적의 조건을 갖추고 있었다. 개를 산책시키다 보면 우리와 같이 개를 키우는 다른 반려인들과 "얘는 몇 살이에요?, 남자예요 여자예요?, 무슨 종이예요?" 하는 것들을 묻고 답하며 자연스레 통성명을 하게 되는 경우가 많았는데 나탈리도 그렇게 만나게 된 친구 중 하나였다. 나탈리는 우리의 둘째 강아지 마음이와 나이도, 크기도 꼭 닮은 알로라는 개를 키우고 있었는데 마음이를 산책시키기 위해 집 앞 공원을 찾을 때마다 알로를 산책시키러 나온 나탈리와 우연히 마주칠 때가 많았다.

알로와 마음이는 크기도 나이도 비슷해서인지 신기하리 만치 잘 어울렸고, 나탈리와 나 역시 대화가 잘 통했다. 나탈리는 처음 미국에 온 내게 인근의 한인마트, 아파트 시설 이용법 등을 알려주며 늘 내게 무엇 하나라도 더 도움을 주려고 했다. 끝내 우리는 일주일에 한 번씩 서로를 집으로 초대해 저녁을 함께 하기에 이르렀고, 나탈리 또는 우리 가족 중 한쪽이 여행을 떠날 때는 서로의 개를 돌봐주며 완벽한 파트너십을 자랑했다. 언젠가부터는 일부러 산책 시간을 맞춰 이틀에 한 번은 얼굴을 마주할 만큼 가까워졌다. 어느새 나의 미국 생활에 나탈리라는 이름은 빼놓을 수 없는 소중한 존재가 되어 있었다. 누구에게나 편견 없이 대하고, 진심으로 친절을 베푸는 나탈리 덕분에 미국 생활 초반 어디에서도 물어볼 수 없었던 많은 에러 사항을 해결할 수 있었고 외롭지 않은 시간을 보낼 수 있었다.

아이를 통해서도 소중한 인연들을 만날 수 있었다. 아파트 내에서 우리집은 수영장 바로 앞에 위치해 있다 보니 방과 후 수업을 마친 아이들이 수영장에 놀러 나오면 친구가 그리웠던 아이도 항상 같이 놀기를 원했다. 한국에서 열 살쯤이면 집 앞 놀이터 정도는 혼자 나가 노는 경우가 많은데 미국에서는 만 12세까지 어디를 가든 부모 동행이 필수였다. 아무리 발코니에서 바로 아이를 지켜볼 수 있는 환경이라 해도 반드시 부모가 동행해야 했다. 그렇다 보니 아이가 친구와 놀고 싶어 하면 나도 함께 나가 놀이가 끝날 때까지 자리를 지켜야 했다. 결국 자연스럽게 아이들을 따라 나온 다른 부모들과 서로의 이름을 묻고, 인사를 하며 통성명을 하는 경우가 많았다. Kathy, Jen, Sandi, Gladys, Jennifer, Olga와 같은 친구들 모두 같은 아이의 엄마로, 이웃으로 인연을 맺게 된 소중한 친구들이었다. 아이들은 일주일에도 몇 번씩 학교 수업을 마치면 가방을 벗어 던지고 수영장에 나와 놀았다.

그렇게 계속해서 얼굴을 마주하며
우리는 이웃에서 친구가 되어갔다.

사실 처음에는 매일 마주쳐야 하는 이웃들과 영어로 소통해야 하는 것이 너무 큰 스트레스였다. 머릿속으로 하고 싶은 말이 있어도 입으로는 잘 나오지 않았고, 생각이 정리되지 않아 진땀이 날 때가 많았다. 빠르게 말하는 네이티브의 영어를 알아듣기 힘든 때도 많았다. 그러나 신기하게도 이방인에서 이웃으로, 이웃에서 친구로 관계가 변해가면서 어느 순간부터는 모든 대화가 편안하게 느껴지기 시작했다. 나의 영어에 특별한 발전과 드라마틱한 변화가 있었던 것도 아니었다. 나라는 사람과 언어 수준은 동일

했지만 변화된 관계 속에서 더 이상 긴장을 하지 않게 된 것이다. 여전히 알아듣지 못하는 말도 있었고, 영어로 말을 할 때 실수도 많았지만 친구들은 언제나 미소 띤 얼굴로 고개를 끄덕여 주었다. 함께 비운 와인이 몇 병이었을까? 미국에 온 후 세 달쯤 된 뒤부터는 따로 약속을 하지 않아도 매주 금요일마다 수영장에 모여 집집마다 준비해 온 음식을 나누며 밤늦도록 파티를 했다. 만날 때마다 아이 양육에 대한 고민에서부터, 미국 생활에서 느끼는 고충, 한국으로 돌아가서의 삶에 대한 걱정까지 시간 가는 줄 모르고 이야기를 나누다 보면 어느덧 해가 뉘엿뉘엿 지고 있을 때가 많았다.

개떡같이 말해도
찰떡같이 알아듣는 기지로
나를 온전히 이해해 주는 친구들이 있었기에
나는 점점 더 수다쟁이가 되어갔다.

어덜트 스쿨에서도 좋은 친구들을 많이 만날 수 있었다. 이곳에서는 나와 같이 영어를 공부하기 위해 온 친구들이 많았다. 미국에 와서 영어 울

렁증으로 마음이 조급했던 나는 두 곳의 어덜트 스쿨을 다니며 월요일부터 금요일까지 매일 열심히 출석했다. 나와 같은 외국인들이 언어를 위해 학교를 찾은 만큼 이곳에서는 한국, 일본, 중국을 비롯해 스위스, 독일, 이란, 우크라이나까지 다양한 나라에서 온 친구들을 만날 수 있었다. 엘, 마나미, 쉐리, 시몬, 클라라, 타티아나, 료코, 나미꼬, 크리스티나, 피오나 모두 어덜트 스쿨에서 만난 친구들이었다. 우리는 수업이 끝난 후 각자의 집으로 서로를 초대하기도 하고, 카페 데이트를 하기도 하며 자연스럽게 가까워져 갔다. 각자 준비해 온 음식을 공유하는 포틀럭 파티를 하거나 가까운 해변으로 피크닉을 가기도 하며 특별한 추억을 만들었다. 어덜트 스쿨에서 만난 친구들과는 언어로 인한 어려움, 미국이라는 나라에서 외국인으로서 생활에 적응해 가는 고충 등 공감대가 많았기에 서로를 응원하며 더욱 빠르게 가까워질 수 있었다.

어덜트 스쿨에서의 수업은 기대와 다르게 흘러갈 때도 많아 실망스러울 때도 있었고, 생각처럼 잘 늘지 않는 언어에 마음이 조급해질 때도 있었지만 이곳에서 만난 친구들만큼은 내게 가장 큰 수확임에 틀림없었다. 이렇게 만난 소중한 인연 덕분에 이제 나는 스위스에도, 이란에도, 독일

에도, 일본에도 나의 친구가 있다고 말할 수 있게 되었다. 언제나 잘하고 있다고, 잘할 수 있다고 말해주는 친구들이 있었기에 때때로 찾아오는 슬럼프에도 마음을 다잡으며 낯설고 어렵게만 느껴졌던 많은 순간들을 씩씩하게 헤쳐 나갈 수 있었다.

✱ 나탈리의 편지

> 5.16.23
>
> Jenny,
>
> Where to begin? A year and a half ago you, Minho, Bailey, Maum and Choco walked into my life. It was destiny that we were supposed to be forever friends. I'm so glad that Ayana was where you called Home during your stay. Imagine if you were living somewhere else? Then we never would have met! But thankfully that was not the case at all.
>
> Thank you for letting me be such a huge part of your stay! Being able to include you in my life was such an honor. You enjoying my dinners, game nights, pumpkin carving, watching my sweet little Arlo, Christmas, Valentines Day, yoga in the park, running in the mornings and everything else always brought my heart and soul so much happiness. You including me in your pictures and videos gave me a sense of belonging. I will always cherish the moments we had together.
>
> Your family is special, unique, one of a kind and truly inspirational. Your drive to see the world, learn, explore is captivating and one I want to model when I have a family of my own with Ryan. You're such a smart, beautiful, kind, sweet and loving soul. I will miss you so much. You're a great cook and now the Best UNO player!
>
> Thank you for everything! Thank you for loving Arlo as one of your own. Thank you for trusting me. Thank you for the happiness. Thank you for your friendship. Thank you for the memories. Thank you for everything! I love you so much!
>
> Until we see eachother again,
> I love you!
> Natalie & Arlo

어디서부터 시작해야 할까?
1년 반 전 너와 민호, 베일리, 마음이와 초코가 내 인생 속으로 걸어 들어왔어.
우리는 영원한 친구가 되기로 정해진 운명 같았어.
나는 너희가 미국에 머무는 동안 Avana를 집이라고 부를 수 있었다는 것에 감사해.
만약 네가 다른 곳에 살았더라면 어땠을지 상상해봐!
그랬다면 우리는 결코 만나지 못했을거야. 감사하게도 그런 일은 일어나지 않았지.

네가 머무는 동안 내가 네게 큰 의미가 될 수 있었음에 감사해.
내 인생에 네가 있었던 것은 정말 영광스러운 일이었어.
너와 함께 저녁을 먹고, 밤마다 게임을 하고, 펌킨 카빙을 하고, 나의 사랑스런 알로를 만나고, 크리스마스와 발렌타인데이를 함께 보내고, 공원에서 요가를 하고, 아침 러닝을 했던 모든 순간들은 내 마음과 영혼에 너무도 많은 행복을 가져다주었어.
네가 사진들과 영상들 속에 나를 담아주었던 것은 내게 소속감을 주었어.
나는 항상 우리가 함께했던 순간들을 소중하게 간직할거야.

너의 가족은 정말 특별하고, 유니크하고, 친절하며, 영감을 주는 사람들이었어.
너희 가족이 세상을 보고, 배우고, 탐구하려는 열정은 매혹적이었고, 언젠가 내가 라이언과 가정을 꾸렸을 때 롤모델로 삼고 싶었던 모습이었어.
너는 정말 똑똑하고, 아름답고, 친절하고, 달콤하며, 사랑스러운 영혼이야.
나는 네가 정말 많이 그리울거야.
너는 훌륭한 요리사고 지금 그 자체로 최고의 UNO 플레이어야!

모든 것에 감사해. 너의 가족처럼 알로를 사랑해줘서 고마워.
나를 믿어줘서 고마워. 네가 내게 준 행복에 감사해. 너의 우정에 감사해.
우리가 함께한 모든 기억에 감사해. 네가 내게 해준 모든 것에 감사해.
내 마음을 다해 너를 사랑해.

우리가 다시 만날 때까지
사랑을 담아.
나탈리 & 알로!

쉽지 않은 미국살이, 우리들의 루저 배틀

돌이켜 보면 미국에 온 후 처음 한 달은 우리 부부에게 참 힘든 시간이었다. 한국에서 미리 계약하고 온 집과 선택한 동네는 더없이 마음에 들었고, 차량 및 생활을 위한 전반의 셋팅 역시 문제없이 진행되었으며, 아이도 학교에 잘 적응해 가고 있었기에 표면적으로는 모든 것이 무탈한 듯 보였다. 그러나 사실 남편과 나는 모두 극심한 스트레스에 시달리고 있었다. 스트레스의 가장 큰 요인은 언어였다. 남편은 영어로 듣고, 말하는 것에 문제가 없을 만큼 영어 실력이 좋은 편이었고, 나도 특유의 뻔뻔함으로 부족한 언어에도 불구하고 일상생활을 하는 데는 지장이 없을 정도의 소통은 할 수 있었지만 여행이 아닌 일상에서 행정 처리가 필요한 모든 과정을 영어로 해야 하는 것은 우리 모두에게 도전이었다.

일례로 USC(University of Southern California)에서 첫 수업을 하던 날, 집에 돌아온 남편은 나라 잃은 얼굴을 하고 있었다. 첫 학기 수강 신청한 모든 과목에서 유일한 한국인 학생이었던 남편은 숨도 쉬지 않고 말하는 듯한 네이티브들 사이에서 정신이 혼미해졌다고 했다. 한국과는 다르게 미국은 수업 참여도를 매우 중요시하는데 속사포처럼 쏟아내는 네이티브들의 말을 따라가기도 힘든 상황에서 단 한 번도 자신의 의견을 피력하지 못한 채 수업이 끝나버리니 앞으로 이 과정을 제대로 마칠 수 있을지 자괴감이 들었다고 했다.

미국에 오기 전 앞서 유학 생활을 경험했던 어떤 팀장님께서 현지에 가면 상상했던 캠퍼스 라이프를 기대하기는 어려울 것이라며 실제 국제 학생을 잘 끼워주지도 않는 분위기이다 보니 토론에 참여하는 것 자체가 힘들어 초반에는 충격과 상실감이 클 것이라고 말씀해 주셨다는데 직접 경험한 수업 분위기는 그 이상이라고 했다. 조언을 해주셨던 팀장님은 서울대 출신에 언어학을 전공하신 분이었는데도 불구하고 발표할 때 수십 가지 질문과 답변을 준비해 들어가도 예상치 못한 질문이 나올 때마다 매번 당황해 준비한 내용의 10분의 1도 선보이지 못한 채 돌아온 적이 허다했다고 했다. 경험담에서 해주신 조언에 감사함을 느끼면서도 나름 자신감을 가지고 있던 남편은 첫 수업에서 모든 것이 무너져 버렸다며 앞으로의 수업을 어떻게 이어가야 할지 막막하다고 했다.

나는 나대로 남편이 학교에 가고 나면 일찍 하교한 아이를 데리고 코딩 학원으로, 축구 교실로 라이딩을 해야 했는데 10여 년 전 한국의 고속도로에서 큰 사고를 경험한 뒤로 운전 트라우마를 갖고 있던 내게는 길도 익숙하지 않은 미국에서 운전대를 잡아야 하는 상황 자체가 공포였다. 운전대만 잡으면 식은땀이 나고 숨을 쉬는 것조차 어렵게 느껴질 정도였다. 게다가 정착 초반 심심해하는 아이를 위해 친구를 만들어 주려고 방과 후 놀이터로, 수영장으로, 아파트 커뮤니티 시설로 또래 친구들을 찾아다니곤 했는데 친구들의 엄마나 아빠를 만날 때마다 반드시 거쳐야 하는 첫 만남의 아이스 브레이킹 과정이 몹시 부담스러웠다. 무엇보다 '완전하지 않은 나의 언어가 이들에게 어떻게 보여질까?' 하는 생각에 대화를 나누고 집에 돌아오면 머리를 쥐어싸고 실수를 곱씹을 때가 많았다. 그중에서도 가장 힘들었던 건 학교나 학원에서의 행정적인 문제로 잦은 소통을 요하는 상황들이었다. 혹시나 내가 잘 알아듣지 못해 놓치거나 나의 필요를 잘 전달하지 못해 불이익이 생길까 봐 매 순간 극도로 신경을 곤두세우고 집중해야 했다. 그런 일련의 과정들 속에서 괴리감을 느끼는 순간이 많았고 자존감은 점점 낮아져 갔다.

어떤 하루는 '우리 무탈하게 잘하고 있어' 싶다가도 어떤 하루는 잠들기 직전까지 이불 킥을 하며 루저 배틀을 하기에 바빴다. 미국에서 운전면허를 따는 것도, 학교를 다니는 것도, 하다못해 아이의 학원 등록, 공과금 납부 등 생활을 위해 해야 하는 모든 일들이 처음이다 보니 마치 다시 어린아이가 된 것 같았다. 그토록 꿈꾸었던 해외에서의 1년살이였는데 현실은 우리가 생각했던 것보다 고단하고 어려웠다. 여행이 아닌 삶은 너무도 현실적이어서 일상이 유지되기 위해 반드시 맞닥뜨려야 할 많은 숙제들이 늘 우리를 기다리고 있었다. 그런 숙제 같은 과정들은 더 이상 이것이 여행이 아니라는 사실을 우리에게 상기시키곤 했다.

그러나
완전하지 않은 하루들 속에서도
시간은 흘러갔다.

그러는 사이 우리도 현실 적응을 위한 나름의 노하우를 터득해 갔다. 남편은 랩을 하듯 빠르게 말하는 원어민들 사이에서 교수님께 한 번이라도 질문을 하기 위해 한창 토론이 진행되는 타이밍이 아닌 수업 초반 먼저 손을 들고 말하는 방식으로 전략을 취하기 시작했다. 나도 아이의 친구 부모들을 만나기 전 해야 할 이야기를 미리 생각하거나 연습해 두었다가 자연스럽게 이를 활용하는 방식으로 스몰 토크의 두려움을 이겨 나갔다. 매일 다니는 길이 익숙해질수록 운전대를 잡는 것도 편안해져 갔고, 한 달쯤 지나서는 음악을 들으며 경치를 즐길 수 있을 만큼 운전에도 여유가 생겼다. 초반 과도하게 몰렸던 행정 처리도 차츰 정리가 되어갔고, 이따금 아이의 학교나 아파트 관리 사무실에서 전화가 걸려오더라도 처음처럼 당황하지 않게 되었다. 가랑비에 옷 젖듯 시간이 지날수록 부담스럽게만 느껴지던 상황들이 조금씩 편안하게 느껴지기 시작했다.

신기하게도 그렇게 딱 한 달이 지나자 힘들게만 느껴졌던 일상의 많은 순간들이 새롭게 다가오기 시작했다. 그림 같은 풍경이 눈에 들어오기 시작했고, 낯설기만 했던 이웃들이 정답게 느껴지기 시작했다. 캘리포니아의 화창한 날씨가 따뜻하게 느껴졌고, 두렵다는 마음보단 잘해볼 수 있겠다는 마음이 커져갔다. 그렇다고 미국에 온지 한 달 만에 우리의 영어 실력이 드라마틱하게 향상되었다거나 특별한 사건이 있었던 것은 아니었다. 모든 것은 그대로였지만 단지 우리의 마음가짐과 태도가 바뀌었던 것이다.

돌이켜보면
우리가 힘들었던 *까닭*은
'잘하고 싶은 마음' 때문이었다.

욕심을 버리고 있는 그대로 우리의 상황을 받아들이자 모든 것이 편안하게 느껴지기 시작한 것이다. 입장을 바꿔 한국에 온 외국인이 한국말을 한다고 해서 우리가 그들에게 완벽한 한국어를 기대하진 않을 것이다. 우리가 외국인이고 이방인인 것은 명백한 사실이었다. 영어를 완벽하게 하지 못하는 건 어쩌면 당연한 일이다. 무엇보다 LA에는 너무도 다양한 인종이 살고 있기 때문에 이곳에 살고 있는 현지인들은 우리의 서툰 언어를 이해하지 못할 리도 없었다. '할 수 있는 만큼 노력하되 실수했다고 자책하지 말자' 그렇게 마음을 먹고 생활한지 두 달쯤 되자 모든 것이 축복처럼 느껴졌다. 나를 괴롭히는 적은 내 마음속에 살고 있었던 것이다. 모든 것은 마음먹기에 달렸다는 단순하고 위대한 진리를 낯선 땅에 와서 다시 깨달아 가는 우리였다.

그렇게 루저 배틀은 끝이 났다.

포기할 수 있는 것과 포기할 수 없는 것

살다 보면 없으면 없는 대로 살아지는 것들이 있는가 하면 없어서는 안 되는 삶의 우선순위로 두게 되는 것들이 있다. 우리의 미국 생활에서 포기할 수 있는 것과 포기할 수 없는 것은 무엇이었을까? 미국으로의 이주를 준비하며 가장 먼저 내려놓았던 것은 물욕이었다. 국내가 아닌 국외로 거주지를 이동하는 큰 이사를 앞두고 기존에 있던 짐을 버리고 가져가야 할 짐을 꾸리면서 우리는 짐의 수량이 제한되어 있다는 사실을 몇 번이고 자각해야 했다. 한국에서 사용하던 가구나 전자제품들을 가져가지 않고 최소한의 짐만 챙겨 미국으로 가기를 결정하고 꼭 필요한 것들만 기내 수하물의 허용 기준에 따라 꾸리기로 마음먹었는데도 짐을 싸는 것은 정말 어려운 일이었다.

　꼭 필요한 것들만 챙긴다고 신중하게 짐을 꾸렸는데도 세 사람의 옷만으로 캐리어 몇 개가 금세 채워졌다. 한국에서 결혼식이나 중요한 행사가 있을 때 입던 정장, 트렌치 코트 같은 것들은 사치였고, 매일 입을 멜빵바지와 요가복, 캘리포니아의 뜨거운 햇빛을 가려줄 모자 같은 것들이 우선순위가 되었다. 많은 것들을 담았다 빼기를 반복한 결과 세 사람과 두 마리 개의 1년살이를 위한 짐은 커다란 캐리어로 7개가 꾸려졌다. 7개의 캐리어에 담긴 물건 만으로도 삶이 지속될 수 있다는 사실이 놀라웠다. 그렇게 우리의 첫 번째 내려놓음은 미국으로의 이주를 위한 짐에서부터 시작되었다.

　미국에 와서 두 번째로 내려놓은 것은 사회에서 불리던 이름이었다. 뛰어난 재주는 없었지만 스스로의 부족함을 일찍이 알았던 덕에 노력했던 시간이 쌓여 대기업에 다니는 이차장이라고 불릴 순 있었는데 미국에서 나는 학생도, 직장인도 아니었다. 이곳에서는 어디에도 속해 있지 않은 이방인일 뿐이었다. 그러나 어쩌면 아무것도 없었기 때문에 미국에서 존재하던 모든 순간 오롯한 나로 살 수 있었다. 직책도, 직함도 없이 오직 내 이름만으로 사람들을 만나고, 새로운 관계를 만들어 가며 나만의 소소한 행복을 느낄 수 있었다.

　이렇게 내려놓을 수 있었던 반면 포기할 수 없었던 것들도 있었다. 포기할 수 없었던 첫 번째는 반려견들이었다. 아이들과 함께 미국행을 택하는 것은 나이가 많은 13살 초코와 잔병치례가 많은 마음이를 생각할 때

적잖이 부담되는 일이었지만 아이들이 없는 우리의 삶은 상상하기 힘들었다. 초코와 마음이는 우리에게 반려견 이상의 없어서는 안 되는 존재들이었기에 많은 리스크가 예상되었음에도 함께하기로 결정했다. 결과적으로 아이들과 미국행을 택한 것은 최고의 선택이었고, 아이들 덕분에 우리는 잊지 못할 기억들을 더 많이 만들 수 있었다.

미국 생활에서 포기할 수 없었던 또 다른 한 가지는 경험이었다. 우리는 남편의 학생 비자로 미국에 체류했기 때문에 남편과 나의 신분으로는 어떠한 경제 활동도 할 수 없었다. 경제적 활동 없이 소비만 하는 생활은 자주 우리를 불안하게 했다. 하물며 한국보다 배에 달하는 생활비는 반복되는 일상 속에서 우리를 작아지게 만들었다. 예쁜 액자나 러그 같은 인테리어 소품을 봐도 지금의 재정 상태를 생각하면 사치스럽게 느껴졌다. 하고 싶은 모든 것을 다 갖추고 사는 것은 욕심이었기에 침대도 프레임 없이 매트리스만 구입하여 사용하는 등 꼭 필요한 것들로만 간소화하여 생활했다. 집에는 식구 수만큼의 수저와 컵, 접시가 있었다. 마트에 갈 때마다 '이게 우리에게 꼭 필요할가?' 두 번 세 번 생각하며 장바구니를 채웠다. 그럼에도 불구하고 경험은 포기할 수 없었다.

미국에 사는 동안 아이가 배우고 싶은 것, 해보고 싶은 것이 있다고 하면 비용에 관계없이 가급적 경험할 수 있도록 해주었다. 덕분에 아이는 미국에서 아이스 스케이트, 코딩, 미술, 수영, 축구, 소프트볼과 같은 여러 활동을 통해 많은 것들을 배우고 경험할 수 있었다. 칸쿤이나 캐나다, 포틀랜드, 샌프란시스코, 시애틀 등 미국 내 많은 도시로 여행하면서 새로운 경험을 쌓는 일에는 과감히 투자했다. 그것이 우리가 모든 세간살이를 정리하고 이곳에 온 이유이기도 했다. 다시 과거로 돌아간다고 해도 같은 선택을 할 것이다. 무엇을 소유하고자 하는 욕구, 사회적으로 불리우는 이름, 명함 따위는 내려놓고 가족과 함께 경험하기를 선택할 것이다. 그것이 길지 않은 우리의 인생을 더욱 가치 있고, 풍요롭게 만드는 것이라 믿기 때문이다.

다섯 번째

여행자의 시간

—— 여행을 일상처럼, 일상을 여행처럼

미국 서부 로드 트립

— 반짝이는 라스베가스

미국에 와서 3일간 생활을 위한 기본적인 셋팅을 마치고 라스베가스로 출발했다. 시차 적응도 되지 않은 상태였지만 크리스마스 시즌에 아파트에 남아서 할 수 있는 것은 많지 않았다. 1년의 거주 기간을 생각했을 때 남편과 아이가 학교에 다닐 기간을 제외하면 방학을 이용해 여행을 할 수 있는 시간이 많지 않았기에 조금 무리일지라도 우리는 입국 4일 차에 서부 로드 트립에 도전해 보기로 했다.

팔로스 버디스에서 약 4시간을 달리자 광활한 사막을 지나 반짝이는 라스베가스가 보이기 시작했다. 남편은 어렸을 때 부모님과 함께 방문한 적이 있다고 했지만 아이에게도 내게도 라스베가스는 처음이었다. 지루할 정도로 반복되던 사막을 지나 라스베가스로 들어서자 높게 솟은 건물과 네온사인이 가득한 상반된 풍경이 펼쳐지기 시작했다. 체크인을 하기 위해 들어선 호텔 코스모폴리탄은 초입에서부터 화려한 카지노가 눈을 사로잡았다. 라스베가스에 위치한 호텔들의 주 수입원은 숙박이 아닌 게임에 있는 만큼 깔끔하고 쾌적한 컨디션에 비해 숙박비는 저렴한 편이어서 며칠간 쌓인 피로를 풀기에 만족스러웠다. 해가 저문 뒤 라스베가스의 밤은 더욱 화려하게 빛나기 시작했다. 초코와 마음이에게 리드 줄을 채우고, 배낭에 마실 물을 넉넉히 담아 밖으로 나갔다.

*밤의 축제가
시작된 것 같았다.*

한쪽에서 화려한 분수 쇼가 끝나면 다른 한쪽에선 불꽃놀이가 시작되었다. 우리는 다리가 아픈 줄도 모르고 라스베가스의 밤 거리를 걸었다. 반짝이는 화려한 조명과 불빛이 너무 예뻐서 연신 사진을 찍었다. 한참 동안 아이들의 사진을 찍다가 벨라지오 호텔의 분수 쇼, 미라지 호텔의 화산 쇼, 플라밍고 호텔의 플라밍고들, 패리스 호텔의 에펠탑과 개선문까지 모두 돌아본 후에야 배가 고프다는 사실을 깨달았다. 그러나 아이들과 저녁을 먹기 위해 미리 후기를 확인하고 고심해서 찾아간 레스토랑에서 예상치 못한 난관에 봉착했다. 야외 테라스가 있는 식당이었는데도 불구하고 애견 동반 식사는 안된다는 것이었다.

찾는 레스토랑마다 번번이 반려견 출입이 제한된다는 말을 듣다 보니 우리의 질문은 "자리 있나요?"에서 "애견 동반 가능한가요?"로 바뀌었고 레스토랑의 후기와 상관없이 야외 테라스에 한해 애견 동반 식사가 가능하다는 햄버거 가게에 겨우 앉아 메뉴를 주문할 수 있었다. 무슨 운명의 장난인지 어렵게 찾은 가게 테라스에 엉덩이를 붙이고 앉자마자 세찬 바람과 함께 비가 내리기 시작했다. 입국 4일 차에 시차 적응도 안 된 상태에서 4시간을 넘게 달려온 우리는 비를 맞으며 추위 속에서 첫 저녁식사를 마쳤다. 고맙게도 초코와 마음이는 우리가 식사를 마칠 때까지 테이블 밑에 배를 엎드리고 앉아 얌전히 기다려 주었다. 이제 겨우 여행의 첫날이 시작되었을 뿐인데 혼이 다 빠져나간 듯했다. 그리고 거짓말처럼 식사를 마치자 세차게 내리던 비도 멈췄다.

늦은 저녁 식사를 마친 시간은 저녁 9시가 다 된 시간이었지만 왠지 호텔로 바로 돌아가고 싶지가 않았다. 라스베가스의 밤을 더 즐기고 싶은 마음에 거리의 예술가들이 들려주는 노래와 기타 연주를 한참이나 듣다가 자정이 다 되어서야 호텔로 돌아왔다. 많이 걷고 지친 탓인지 따뜻한 물로 샤워를 마치고 침대 위에 눕자마자 아이들은(서연이, 초코, 마음이) 약속이나 한 듯 코를 골며 자기 시작했다. 자정이 다 된 시간 창 밖으로는 벨라지오 분수 쇼의 마지막 공연이 시작되고 있었다. 며칠 전만 해도 한국에서 출근을 하고, 출국 준비에 발을 동동거리며 정신없는 일상을 살고 있었는데 팔로스 버디스에 살림을 꾸리고, 라스베가스로 여행을 와 있다니 마치 순간 이동을 한 듯 모든 것이 비현실적으로 느껴졌다. 몸은 피곤했지만 이상하게 신이 났다. 아주 오랜만에 느껴보는 설렘이었다.

─ 아홉 살의 크리스마스 여행

라스베가스로 떠나오기 전 서부 쪽은 사막 지대라 겨울이라도 날이 뜨겁지 않을까 걱정했는데 웬걸~ 캘리포니아와는 차원이 다른 칼바람이 불고 있었다. 적당히 반팔과 긴팔을 섞어 짐을 꾸려오긴 했지만 완전히 두꺼운 겨울 외투는 챙기지 않았던 터라 급히 아울렛에서 방한용 외투를 사 입었다. 사람 셋, 개 두 마리까지 모두 외투를 든든하게 챙겨 입고 오늘의 목적지인 자이언 캐년으로 향했다.

아주 유명한 캐년은 아니었지만 라스베가스를 떠나 다음의 메인 행선지인 브라이스 캐년까지 가는 동안 중간 동선에 위치해 있어 사막의 대자연을 둘러보기에 좋은 코스였다. 자이언 캐년에는 커다란 바위들이 가득했다. 아이는 밤이 되면 바위들이 일어나 숲속을 걸어 다닐 것 같다고 말했다. 아이의 말을 듣고 보니 마치 바위들이 입을 꾹 다물고 우리를 지켜보고 있는 것처럼 느껴졌다. 자이언 캐년의 트래킹 코스는 경사가 없는 완만한 길이어서 다른 트래킹 코스에 비해 걷기가 좋았다. 그런데 어젯밤의 데자뷔처럼 트래킹 중 또다시 비가 내리기 시작했다. 세차게 내리는 비에 신발은 진흙투성이가 되고 새로 산 옷까지 흠뻑 젖어버렸다. 아이들이 감기에 걸릴까 걱정됐지만 우리들의 발자국 소리만 울려 퍼지는 고요한 숲속을 걷는 것이 좋았다.

한 시간 반의 트레킹을 마칠 즈음 비가 그쳤다. 비가 그친 뒤 말갛게 씻긴 오렌지 빛 하늘을 배경으로 아이들의 사진을 찍어주었다. 다시 호텔로 돌아갈 때는 너무 어두워져서 새로 이동할 숙소를 찾는데 애를 먹어야 했지만 헤드라이트 불빛에 의지해 숙소까지 무사히 도착할 수 있었다. 새로 이동한 숙소는 외딴곳에 위치한 에어비앤비 오두막이었다. 숙소의 주인인 Kenny 아저씨는 우리 숙소 바로 옆에 위치한 집에 살고 계셨는데 다른 나라의 문화와 사람들에 관심이 많은 것 같았다. 밤 10시가 넘은 늦은 시간이었는데도 어디에서 왔는지, 우리가 사는 곳은 이곳과 어떻게 다른지 15분이 넘는 호구 조사 끝에 겨우 숙소를 둘러볼 수 있었다.

숙소는 주변에 아무것도 보이지 않을 만큼 아주 외딴곳에 위치해 있어서 낯선 공간이 처음엔 조금 무섭게 느껴졌다. 하루 종일 흙먼지 가득한 사막에서 트래킹을 하고 비까지 맞았던 터라 차갑고 낯선 공기 속에서 짐을 풀고 샤워를 해야 했는데 씻고 나오자 신기하게도 낯설었던 공간이 편안하게 느껴지기 시작했다. 에어비앤비 숙소에는 다행히 세탁기와 건조기가 있어서 지난 3일간 쌓인 빨랫감도 깨끗이 세탁할 수 있었다. 피곤했는지 아이는 샤워를 마치고 일기를 쓰자마자 일찍 잠이 들었다.

다음날은 크리스마스여서 남편은 산타 할아버지로 빙의해 아이에게 줄 카드를 썼다. 서부 로드 트립을 오기 전 라스베가스에서 묵게 될 숙소에서 아이에게 크리스마스 선물로 줄 노키아 핸드폰을 미리 주문해 두었었는데 드디어 개봉할 때가 온 것이다. 아이의 머리맡에 핸드폰과 카드를 올려 두고 바로 옆에 위치한 주인아저씨의 집에서 건조가 끝난 빨랫감을 찾아온 뒤에야 침대에 몸을 누일 수 있었다. 빨랫감을 가지고 오는 길에 하늘을 올려다보니 쏟아질 듯 많은 별들이 반짝이고 있었다. 고요하고 아름다운 크리스마스이브였다.

아침에 일어난 아이는 산타 할아버지께 받은 노키아 핸드폰을 확인하고는 무척 기뻐했다. 비록 유심칩은 없었지만 Wifi가 가능한 곳에서는 한국에 있는 그리운 친구들에게 카톡을 하거나 기억하고 싶은 장면을 사진으로 남기기엔 충분했다. 처음으로 자신만의 핸드폰을 가지게 되어 신이 난 아홉 살과 함께 오늘의 여정을 위해 부지런히 외출 준비를 했다. 오늘의 목적지는 레드락 캐니언. 지난밤 눈까지 내려 발이 푹푹 패이는 레드락 캐니언은 너무 춥고 가파라서 얼른 내려가고 싶은 마음이 들었지만 아이는 힘들지도 않은지 눈 덮인 산 이곳저곳을 토끼처럼 뛰어다녔다.

레드락 캐니언을 거쳐 도착한 브라이스 캐년은 입이 벌어질 만큼 장엄한 풍경으로 우리를 맞이해 주었다. 발을 조금만 헛디뎌도 낭떠러지로 떨어질 것 같은 아찔한 곳에서 어떤 미국 청년은 사진을 찍겠다고 벼랑 끝까지 발을 딛고 서 있었다. 나는 그 모습을 보는 것조차 무서워 눈을 질끈 감아버렸는데 캐년 곳곳에는 인생 사진을 찍으려고 가파른 절벽 위에서 아슬하게 몸을 걸치고 있는 사람들이 꽤 많았다. 나는 자연 그대로의 장엄한 풍경에 압도당해 사진을 찍는 것도 잊은 채 한참을 눈 덮인 캐년 앞에 서 있었다.

이날 마주한 브라이스 캐년의 압도적인 장면은 그 후로도 오랫동안 생각날 정도로 내게 깊은 인상을 남겼다. 이후 방문했던 그랜드 캐년 보다도 브라이스 캐년의 풍경이 더 오래도록 잊히지 않을 정도였다. 뾰족뾰족 송곳니 같은 모양을 한 기이한 바위들이 한데 모여 이루는 풍경이 놀랍도록 아름다웠다. 광활한 자연 앞에 인간이 얼마나 작은 존재인지 절로 고개가 숙여졌다. 자연이 만들어낸 멋진 장관을 가슴에 담기 위해 눈 덮인 브라이스 캐년을 한참 바라보다가 숙소로 돌아왔다. 어느새 여행을 시작한 5일 차, 미국에 온 지는 열흘이 다 되어가고 있었다.

── 호간에서의 별이 빛나는 밤

아침에 일어나니 밤새 내린 눈이 발목까지 쌓여 있었다. 짐을 꾸려 숙소를 나서는데 고작 몇 걸음 앞에 있는 차까지 걸을 때마다 발이 푹푹 빠져 차가운 눈이 살갗으로 파고들었다. 쌓인 눈 위로 바퀴를 굴리는 게 걱정됐지만 갈 길이 멀었기에 시동을 걸고 천천히 바퀴를 굴려보았다. 다행히 도로는 제설 작업이 완료되어 다음 목적지로 이동하기에 무리는 없어 보였다. 흩날리는 눈발을 뚫고 2시간 30분을 달려 유타주에서 애리조나주로 넘어왔다.

오늘의 목적지는 그랜드 캐년 댐과 호스슈 밴드. 비가 잘 오지 않는 사막에 마실 물과 농작물에 공급할 물이 부족할 때를 대비해 만든 거대한 댐이 이제는 이곳에 오면 꼭 들려야 할 관광 명소가 되어 있었다. 처음 보는 거대한 시설에 아이도 나도 눈이 휘둥그레져 한참을 바라보았다. 다음으로 찾아간 호스슈 밴드는 콜로라도 강 주변의 침식작용으로 인해 만들어진 아치 형태의 사암 절벽으로 그 모양이 말발굽 같다고 하여 붙여진 이름이다. 실제로 보니 말발굽과 꼭 닮은 모양을 하고 있었는데 책에서 사진으로 보던 것과 비교할 수 없을 정도의 압도적인 카리스마를 뽐내고 있었다. 일부 구간은 펜스가 쳐져 있었지만 대부분이 자연을 훼손하지 않은 채 있는 그대로 보존되어 있는 만큼 곧바로 낭떠러지와 연결되어 있어 장엄한 풍경이 더욱 아찔하게 느껴졌다.

　브라이스 캐년에서와 마찬가지로 어떤 이들은 멋진 사진을 찍기 위해 꽤 높고 가파른 곳에 카메라를 세워두고 사진을 찍고 있었는데 겁쟁이인 나는 아찔한 절벽 위 목숨을 건 촬영은 하고 싶지 않아 비교적 안전해 보이는 바위 위에 멀찍감치 떨어져 앉아 사진을 찍었다. 호스슈 밴드의 압도적인 풍경에 시선을 빼앗긴 채 시간이 가는 줄도 모르고 구경을 하다 보니 어느새 하늘이 분홍빛으로 물들고 있었다. 해질 무렵이 다 되어서야 다음 숙소로 이동하기 위해 걸음을 옮겼다.

　오늘 묵게 될 숙소는 미국 인디언 소수민족 나바호족의 전통 집인 호간이었다. 이번 서부 로드 트립을 계획한 남편이 미국에 오기 전부터 아주 특별한 숙소를 예약해 두었다며 기대감을 가득 심어놓은 곳이기도 했다. 그러나 막상 도착해서 마주한 호간은 지붕과 간이침대만 있는 막사 같은 공간에 불과했다. 주위에 아무것도 없는 광활한 대지에 전기도, wifi도, 샤워 시설도 없는 곳으로 화장실을 가려면 칠흑 같은 어둠 속에서 핸드폰 조명에 의지한 채 100m를 걸어가야 한다. 화장실은 물론 푸세식이었다.

몽골의 게르와 비슷한 모습을 한 호간의 문을 처음 열었을 때 눈에 보이는 것은 덩그러니 놓인 간이침대 3개와 장작을 태우는 난로 하나, 그리고 약수를 담을 때 보았을 법한 커다란 물통 하나가 전부였다. 오늘 하루 호간에 묵으며 우리가 손을 씻거나 양치를 할 때 사용할 물이었다. 이런 곳에서 하루를 자야 하다니 현실을 부정하고 싶었다. 그러나 속상해하는 나와 달리 아이는 무척 신나 보였다. 호간 바닥엔 고운 입자의 붉은색 흙이 가득 깔려 있었는데 아이는 나뭇가지 하나를 구해와 호간 바닥에 그림을 그리기도 하고 고운 흙을 만지기도 하며 놀았다. 그러다 천진한 얼굴로 내게 말했다. "엄마 여기 너무 좋아! 이거 봐! 흙도 있어. 이 흙 좀 만져봐. 엄청 부드러워. 우리 여기에 그림 그리고 놀자!"

내 생각엔 그야말로 지붕만 있을 뿐 야외에서 하는 노숙과 다름없어 보이는 빵점짜리 숙소였는데 아이러니하게도 아이에겐 이곳이 백점짜리 숙소였다. 아이 옆에 쭈그리고 앉아 붉은 모래 위에 그림을 그리다 다리가 저려 밖으로 나왔다. 아무 소리도 들리지 않는 고요 속 사방이 캄캄한 넓은 하늘에선 쏟아질 듯 많은 별들이 반짝이고 있었다. 전 날 Kenny 아저씨의 오두막에서 본 것보다 10배는 더 많아 보이는 별들이었다. 넋을 놓고 하늘을 보고 있는데 호스트인 Richardson이 호간과 나바호족에 대한 스토리텔링을 시작할 거라며 중앙의 터로 나와보라고 했다. 호간에 묵는 손님들을 위해 특별히 준비한 시간이었다. 우리 외에 호간에 묵게 될 인도인 커플이 캠프파이어 앞에 먼저 와 자리를 잡고 있었다. 이렇게 광활한 대지에 우리 외에 두 사람이 더 묵고 있다는 사실이 왠지 모를 안도감과 동질감을 느끼게 했다.

Richardson은 점점 사라지고 있는 나바호족의 전통을 지키기 위해 호간을 만들었고, 더 많은 사람들이 호간을 체험하고 나바호족의 역사를 알 수 있도록 에어비앤비로 오픈했다고 했다. 그의 말에서 사라져 가는 전통문화를 지

키고 싶어 하는 간절함과 자부심이 동시에 느껴졌다. 그의 스토리텔링에는 사람을 집중시키는 힘이 있었다. 목소리의 강약을 조절하며 비밀 이야기를 들려주는 듯한 그의 목소리에 귀를 기울이다 보니 1시간이 훌쩍 지나 있었다. 스토리텔링이 끝나고 호간으로 돌아오니 밤이 되어 더 내려

간 기온에 몸이 떨릴 만큼 추위가 느껴졌다. Richardson이 마당에 미리 준비해 둔 장작을 가져와 난로에 불을 지폈다. 나무가 타기 시작하자 차갑게만 느껴지던 호간에 따뜻한 온기가 돌기 시작했다. 여행을 떠나오기 전 미리 준비한 침낭을 펴 몸을 누이고 길고 긴 밤을 보냈다. 침낭을 챙겨 오지 않았다면 아마 밤새 추위에 떨며 뜬 눈으로 아침이 오기만을 기다렸을 것이다. 나무가 다 타들어가 불이 꺼지면 금세 냉기가 돌아 너무 추워 잠을 잘 수가 없었다. 남편은 따뜻한 온도를 유지하기 위해 밤새 부지런히 장작을 태웠다. 초코와 마음이도 추웠는지 좁은 간이침대 위로 올라와 내 다리 사이에 몸을 웅크리고서야 겨우 잠이 들었다.

긴 밤을 보내고 아침에 눈을 뜨니 Richardson이 준비한 나바호족의 전통 티와 수프가 야외 테이블에 준비되어 있었다. Richardson의 개 Attic도 그를 따라왔는데 큰 덩치에 비해 얼마나 온순하고 상냥한지 마음이와 초코에게도 한 번 짖지 않고 가만히 곁에 서 있기만 했다. 아이는 온순한 Attic과 드넓은 들판 위를 신나게 뛰어다녔다. 그림 같은 풍경이었다. 지금이 아니면 할 수 없는 경험들과 잊지 못할 기억들이 만들어져 가고 있었다. 또다시 호간에서의 하룻밤을 선택할 일은 없겠지만 언젠가 한국에서의 삶이 권태로워질 때쯤이면 지난밤 장작불 앞에서 Richardson이 했던 말이 떠오를 것 같았다.

"Someday,
when you feel tired,
listen to the silence of nature again."

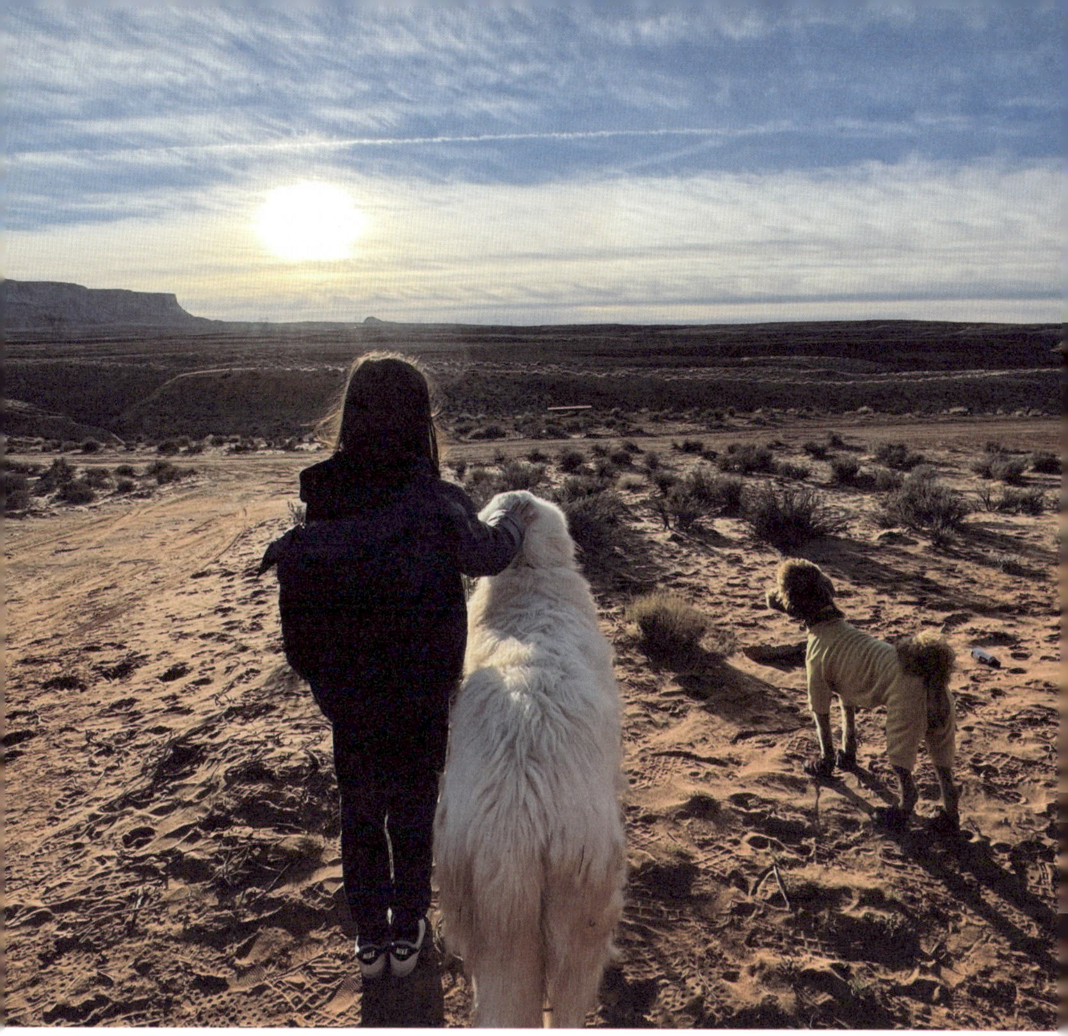

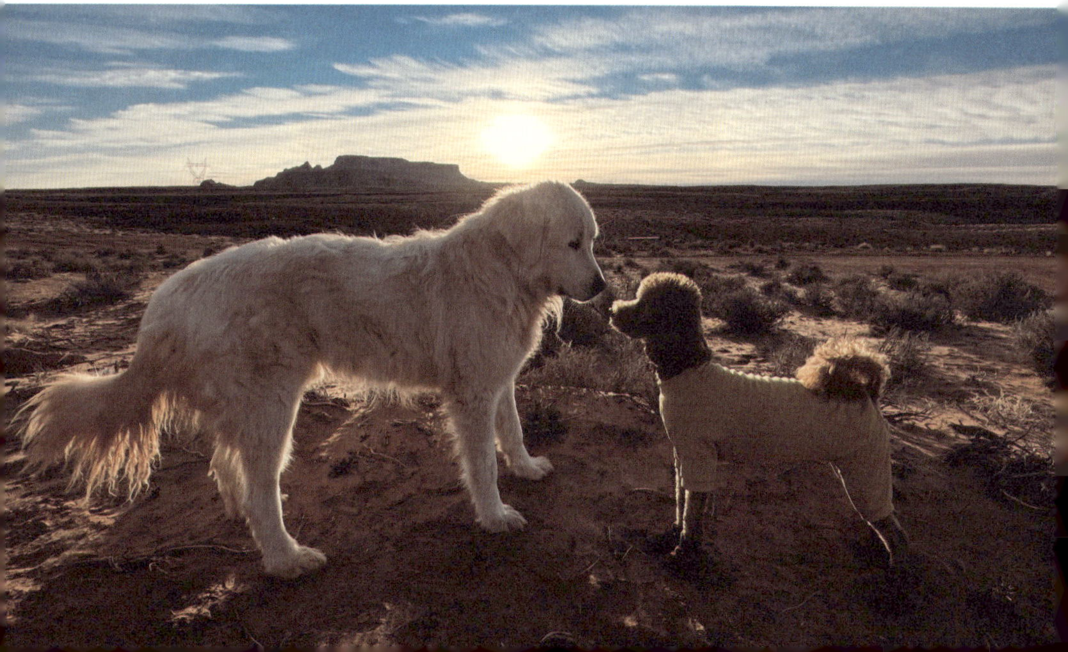

─ 인디언의 놀이터, 엔텔로프 캐년

  눈부시게 아름다웠던 호간의 아침을 뒤로하고 걸음을 옮길 다음 행선지는 모뉴먼트 밸리. 이곳으로 가는 길에는 아기자기한 명소들이 많아 이동하는 동안 여행을 지루하지 않게 해주었다. 이름처럼 구부러진 거위의 목과 같은 모습을 한 구스넥 주립공원, 멕시칸의 모자를 연상시키는 멕시칸 햇 등 여행 책자에 소개되어 있지 않았다면 모르고 지나쳤을 것 같은 귀여운 이름의 명소들을 찾는 재미가 있었다.

  이날은 무리하지 않고 가볍게 모뉴먼트 밸리 주변을 구경한 후 새로운 숙소에서 그동안 쌓인 피로를 풀기로 하였기에 욕심부리지 말고 숙소로 가자며 핸들을 돌리는데 도로에 많은 차들이 줄지어 있는 것이 보였다. 뭔지도 모르고 본능적으로 우린 차를 따라 세웠다. 알고 보니 영화 포레스트 검프에서 주인공 검프가 달리기를 멈춘 장면이 이곳에서 촬영되어 유명한 곳이라고 했다. 그리고 보니 모뉴먼트 벨리의 높게 솟은 바위산을 배경으로 광활한 대지를 가르는 길고 좁은 도로가 꽤 멋져 보였다. 다른 차량들을 보지 못했다면 모르고 지나쳤을 길이었는데 운 좋게 우리도 발자국을 남길 수 있음에 감사하며, 앞서 온 다른 사람들이 사진 찍기를 기다렸다가 우리도 기념사진을 찍고 걸음을 뗐다.

이내 도착한 숙소에서 뜨거운 물로 샤워를 하고 라면을 끓여 햇반을 말아먹으니 온 몸에 따뜻한 기운이 번졌다. 아홉 살 어린이도 "맛있다!"를 연발하며 열심히 제 그릇을 비웠다. 충분히 휴식을 취한 다음날엔 특별한 일정이 준비되어 있었다. 바로 이틀 전에 헤어졌던 호간의 호스트 Richardson과 함께 엔텔로프 캐년에 가기로 한 날이었다. 엔텔로프 캐년은 나바호족 인디언의 가이드를 통해서만 방문이 가능했기에 Richardson을 통해 투어를 예약했는데 2시간짜리 투어의 3인 가격이 $412로 한화 50만원에 달할 만큼 꽤 비싼 편이었다. 하지만 언제 다시 오게 될지 모를 여행의 한 페이지에 아쉬움을 남기고 싶지 않아 큰맘 먹고 예약을 했다. 엔텔로프 캐년은 강물이 바위를 지나간 흔적을 그대로 간직한 동굴로 전 세계의 유명한 사진작가들이 촬영을 위해 꼭 한 번은 찾을 만큼 사랑받는 곳이라고 했다.

우리는 Richardson과 함께 온 여성의 차량으로 배정되어 투어를 하게 되었는데 알고 보니 그녀는 Richardson의 어머니였다. 그녀는 어렸을 적 엔텔로프 캐년에서 친구들과 숨바꼭질을 하며 놀았다고 했다. 동굴의 구조가 구불구불하고 미로처럼 생긴 탓에 숨바꼭질에 빠져 집에 오지 않는 아이들을 찾으러 오신 아버지가 숨어있던 아이들을 찾는데 애를 먹곤 했다며 호탕하게 웃는 그녀였다. 이틀 전 우리가 호간에서 묵었다고 하니 실제로 그녀가 어렸을 적에는 호간에서 생활을 했다며 40년 전에는 호간 주변에서 양을 수십 마리 길렀고, 양털을 깎아 이불과 러그를 만들어 생계를 유지했다는 말도 보탰다.

도착한 엔텔로프 캐넌 내부에서는 Richardson이 가이드를 해주었는데 동굴 내부의 바닥을 덮고 있는 고운 입자의 붉은 모래를 공중에 흩날려 신비한 장면을 연출하거나 동굴 곳곳에 위치한 동물 문양의 포토존에서 멋진 사진을 찍어 주기도 했다. 우리가 투어를 한 오후 3시경엔 동굴에 뚫린 구멍 사이로 한낮의 빛이 강하게 들어오고 있었는데 동굴 이곳저곳을 비추는 빛이 신비하고 아름답게 느껴졌다.

투어를 마치고 우리 차가 주차된 곳까지 이동하는 길에 다시 운전대를 잡은 Richardson의 어머니께 전화 한 통이 걸려왔다. Richardson의 딸인 손녀로부터 온 전화였다. 손녀가 피자 먹고 카페에 들렀다 오겠다고 하니 할머니는 안 된다며 옥수수로 요리를 해주겠다고 하신다. 우리네 할머니와 손녀의 통화와 다를 바가 없었다. 몸에 안 좋은 음식을 안 먹이고 싶은 할머니 마음은 모두 같다는 생각에 그녀가 더욱 정겹게 느껴졌다. 어느새 저녁 6시가 가까워진 시간, 해가 저물어 하늘이 어둑어둑 해 지고 있었다. 오늘 묵게 될 숙소까지는 2시간 30분을 더 가야 했기에 아쉬운 마음을 뒤로하고 길을 나섰다.

— 우리 살아서 돌아갈 수 있을까?

다음 숙소로 가기 위해 엔텔로프 캐년을 뒤로하고 30여 분을 달렸을 때였다. 그때까지만 해도 모든 것이 순조로운 듯 보였는데 갑자기 사방에 눈발이 흩날리기 시작하면서 불길한 예감이 들었다. 2시간 정도만 더 달리면 목적지에 도착할 것이기에 별일 있겠나 생각하며 좋아하는 노래를 번갈아 틀어가며 듣고 있었다. 도착 30여 분을 앞두고 특정 구간에서 길이 심하게 막히기 시작했다. 자세히 보니 앞서가던 차들이 모두 유턴을 해서 돌아오고 있었다. 반대편 차량의 한 운전자가 창문을 내리더니 그랜드 캐넌으로 가는 길이 폭설에 막혀 폐쇄되었다는 말을 전해왔다. 눈발은 점점 더 거세지고 있었다. 구글 내비게이션에 목적지를 입력하자 다른 경로를 하나 더 찾을 수 있었다. 힘들게 달려온 길에서 도착을 30분 앞두고 다시 3시간 30분을 더 달려야 했지만 목적지까지 무사히 도착할 수만 있다면 가지 않을 이유가 없었다.

이곳엔 예약해 둔 숙소도 없었고, 다시 호간에서 하루를 잘 수도 없는 노릇이었다. 하루마다 예약해 둔 숙소와 계획된 일정이 있었기에 오늘 목적지까지 가지 못하면 남은 일정이 모두 틀어질 수 있었다. 우리는 내비게이션에 의지한 채 다시 핸들을 돌렸다. 그런데 점점 더 거세지는 눈보라에 목적지까지의 시간은 3시간에서 4시간으로, 다시 5시간으로 계속해서 늘어나기 시작했다. 급기야 차의 앞 유리로 무섭게 쏟아지는 폭설이 시야를 가려 앞을 분간하기 힘든 지경에 이르렀다. '이런 걸 블리자드라고 하는구나' 싶었다.

다른 차들은 모두 어디로 갔는지 어느새 길 위에는 우리 차와 앞서가는 다른 차량 한 대뿐이었다. 앞 차량의 빨간 불빛에 의지한 채 가로등 하나 없는 칠흑 같은 어둠 속을 계속해서 달렸다. 그렇게 한참을 달리다 앞의 차가 리드하는데 지치면 차례를 바꾸어 우리 차가 앞서 리드를 했다. 서로 말은 나누지 않았지만 알 수 없는 동지애를 느끼며 서로에게 의지한 채 한참을 나란히 달렸다. 그러다 앞의 차량이 깜빡이로 자신은 곧 다른 길로 빠진다는 인사를 전해왔다. 깜빡이로 신호를 보낸 후 얼마 안 되어 앞 차량은 우측으로 빠지며 자기 행선지를 찾아 떠났다. 이제 어둠 속엔 우리 차만 남아 있었다. 사방이 어두워 아무것도 보이지 않는 캄캄한 밤의 도로를 우리 차만 달리고 있었다. 여전히 거센 눈발이 시야를 가려 도로 옆이 낭떠러지인지 골짜기인지조차 구분할 수 없었다. 끝도 없이 휘날리는 눈발 속에서 헤드라이트 불빛에 의지한 채 어둠 속을 달리는데 매서운 눈발을 뚫고 숙소까지 무사히 도착할 수 있을까 무섭고 겁이 났다. 엎친데 덮친 격으로 인터넷이 끊겨 내비게이션마저 불통이었다.

  남편은 몇 시간째 어깨를 잔뜩 움츠린 채로 핸들을 붙잡고 있었고, 나는 헤드라이트 불빛에 의지해 도로 위의 표지판이 보이면 우리가 맞게 가고 있는지 경로를 확인했다. 잠에선 깬 아이도 무서웠는지 평소처럼 재잘대지 않고 숨죽여 창밖을 바라만 보고 있었다. 한참을 그렇게 달리다 아이에게 노래를 불러달라고 부탁했다. 아이가 외울 줄 아는 노래를 하나하나 부르는 사이 내비게이션이 연결되었고 목적지까지의 시간이 줄어든 것을 확인할 수 있었다. 그렇게 엔텔로프 캐년을 떠나 다시 운전대를 잡은 지 자그마치 8시간 만에 숙소를 목전에 둘 수 있었다.

  목숨 걸고 달려온 8시간, 고생 끝에 호텔에 도착하여 주차를 하려는데 하필이면 경사진 언덕 위에 주차장이 자리 잡고 있었다. 정강이까지 쌓인 눈에 차는 언덕을 오르지 못하고 계속해서 미끄러졌다. 결국 내가 먼저 아이와 개들을 데리고 호텔로 들어가고, 남편은 인근 호텔이 아닌 마을 어귀 평지 주차장에 차를 세운 뒤 거센 눈발을 뚫고 10여분을 걸어서야 호텔로 돌아올 수 있었다. 입고 있던 옷과 운동화, 양말까지 모두 젖은 상태였다. 숙소로 들어온 남편은 "처음으로 이번 여행이 후회된다."라고 말했다. 다섯 식구를 태우고 폭설 속 극도의 긴장감 속에 핸들을 잡았을 가장의 마음이 느껴져 안쓰러웠다. 그때 정적을 깨는 목소리가 들렸다. "엄마 너무 배고파요!" 아이였다. 그럴 만도 했다. 점심을 먹고 새벽 1시가 넘을 때까지 아무것도 먹지 못한 상태였다. 급한 대로 라면을 끓여 허기를 채우고 모두 쓰러지듯 잠이 들었다. 생사를 넘나드는 긴 주행을 마치고 맞이한 소중한 밤이었다.

― 장엄한 그랜드 캐년과 에너지의 도시 세도나

가족 모두 피곤했는지 오전 11시가 넘어서야 겨우 눈을 떴다. 얄궂게도 새벽까지 쏟아질 듯 내리던 폭설은 거짓말처럼 그쳐 있었다. 정강이까지 쌓여 있던 눈도 제설차의 빠른 작업으로 깨끗이 정돈되어 있었다. 그러나 지난밤을 떠올리며 언제 또 폭설이 시작될지 모른다는 불안감에 서둘러 짐을 챙겨 나왔다. 오늘은 대망의 그랜드 캐년으로 가는 날, 미국의 국립공원 중 가장 인기 있는 국립공원인만큼 큰 기대감을 안고 방문한 그랜드 캐년에는 지난밤의 폭설에도 불구하고 많은 사람들로 인산인해를 이루고 있었다.

세계 7대 자연경관다운 장엄한 풍경 앞에 절로 고개가 숙여졌다. 아이는 손이 시리지도 않은지 아빠와 작은 눈사람을 만들어 관광객이 많이 다니는 길목에 세워 두었다. 제 손으로 만든 눈사람 앞에서 기념사진을 찍어 주니 뿌듯해하며 함박웃음을 지어 보였다. 지난밤 목숨 걸고 찾아온 그랜드 캐년을 그대로 두고 떠나자니 아쉬운 마음이 들어 기념품 가게에서 그랜드 캐년을 배경으로 한 동화책 두 권을 구입했다. 언젠가 시간이 지나더라도 아이가 이 책을 펼칠 때면 눈 덮인 오늘의 풍경을 떠올릴 수 있기를 바라며 다음 목적지인 세도나로 향했다.

세도나가 가까워지자 지금까지의 풍경과는 다르게 아기자기한 모습의 마을이 보이기 시작했다. 오래전부터 아메리카 원주민의 성지였다는 이곳은 독특한 모양의 붉은 바위산 '벨락'이 영적 볼텍스를 발산한다고 하여 명상 명소로 많은 사람들이 찾는 곳이라고 했다. 세도나에 오면 꼭 방문해야 하는 명소인 만큼 우리도 Airport Mesa라고 하는 벨락 근처의 트레킹 코스를 걸어 보기로 했다. 최근에 비가 내려서인지 가는 길이 온통 진흙투성이였다. 발이 푹푹 빠지는 것은 기본이고 한 번 빠진 발을 다시 떼는 것조차 어려울 만큼 진흙의 압력도 대단해서 신발은 물론 하의까지 흙투성이가 될 정도였다. 험난한 길을 견뎌내지 못하고 중간에 돌아오는 이들도 많았다.

열세 살인 초코는 길이 험난해 가고 싶지 않았던지 걸음을 떼지 않고 자꾸만 몸에 힘을 주고 버티면서 거부 의사를 비추기에 다시 차에 데려다 놓고 마음이만 동행해 트레킹 코스로 들어섰다. 진흙투성이 길이 너무 힘들어 돌아가고 싶은 마음이 굴뚝같았지만 언제 또 이곳을 올 수 있을까 하는 마음에 꾹 참고 계속해서 발자국을 옮겼다. 마침내 정상에 도착했을 때 도시가 한눈에 내려다보이는 장관이 우릴 기다리고 있었다. 세도나의 전경을 내려다보며 앞으로 미국에서 보낼 여정이 우리 가족 모두에게 의미 있는 시간이 되기를 바라는 마음으로 한참이나 그곳에 서 있었다.

 이날 세도나에서 묵을 숙소는 3대째 가업을 이어 운영해 오고 있는 마을의 호텔이었는데 규모는 작지만 요가, 그림 그리기 등 아기자기한 이벤트가 많이 준비되어 있었다. 마침 우리가 도착한 날 저녁, 유화 그림 그리기 원데이 클래스가 예정되어 있어 아홉 살 아이도 참여가 가능한지, 공석이 있는지 문의하니 가능하다고 하여 아이의 이름으로 클래스를 등록했다. 클래스에 참여한 대부분은 성인이었지만 그림 그리기를 좋아하는 아이는 제법 진지한 눈빛으로 자기만의 작품을 완성해 냈다. 클래스가 끝날 시간에 맞춰 아이를 데리러 가니 여행 중에 보았던 사막 위의 선인장이 하얀 캔버스에 완성되어 있었다. 아이의 그림 덕분에 우리가 함께 보았던 이번 여행의 한 장면을 간직할 수 있게 되어 기뻤다. 그림을 그리며 아이의 마음속에도 드넓은 사막과 각기 다른 모양의 다양한 선인장들, 시시각각 빛을 바꾸던 해 질 무렵의 하늘이 선명하게 기억되기를 바랬다.

— 사막에서 오아시스 찾기

세도나를 떠나 찾아간 다음 도시는 애리조나의 주도인 피닉스. 미국에서 인구가 여섯 번째로 많은 도시인만큼 고속도로를 빠져나오자 지금까지와는 사뭇 다른 도시의 풍경이 펼쳐지기 시작했다. 깨끗하게 정돈된 거리, 높은 건물들과 예쁜 카페들이 즐비한 길 위에 어디든 키가 큰 선인장들의 어우러진 모습이 이색적으로 느껴졌다. 아이는 대자연을 거쳐 건너온 이 도시가 마음에 들었는지 '이 동네는 아주 힙하고 맥주 한잔하기에 좋은 곳이네'라고 진지하게 말했다.

피닉스에도 한인들이 많이 살고 있다고 들었는데 구글맵에서 한국 식당을 검색하자 꽤 많은 식당이 검색되어 놀랐다. 우리는 제법 평점이 높은 인근의 한국 식당에서 점심을 먹기로 했다. Cub bob이라는 식당 이름으로 보아 현지인을 타겟으로 불고기와 잡채 같은 메뉴를 밥과 함께 곁들여 내는 식당이라는 것을 알 수 있었다. 리뷰에는 주인 아주머니에 대한 칭찬이 아주 많았는데 주로 사장님이 친절하시고, 인상적이라는 내용이었다.

식당에 들어서니 듣던 대로 씩씩하고 친절하신 사장 아주머니께서 큰 목소리로 인사를 해주셨다. 우리는 불고기 덮밥을 종류별로 하나씩 주문하고 음식이 나오기를 기다리며 내부를 둘러보았다. 그곳은 한국 식당이었지만 식당에 있는 손님 중 한국인은 우리가 유일했다. 우리를 제외한 모든 손님이 현지인이었는데 한국 음식을 너무나도 맛있게 먹는 모습에 괜히 뿌듯한 마음이 들었다. 사장님께서는 우리에게 한국 손님이 방문하면 반가워서 무엇 하나라도 더 챙겨 드리고 싶다며 필요한 게 있으면 꼭 이야기하고 음료수도 마음껏 먹으라고 말씀하셨다. 타지에서 만난 친절한 사장님의 말씀에 따뜻하게 완성되어 나온 밥이 마음까지 함께 데워주는 것 같았다.

점심을 먹고 가장 먼저 찾아간 곳은 예스러운 분위기를 간직한 올드타운과 모던하고 세련된 다운타운이 공존하여 피닉스의 다양한 모습을 한 번에 볼 수 있는 스코츠데일(Scottsdale)이었다. 일주일이 넘도록 깎아지른 기암절벽과 광활한 사막을 보다가 화려한 건물과 깨끗한 거리를 걷자니 겨우 몇 시간 만에 다른 세상으로 순간 이동을 한 것 같았다. 스코츠데일의 거리를 걷다가 마음에 드는 카페를 발견한 우리는 잠시 쉬면서 도시의 정취를 즐겼다. 아이가 핫초코를 마시며 그림을 그리는 동안 우리는 좋아하는 아메리카노와 카푸치노 한 잔씩을 시켜놓고 창밖으로 지나가는 사람들, 카페 안 분주하게 움직이는 사람들의 모습을 구경했다. 도심 속에 오가는 사람들을 보고 있자니 여행의 끝에 와 있다는 것이 실감 났다.

잠깐의 달콤한 휴식을 끝내고 오늘의 마지막 코스인 피닉스 Papago Park를 찾았다. 이곳은 도심에서 멀지 않은 곳에 위치한 미니 사막으로

HOLE-IN-THE-ROCK이라는 이름처럼 자연에 의해 구멍이 뚫린 특이한 모양의 바위 덕분에 인기 있는 피닉스의 관광 포인트 중 하나였다. 주차장에 차를 세우고 10여 분을 걸어가자 멀리 언덕 위에 커다랗게 구멍이 뚫려있는 바위가 보이기 시작했다. 방문한 사람들 모두가 이곳에서 사진을 찍기 위해 차례를 기다리고 있었다. 다행히 붐비는 정도는 아니어서 우리도 차례를 기다려 기념사진을 찍을 수 있었다.

이곳에 오면 HOLE-IN-THE-ROCK과 함께 꼭 봐야 할 오아시스가 있다고 들었는데 높은 바위 위에서 아래를 내려다보니 오아시스가 어디에 있는지 바로 알 것 같았다. 오아시스 주변에만 나무가 자라고 있었는데 그야말로 사막의 오아시스였다. 오아시스에서 어떤 아저씨는 낚시를 하고 계셨는데 사막의 작은 오아시스에 낚싯대를 던져놓고 물고기를 기다리는 모습이 신기하고 재미있었다.

해가 저물어 호텔로 돌아가니 TV에서 12월 31일을 기념하는 카운트다운 방송이 한창 진행되고 있었다. 우리도 호텔에서 준비한 HAPPY NEW YEAR 머리띠를 사이좋게 나눠 쓰고 카운트다운을 했다. 그리고 매년 해오던 것처럼 손에 손을 맞잡고 한 살씩 더 먹은 식구들의 나이를 차례로 외치며 우리 가족의 새해를 기념했다. 이제 남은 기간은 이틀, 12일간의 여행이 끝나면 팔로스 버디스에서 진짜 미국에서의 일상이 시작될 것이었다.

─ 캠핑카에서 맞이한 새해

피닉스의 호텔에서는 새벽까지 한 해를 마무리하는 파티가 계속됐다. 건물을 쿵쿵 울리는 음악 소리에도 아이들은 피곤했는지 코를 골며 단잠을 잤다. 해가 밝아오자 무슨 일이 있었냐는 듯 고요한 피닉스의 아침이 찾아왔다. 오늘은 미서부 로드 트립 대장정의 마지막 밤을 조슈아 트리 국립공원에서 보낼 예정이었기에 서둘러 짐을 꾸려 체크아웃을 했다. 조슈아 트리 국립공원에서는 캠핑카에서 마지막 밤을 머물기로 되어 있었기에 아이가 가장 기대했던 날이기도 했다.

조슈아 국립공원은 규모가 워낙 커서 차를 타고 둘러보아도 하루가 모자랄 것 같은 광활한 대지를 갖고 있었다. 하늘 높이 뻗은 가지각색의 조슈아 트리로 가득 찬 광활한 사막, 다양한 모양을 한 선인장과 바위들이 들어찬 풍경은 한국에서는 볼 수 없었던 것이어서 더 새롭고 신기하게 느껴졌다. 공원 내부에서는 특별히 뷰 포인트를 찾아 헤매지 않아도 쉽게 명소들을 찾을 수 있었다. 국립공원을 찾은 다른 차량들이 줄지어 서 있는 것을 보고 따라 세우면 그곳에 진귀한 풍경이 펼쳐져 있었기 때문이다. 그렇게 해골 바위나 키스 뷰, 선 셋 포인트까지 조슈아 트리 국립공원의 다양한 뷰 포인트를 구경할 수 있었다.

다른 차량들을 따라 멈춰선 뷰 포인트에서 어김없이 기념사진을 찍기 위해 잠시 차를 세우고 내렸는데 그곳에 밤송이처럼 생긴 선인장들이 땅에 가득 떨어져 있었다. 아이는 밤송이를 똑 닮은 선인장이 신기했는지 그중 하나를 발로 밟았는데 쉽게 떨어질 줄 알았던 선인장은 엄청난 접착력으로 신발에서 떨어질 줄을 몰랐다. 아이의 발에 붙은 선인장을 떼 주려고 내 발을 갖다 대니 이번에는 밤송이 같은 선인장이 내 발로 옮겨붙었다. 어찌나 힘이 세고 접착력이 강한지 가시가 신발 밑창을 뚫고 발바닥을 찔러 올 정도였다. 좀처럼 떨어지지 않는 선인장 가시를 결국 손으로 하나하나 뽑아낸 후에야 가시로부터 자유로워질 수 있었다.

선인장에 혼쭐이 난 후에는 마음이와 초코가 선인장을 밟지 않도록 각별히 신경을 쓰며 걸음을 옮겼다. 시간 가는 줄 모르고 사진을 찍다 보니 어느새 해가 져 앞이 보이지 않을 만큼 하늘이 어두워져 있었다. 긴장을 놓고 늦장을 부리다가 결국 가로등 하나 없는 길을 따라 국립공원 근처에 정박된 캠핑카를 찾느라 애를 먹어야 했지만 다행히 캠핑카를 찾을 수 있었다.

여행자의 시간

주변이 캄캄해 아무것도 보이지 않자 덩그러니 놓인 캠핑카가 조금은 무섭게 느껴졌다. 조심스레 차 문을 열고 들어가 보니 캠핑카 안은 바깥 온도와 다를 바가 없을 만큼 추웠고 씻을 수 있는 공간은 작은 세면대가 전부였다. 아기자기하고 로맨틱한 캠핑카에서의 하룻밤을 상상했는데 겨울 밤의 캠핑카는 기대와 많이 달랐다. 그래도 아이는 처음 경험해 보는 캠핑카가 좋은지 신이 나 보였다. 간단히 전기 포트로 물을 데워 컵라면을 먹고 양치를 한 뒤 바로 침낭을 펴 자리에 누웠다. 그런데 캠핑카 안은 너무 추워서 잠을 이룰 수가 없었다.

시계를 보니 어느덧 자정이 넘어 1월 1일이 되어 있었다. 아이도 덜덜 떨며 잠을 이루지 못하고 뒤척이기에 새해 다짐을 해보자고 제안했다. 엄마의 새해 다짐을 먼저 들려 달라기에 나의 첫 번째 다짐은 영어 공부를 열심히 해서 자유롭게 이야기할 수 있을 만한 실력을 갖추는 것. 두 번째는 우리가 미국에서 보낼 시간들을 책으로 써서 출판하는 것. 세 번째는 가족 모두가 사이좋게 지내고 좋은 추억을 많이 만드는 것이라고 이야기해 주었다. 한 사람씩 새해 다짐을 이야기할 때마다 가족 모두가 침낭 속에서 두 팔을 꺼내 열심히 박수를 쳤다. 입을 열 때마다 입 속에선 하얗게 입김이 피어올랐다. 모두의 새해 다짐 발표가 끝난 뒤 좁은 캠핑카 안에서 사람 셋과 개 두 마리가 몸을 꼭 붙이고 나란히 누워 서서히 잠 속으로 빠져 들었다.

너무 추워 새벽에 몇 번이고 잠에서 깼지만 다행히 얼어 죽지 않고 아침을 맞이했다. 우리는 일어나자마자 호간이 나으냐 캠핑카가 나으냐로 갑론을박을 했다. 정말 우열을 가리기가 힘들 정도의 극한 체험이었다.

아이는 호간과 캠핑카가 둘 다 너무 좋아서 어떤 것을 고를지 어렵다고 했지만 나에게는 두 곳 모두 다시는 경험하고 싶지 않은 곳이었다. 아이러니하게도 같은 시간, 같은 장소에서도 여행은 다르게 적히고 있었다.

— 여행은 계속된다

미국 입국 4일 만에 여행을 시작하여 라스베가스, 세도나, 피닉스 등 여러 도시를 거쳤고 생활자가 아닌 여행자로 2주를 살았다. 이제 집으로 가야 할 시간이었다. 그냥 떠나기가 아쉬워 조슈아 트리 국립공원에서 집으로 가는 길의 중간 동선에 있는 팜스프링스와 인근의 데저트 힐스 프리미엄 아웃렛을 들렸다 가기로 했다.

팜스프링스(Palm Springs)는 할리우드 스타들이 즐겨 찾는 휴양 도시로 LA에서 2시간 정도 거리에 위치해 있는 만큼 할리우드에서 영화 촬영을 하던 스타들이 촬영 중 휴식이 필요할 때 자주 오가던 곳으로 알려져 있다. 주변은 온통 사막이지만 온천과 골프 그리고 인근의 아웃렛까지 다양한 액티비티가 가능해 관광지로 많은 이들의 사랑을 받는 곳이기도 하다.

할리우드 스타들의 놀이터라 불리는 만큼 깨끗하게 정돈된 길에 고급 레스토랑과 카페가 즐비해 있었다. 널찍한 길을 걷는 것만으로도 왠지 도시 여자가 된 것 같은 기분이 들었다. 여행의 막바지, 집에 가는 길에 힘을 내기 위하여 다운타운 중심부에 위치한 스타벅스에서 커피 한 잔씩을 사들고 거리를 걸었다. 팜스프링스 거리에는 다양하고 예쁜 가게들이 많아서 구경하는 재미가 쏠쏠했다. 한 가게에서는 다양한 메시지가 적힌 현관 매트를 팔고 있었는데 우리 가족의 투표로 〈Peace, Love & Muddy Paws〉라고 쓰인 매트를 집에 데려가기로 했다. 가격도 20달러로 TJ MAXX 나 Home Goods에서 파는 매트와 비슷한 수준이어서 득템을 한 것 같아 뿌듯했다. 집에 도착하자마자 현관 앞에 매트를 깔 생각을 하니 기분이 절로 좋아졌다.

야무지게 데저트 팜 프리미엄 아웃렛 구경까지 마치고 LA 다운타운을 지나 이제 집까지는 1시간도 채 남아있지 않았다. 팔로스 버디스에 가까워질수록 여행자가 아닌 생활자의 시간이 다가오고 있었다. 내일부터는 아이의 학교 등록을 위한 교육부 방문부터 DMV 시험까지 생활을 위해 필요한 많은 절차들이 기다리고 있었다. '잘 해낼 수 있을까?' 걱정과 함께 이제 진짜 미국 생활이 시작된다는 생각에 설렘과 두려움이 교차했다.

그저 여행을 떠나온 것이었다면 2주간의 여행이 끝나고 한국으로 돌아가는 비행기에 올랐겠지만 지금 우리는 팔로스 버디스로 가고 있었다. 그리고 여기에서 진짜 1년 간의 미국 생활이 시작될 것이다. 그동안 미국의 비싼 외식비에 배고픈 여행자로 살아야 했지만 이제는 동네 마트에서 재료를 사다가 음식을 해 먹고 곧 익숙해질 길을 따라 매일 걸을 것이다. 근처 피트니스 센터에서 운동을 하거나 도서관에서 책을 보며 어쩌면 한국에서 해왔던 일상의 패턴들을 다시 이어가게 될 것이다. 어제부로 한 살씩 더 먹은 식구들과 잘 해낼 수 있다고 잘해보자고 손을 맞잡으며 우리의 집 팔로스 버디스로 향했다.

팔로스 버디스가 가까워지니 눈앞에 짙은 파랑의 태평양이 보이기 시작했다. 아이러니하게도 여행지를 떠나 집으로 돌아왔는데 집 앞 풍경이 더 여행지처럼 느껴졌다. 아직은 익숙하지 않은 집 앞 풍경이 지난 2주간 보아왔던 사막의 풍경과 대조되면서 느껴지는 감정이었다. 집에 가까워질 무렵 노을이 지면서 하늘이 오렌지 빛으로 물들고 있었다. 마치 또 하나의 여행이 시작된 것 같았다.

불현듯 미국으로 떠나오기 전 오빠네 식구와 마지막 가족 모임을 가졌을 때 오빠가 했던 말이 떠올랐다. "여행하듯 즐겁게 다녀와." 말그대로 여행자와 생활자 사이, 딱 그 경계에서 매 순간을 즐긴다면 앞으로의 미국 생활도 충분히 값진 시간들로 채워질 것이다. 열흘 간의 서부 로드 트립이 끝나고 여행의 또 다른 페이지가 시작되고 있었다.

여행하듯 살자.

다채로운 미국 시티 투어

— 내 친구의 도시, 세크라멘토

세크라멘토는 내게 미쉘의 도시다. 미쉘은 한국에서 아이의 영어 선생님이었다. 그녀는 한국에서 나고 자랐지만 스물다섯 되던 해 회사에서 만난 미국인 남편과 결혼하여 낯선 땅 미국으로 갔다. 미쉘이 미국에 갔을 때 그녀는 그 동네에 사는 유일한 한국인이었다. 미국에서 두 아들을 낳은 미쉘은 남편이 일하러 간 사이 아이들과 TV 채널에서 틀어주는 애니메이션을 보며 영어를 공부했다. 살기 위해 공부한 영어가 들리기 시작했고, 말하는 것이 가능해졌을 때 그녀는 미국에서 대학을 다니기로 결심했다. 미쉘이 대학에 입학했을 때 그녀의 나이는 마흔다섯이었다. 이후 그녀는 회사에 입사를 했고, 열심히 일해서 임원 자리에까지 올랐다. 나는 그녀의 인생이 경이로웠고 존경스러웠다.

아이들을 다 키워내고 예순이 넘어 다시 한국 땅을 밟은 미쉘은 해가 지면 할 일이 없던 미국보다 24시간 반짝이는 서울이 좋았다고 했다. 다시 돌아온 서울에서 그녀는 아이들에게 영어를 가르치고, 주재원으로 한국에 온 미국인들에게 한국 문화를 가르치며 정착을 돕는 일을 하고 있다. 그녀는 정말이지 내가 아는 가장 씩씩한 모험가다. 어떤 날엔 올레드 슈트를, 어떤 날엔 노란 원피스를 입는 그녀는 컬러를 사랑하는 패셔니스타 이기도 하다. 이제 예순이 넘은 그녀는 머리카락이 온통 하얗게 변했지만 누구보다 반짝이는 눈을 가졌다. 우리는 영어 선생님과 학부모로 만났지만 친구가 되었다. 남편과 아이가 여행을 떠나 한국에 혼자 남겨졌을 때 크리스마스를 함께 보내기도 했고, 때마다 서로의 생일을 축하하며 노래를 불러 주기도 했다.

생일 때면 커다란 풍선과 케이크, 선물을 양손에 들고 Happy birthday 노래를 부르며 초인종을 누르던 미쉘, 심한 감기에 출근도 못했을 때 한 끼라도 수고를 덜라며 도시락을 싸다 주는 그녀는 못 말리는 다정꾼이었다. 나는 그녀가 살았던 세크라멘토가 궁금했다. 이번 여행에 세크라멘토를 끼워 넣으며 젊었던 미쉘이 걸었을 거리를 상상했다. 세크라멘토는 여느 다른 도시들보다 내게 매력적인 여행지는 아니었지만 내 친구 미쉘이 살았던 곳이라는 이유만으로 모든 장면이 애틋하고 다정하게 느껴졌다. 세크라멘토의 오래된 역과 가게들을 구경하며 한국에 가면 미쉘에게 당신이 살았던 도시를 다녀왔다고 얘기해 줄 생각에 거리를 걷는 내내 행복했다.

— 미국 사람들이 가장 살고 싶어하는 도시, 포틀랜드

 아이의 여름방학을 이용해 미국 내 다양한 도시들과 캐나다까지 방문을 계획한 이번 여행은 특별히 한국에서 오신 시부모님과 함께하기로 했다. 먼저 떠나게 된 미국 도시 투어는 3주간의 일정으로 계획했는데 다섯 사람과 두 마리의 개가 한 대의 차량으로 움직여야 하는 상황이기에 쉽지만은 않은 대장정이다.

 우리는 신장이 좋지 않으신 아버님을 위해 여행 중에도 삼시세끼를 지어 먹기로 했는데 숙소에 도착할 때마다 매번 찬장의 접시를 꺼내 다시 세척한 뒤 새로 밥을 지어야 하는 것은 여간 귀찮은 일이 아니었다. 하지만 역시 내 손으로 지은 밥은 정직하고 따뜻하다. 시부모님, 남편과 딸, 그리고 나 우리의 식사를 책임져 줄 수저 5벌, 냄비 1개, 소금과 진간장, 참기름과 식초를 챙겨와 여행 중 삼시세끼를 해 먹으며 매번 끼니의 소중함을 깨닫는다.

새롭게 도착한 숙소는 때론 너무 낯설어서 잠시 울적한 기분이 들 때도 있지만 아침에 눈을 뜨고 나면 신기하게도 다정한 공간이 되어있다. 여행은 집이라는 공간에 대해 많은 것을 다시 생각하게 한다. 트렁크 3개만으로도 삶은 살아지고, 오늘 내가 머무는 공간이 집이 되는 길 위에서 앞으로의 삶은 조금 가벼워져도 되겠다는 생각을 한다. 나는 챙겨온 물건 중 작은 물통 하나만 사라져도 금새 알아차리고 마음이 불편해지는 사람이지만 여행 중 사라지기도 하는 물건들로부터 이상한 해방감을 느끼기도 한다. '이거 하나 사라져도 살아지네, 별로 불편하지 않네.'하고 다시 흘러가는 일상이 좋다.

오늘은 미국 사람들이 가장 살고 싶어 한다는 도시, 포틀랜드에 왔다. 포틀랜드가 어떤 이유로 이들에게 가장 살고 싶은 도시인지 몹시 궁금했다. 직접 와본 포틀랜드에는 생각보다 홈리스 부랑자들이 많아 당황스러웠다. 그렇지만 포틀랜드만의 감성이 느껴지는 거리를 걷는 것과 아기자기한 상점들을 구경하는 것은 좋았다. 고양이를 테마로한 온갖 소품들이 가득했던 Gifty Kitty, 제로웨이스트의 가치를 실천하는 리유저블 소품샵 Mama & Hapa's, 포틀랜드의 도넛 맛집 Blue Star Donuts, 줄 서서 먹는 샌드위치 Break Bread까지 포틀랜드에 있는 상점들은 모두 너무 사랑스러워 집 앞에 있었다면 참새 방앗간이 되었을 것 같은 곳들이었다. 아기자기하고 귀여운 소품들을 만날 때마다 고심하는 척하면서도 이내 지갑을 열게 됐다. 지갑을 열 때마다 오리건주에서의 쇼핑엔 세금이 붙지 않으니까 하며 자기 위안을 삼았다.

둘째 날 아침엔 포틀랜드의 맨 얼굴을 보고 싶어 아침 일찍 파머스 마켓을 찾아 장터 구경을 했다. 아이의 나이쯤 되는 소년도 집에서 구운 쿠키와 레몬 에이드를 만들어 나와 용돈을 버는 모습이 인상적이었다. 누군가의 블로그를 보고 찾아간 노스웨스트 23번가 거리는 힙하고 예쁜 가게들이 많아 걷는 재미가 있었다. 해 질 무렵엔 장미정원으로 유명한 워싱턴 파크를 찾아 미리 준비해간 도시락으로 늦은 점심을 먹은 뒤 꽃 구경을 했다. 그렇게 분주히 움직였던 날이었는데도 왜인지 아쉬운 마음에 호텔이 위치한 파웰북스 근처의 익숙해진 거리를 걷고 또 걸었다.

포틀랜드에 오기 전 검색해 본 각종 기사에 따르면 포틀랜드의 매력은 뚜렷한 사계절, 산과 바다 그리고 강을 끼고 있어 온갖 액티비티가 가능한 자연 환경, 상대적으로 낮은 집값, 소비세가 면제되는 것 등이라고 했다. 책으로 또 각종 여행기로 포틀랜드에 대한 이상적인 이야기를 너무도 많이 들어왔던터라 기대감이 컸던걸까? 직접 만난 이 도시가 내게 가장 살고 싶은 도시는 아니었다. 나는 포틀랜드 보다 이곳을 찾기 전에 들렀던 밴드(Band)라는 마을이 더 인상적이었다. 깨끗하고 안전한 거리, 모던하면서도 독특한 상점들, 여유로운 사람들까지 모든 것이 너무도 조화로워서 마치 동화 속에 들어온 듯 비현실적으로 느껴지는 곳이었다.

아직 포틀랜드의 자연을 만나보지 못했기 때문일까? 내게 포틀랜드는 저마다의 개성을 자랑하는 상점들 사이로 비틀거리며 걷는 홈리스 부랑자들을 피해 다녀야 했던 불편했던 곳이지만 아직 이곳의 진짜 매력을 보지 못한 것일 수도 있다. 내게는 살고 싶은 도시가 아니었지만 다수의 미국인들에게는 이곳이 거주지로서 정말 매력적인 도시일테니까. 어쨌든 미국 곳곳의 다양한 도시들을 돌아보며 언젠가 살고 싶은 도시를 상상해보는 것은 재미있었다. 여행은 내게 많은 것을 일깨운다. 모든 것이 불편하다가도 일순간 편안해지고, 낯설어서 뒷걸음 치다가도 새로운 장면을 들여다보게 한다. 길은 오늘도 끝없이 이어지고, 새로운 길마다 또 하나의 장면들이 만들어진다.

― 101번 해안도로를 따라 샌프란시스코

나는 기억력이 좋지 않은 편이다. 가끔 나의 기억력은 용량이 제한되어 있어서 하나가 들어오면 다른 하나를 지워야 유지되는 시스템이 아닐까 생각한다. 여행을 가면 '슬로베니아를 갔었지, 그때 버킷리스트를 이루 겠다고 떠나기 전날 호텔 앞 바닷가에서 아침 조깅을 했었는데'하고 좋았던 장면에 대해서는 기억을 하지만 묵었던 호텔의 이름이나 도시 이름, 여행을 갔던 년도 같은 디테일한 내용에 대해서는 잘 기억하지 못하는 편이다. 일을 할 땐 신기하게도 필요한 것들을 곧잘 기억하는 편인데 이상하게도 일상에서는 모든 것을 지운다. 그래서 꼭 필요한 것들을 기억하기 위해 상대적으로 리스크가 적은 일상에서의 기억들을 지우는 것이 아닌가 하고 스스로의 메모리 용량 제한에 대해 합리적인 의심을 해본다.

그래서 나는 기록을 하게 되었다. 그저 좋았던 장면, 나라에 그치지 않고 조금 더 자세하게 잊히지 않았으면 하는 시간들을 기억하기 위해 기록해 놓으면 언젠가 시간이 지나도 흐릿해진 것들을 복원하는데 도움이 되지 않을까 생각한다. 오늘은 101번 해안도로를 타고 많은 곳을 갔었다. 그 중에서도 꼭 기억하고 싶은건 Klamath라는 작은 마을 근처에 있는 Trees of Mystery라는 어드벤처에서의 시간이었다. 이곳을 방문하는 사람들이 꽤 많을 만큼 유명한 관광지라고 하는데 우리는 레드우드 국립공원과 다음 행선지인 샌프란시스코로 이동하기 위한 동선에 이곳이 있어 들르게 되었다.

그런데 이곳이 오늘의 하이라이트가 되었다. 시부모님과 우리 셋, 다섯 사람의 입장료로 83불을 냈는데 너무도 착한 가격에 즐거운 기억들을 많이 만들어준 곳이다. 몇백 년은 되었을법한 나무들로 우거진 숲을 걷는 것과 키가 큰 나무들 사이에 연결된 구름다리 Redwood Canopy Trail을 건너는 것이 특히 재미있었다. 어렸을 때는 번지점프를 수도 없이 했을 만큼 겁이 없었는데 나이가 들수록 높은 곳이 두려워진 나는 혹시나 털친구들이 처음 경험해 보는 다리를 무서워 할까봐 초코를 품에 안고 캐노피를 건넜다. 40m가 넘을 만큼 긴 다리를 포함해 총 9개의 흔들 다리를 건너야 했는데 흔들거리는 캐노피가 무섭게 느껴질 때 초코의 따뜻한 체온이 힘이 되었다. 겁에 질린 것은 초코가 아니라 나였고, 결국 의젓한 초코가 흔들거리는 9개의 다리를 무사히 건널 수 있도록 도와준 셈이 되었다.

그렇게 가족 모두 캐노피 하나를 건널 때마다 서로를 놀리기도 하고 격려하기도 했다. 모든 코스를 끝내고 마지막으로 곤돌라를 탔는데 곤돌라를 타고 내린 곳에서 입구까지 곤돌라를 탈지, 걸어 내려갈지 정해야 하는 선택 구간이 있었다. 올라오는 길이 재미있었기에 우리는 산 바람을 느끼고자 마지막 하강 구간의 곤돌라를 지나쳐 걸어 내려가기를 선택했는데 그 바람에 1시간가량 비탈진 산길을 트래킹 해야했다. 다리가 후들거릴 정도로 힘이 들었지만 숲 내음을 맡으며 바스락거리는 숲 속을 걷는 것이 좋았다. 가족들과의 추억이 가득한 Trees of Mystery도 언젠가는 나의 기억에서 사라지겠지만 그곳에서 걸을 때마다 들리던 나뭇잎의 바스락거리는 소리, 적당히 시원했던 바람, 흔들거리던 구름다리, 초코의 따뜻했던 체온은 내게 오래도록 남아 있었으면 좋겠다고 생각했다.

그렇게 101번 해안도로를 따라 도착한 샌프란시스코에서는 와이너리 투어로 여행을 시작했다. 와이너리에선 1인당 5잔의 와인을 맛볼 수 있었는데 운전을 맡은 남편의 와인까지 흑기사를 자처한 덕분에 몽롱함을 느끼며 기분 좋은 하루를 시작했다. 4년만에 다시 찾은 샌프란시스코는 여전히 매력적이었다. 깨끗한 거리, 아기자기한 가게들 덕분에 거리마다 지루할 틈이 없었다. 4년 전에 찾았던 샌프란시스코를 다시 마주하며 오랜만에 그리웠던 친구를 만나는 것처럼 마음이 설렜다. 4년 전에는 어렸던 아이를 뒤에 태우고 자전거를 탄 채 골든게이트를 건너다 소살리토를

코 앞에 두고 체력 방전으로 돌아갔었는데 이번엔 소살리토에서 가장 많은 시간을 보내며 그때의 아쉬움을 달랠 수 있었다.

  오래된 기억을 되짚어가며 예전에 갔었던 장소들을 찾아가는 것도 애틋하고 재미있었다. 샌프란시스코의 사진 명소인 The Painted Ladies에서 셋이 아닌 다섯이 되어 가족 사진을 찍고 애정하는 리유저블백 스토어 BAGGU 매장을 찾아 어머니와 사이좋게 같은 디자인의 커플 배낭을 사기도 했다. 피셔맨스 워프(Fisherman's Wharf)에서는 어머님의 위시리스트였던 클램차우더를 먹고, 롬바드 스트리트(Lombard Street)에선 서로의 인생 사진을 남겨 주었다. 힙하고 멋진 도시, 샌프란시스코는 여전히 반짝반짝 빛나고 있었다. 4년 전의 사진첩을 들여다보면 지금에 비해 부쩍 어렸던 우리가 해맑은 웃음을 지어 보이고 있지만 시간이 흘러 오늘의 사진첩을 들여다보면 지금만큼 반짝이는 순간도 없겠지 싶은 마음에 찰각찰각 셔터 소리가 애틋하게 느껴졌다. 이 멋진 도시 샌프란시스코처럼 우리도 시간에 지지 않고 지금처럼 계속 빛났으면 좋겠다고 생각했다.

— LA에서 2시간만에 떠나는 여행, 샌디에고

"언젠가 다시 미국에 와서 살게 된다면 이곳에서 살아도 좋을 것 같아."
5년 만에 샌디에고를 다시 찾았을 때 남편이 말했다. 미국에 여행자가 아닌 생활자로 살게 되면서 우리는 팔로스 버디스에서 2시간 거리에 위치한 샌디에고(San Diego)를 자주 찾았다. 겨우 2시간을 달려왔는데도 샌디에고에 도착하면 우리가 살고 있는 팔로스 버디스와는 다른 풍경, 다른 바이브에 멀리 여행을 떠나온 것 같은 기분이 들곤 했다. 바라보기에 좋은 감상용 해변을 품고 있는 팔로스 버디스와는 달리 몸을 담구고 놀기에 좋은 해변을 간직한 샌디에고는 주말을 보내기에 늘 좋은 선택지였다. 평화로운 해변에서 커다란 바위에 구석구석 숨어있는 작은 게들과 달팽이들을 찾다 보면 어느덧 해가 저물어 하늘이 오렌지 빛으로 물들곤 했다.

우리는 미국에 머무는 동안 샌디에고에 있는 테마파크 씨월드(Sea-World)의 연간 이용권까지 끊어가며 두 달에 한 번은 이 예쁜 도시를 찾았다. 그렇게 자주 찾다 보니 샌디에고를 갈 때마다 루틴처럼 들르는 우리만의 코스와 단골 맛집이 생겼다. 낯설었던 도시가 익숙한 장소가 되었을 때 그 도시의 매력은 배가 된다. 모두에게 열려 있는 장소지만 주말 아지트 같은 까페와 식당 그리고 해안가를 찾아갈 때마다 우리만의 비밀 장소를 찾아가는 것 같은 설렘을 느꼈다. 이렇게 찾는 장소들이 특별한 곳은 아니었지만 5년 전 이곳을 찾았던 젊은 날의 우리와 현재의 우리가 만든 추억들이 적재되면서 애틋한 기억과 추억들이 쌓여갔다.

샌디에고에 갈 때면 대부분 아침 일찍 출발해 당일치기로 다녀오는 코스를 선택했지만 한 번은 조금 더 여유롭게 도시를 즐기고 싶어 1박2일 코스를 다녀오기로 했다. 4년 전 미국으로 여행을 왔을 때 묵었던 호텔을 예약하고 작은 트렁크에 짐을 싸 길을 떠났다. 아침부터 부지런을 떨어 샌디에고에 도착해 제일 먼저 찾아간 곳은 SeaWorld였다. 씨월드는 이름처럼 놀이기구 외에도 바다 생물이나 동물 친구들을 함께 보고 체험할 수 있어 아이가 애정하는 테마파크였다. 특히 입구에는 가오리 같은 물고기를 직접 만져볼 수 있는 존이 마련되어 있었는데 아이는 이곳을 지날 때마다 한참 동안 발을 떼지 못하고 물고기를 만지곤 했다. 왠지 아이들을 위한 놀이기구만 있을 것 같은 씨월드지만 경험한 바 유니버셜 스튜디오, 레고랜드, 디즈니랜드를 통틀어 가장 스릴 있는 놀이기구들은 모두 이곳에 있었다. 또 시간 맞춰 물개 쇼, 돌고래 쇼 등을 보다 보면 아이뿐만 아니라 우리도 함께 동심으로 돌아가 즐거운 시간을 보낼 수 있었다.

아침을 아무리 든든히 먹고 나왔어도 씨월드에서 한참을 놀다 보면 허기가 지는데 이때가 바로 샌디에고의 리틀 이태리로 향해야 할 때이다. 리틀 이태리는 한인타운, 차이나타운처럼 이탈리아에서 이주해온 사람들이 모여 살면서 붙여진 구역의 이름이다. 이곳에는 이탈리아를 대표하는 다양한 맛집과 카페들이 가득한데 그 중에서도 우리가 애정하는 곳은 Filippi's Pizza Grotto Little Italy라는 피자집이었다. 실제 이탈리아 사장님께서 운영하시는 곳으로 이태리 방식으로 만든 마르게리따 피자와 미트볼 스파게티를 주문해 한 입 베어 물면 마치 이태리로 순간 이동을 한 것 같았다. 거기에 착한 가격까지 리틀 이태리의 작은 피자집은 나무랄데 없는 우리들의 참새 방앗간이었다. 날짜를 잘 맞춰가면 매주 수요일(9:30~13:30)과 토요일(8:00~14:00) 리틀 이태리 앞에서 열리는 파머스 마켓도 구경할 수 있는데 늘 주말을 이용해 샌디에고를 찾았던 우리는 점심을 먹고난 후 바로 파머스 마켓으로 달려가 시장 구경을 하곤했다. 이곳의 파머스 마켓은 다른 곳에 비해 규모도 크고, 다양한 품목들이 판매되고 있어서 구경하는 재미가 쏠쏠했다. 토요일 오후의 리틀 이태리는 언제나 활기가 넘쳐서 구경하는 것만으로도 기분 좋은 에너지를 가득 느낄 수 있었다.

다음으로 들르는 곳은 바로 라호야 코브였다. 샌디에고는 미국에서도 은퇴 후 가장 살고 싶은 도시로 늘 순위권에 꼽히는데 고급 주택들이 늘어선 이곳은 실제로 은퇴한 어르신들이 많이 살고 있는 지역 중 하나였다. 라호야 코브가 샌디에고의 핫 플레이스가 된 것은 이곳 해변과 바위 위에서 일광욕을 즐기고 있는 물개 친구들 덕분이기도 하다. 해변에서 일광욕과 서핑을 즐기는 사람들 사이 자연스럽게 어우러져 쉬고 있는 물개 친구들을 보는 것은 그 자체로 특별한 볼거리였다.

라호야 코브를 거쳐 첫날 일정의 대미를 장식한 곳은 발보아 파크였다. 발보아 파크는 규모가 매우 큰 복합 문화 공원으로 다양한 박물관과 미술관, 여러 나라의 건축 양식으로 지어진 건물들까지 한 공간에서 다양한 요소들을 두루 즐길 수 있는 곳이다. 주말이면 공원 안에 프리마켓이나 음악회 등 각종 행사도 열려 늘 볼거리가 넘친다. 커다란 공원을 천천히 걷다 보면 새로운 공간들이 끊임없이 펼쳐져 지루할 틈 없이 공원을 즐길 수 있는데 우리는 특히 Spanish Village Art Center를 좋아했다. 도자기, 공예 등 다양한 분야의 스튜디오들이 모인 이 공간은 다채로운 컬러의 지붕과 벽 그리고 바닥 타일 등으로 꾸며져 있어 사진을 찍기에 좋은 장소였다. 아이가 5살이었을 때 사진을 찍었던 곳에서 같은 포즈로 사진을 찍으며 우리의 모습을 남길 때마다 매번 감회가 새로웠다. 그리고 Botanical Garden 옆 커다란 연못 앞에 있는 벤치에 앉아 오리 친구들을 보는 것도 좋았다. 보태니컬 가든은 한국인들에게 김은숙 작가의 상속자들이라는 드라마의 한 장면이 촬영된 곳으로 알려져 있는 곳이기도 하다. 이곳은 고풍스러운 건축물을 배경으로 여유를 즐기기에 딱 좋은 장소이다. 발보아 파크를 마지막 코스로 선택하는 데에는 탁 트인 공원에서 해질 무렵 예쁘게 물든 하늘을 보기 위한 목적도 있었다. 공원 끝까지 걸어가면 예쁜 분수가 나오는데 이곳에 도착할 즈음이면 매번 하늘이 예쁘게 물들어 있곤 했다.

그렇게 샌디에고의 첫날 일정을 마친 뒤 호텔이 위치한 가스램프 쿼터로 향했다. 가스램프 쿼터는 샌디에고의 다운타운으로 주변에 다양한 레스토랑과 슈퍼마켓, 상점들이 모여 있어 도시를 즐기기에 좋은 곳이다. 주말이면 차 없는 거리를 만들어 다양한 행사를 진행하기도 해서 늦은 시간까지 안전하게 거리를 걸으며 여러가지 이벤트를 즐길 수 있다. 4년 전 이곳에 왔을 때 가스램프 쿼터의 레스토랑에서 와인과 함께 먹었던 저녁 식사는 시간이 오래 지난 지금까지도 애틋한 기억으로 남아있다. 그때는 Horton 호텔 맞은 편에 위치한 요가 스튜디오에서 원데이 티켓을 끊어 요가 수업에도 참여했었는데 지금은 다른 장소로 바뀌어 있어 아쉬웠다. 대신 고양이 카페 같은 귀여운 장소들이 생겨 새롭게 가보고 싶은 곳들이 생겼다. 긴 하루를 보내고 가스램프 쿼터 끝까지 걸어가면 오늘의 집이 되어줄 Horton Grand Hotel을 만날 수 있다. 제법 운치 있는 외관을 자랑하는 이 호텔은 오래된 역사와 예스러움을 그대로 간직한 인테리어로 꽤 유명하다. 아주 깨끗하거나 세련된 시설은 아니지만 호텔이 가진 특별한 무드를 한

번 경험한다면 또 다시 찾게 되는 매력을 가지고 있다. 호텔 샤워실엔 욕조도 구비되어 있어 4년 전처럼 뜨거운 물을 가득 담아 반신욕을 하며 하루 끝의 고단함을 풀 수 있었다.

다시 날이 밝아 맞이한 샌디에고의 둘째 날, 전날 가스램프 쿼터의 한

적한 거리를 걸으며 점 찍어두었던 레스토랑에서 여유롭게 아침을 먹고 씨포트 빌리지로 향했다. 씨포트 빌리지는 이름처럼 항구 옆에 위치한 곳으로 저마다의 개성을 자랑하는 다양한 로컬 숍이 즐비해 있다. 상점들 사이사이 아이스크림 가게와 카페들도 많아 잠시 쉬어가며 구경하기에 좋은 곳이다. 빌리지 안에 위치한 작은 연못에는 오리 친구들이 유유자적 쉬고 있는데 동물을 좋아하는 아이가 이곳에서 오리들을 보는 동안 우리도 벤치에 앉아 여유를 즐기곤 했다.

다음 코스는 샌디에고 일정에서 빼놓을 수 없는 코로나도 비치로 붉은색 지붕의 화려한 외관을 자랑하는 호텔 델 코로나도 앞에 위치한 이 해변은 여유로운 휴양지의 분위기를 만끽할 수 있는 곳이다. 특히 물속에 몸을 담궈 놀거나 모래 놀이를 하기에도 좋아서 오후의 따뜻한 햇살을 받으며 시간을 보내기에 좋다. 아이가 새들을 쫓아다니고 조개도 주우며 시간을 보내는 동안 우리는 커다란 피크닉 매트나 비치타월을 펼쳐 놓고 그 위에 앉아 책을 읽곤 했는데 그럴 때면 한국에서의 바쁜 일상으로부터 떠나와 미국에 와 있다는 것이 실감나곤 했다. 코로나도 비치는 아이가 샌디에고에서 씨월드 다음으로 애정하는 곳이어서 다른 장소 보다 많은 시간을 보내곤 했다. 1~2시간 지났을까 하고 시계를 보면 매번 3~4시간이 훌쩍 지나 있을 때가 많았다.

이제 1박 2일의 짧은 여행을 끝내고 집으로 돌아갈 시간, 집으로 가는 길엔 샌디에고의 로컬 커피 전문점인 Bird Rock Coffee Roasters에 들러 해변을 가로지르는 차들을 보면서 커피 한 잔으로 카페인을 충전하곤 했다. 샌디에고는 당일치기로도 1박 2일 코스의 짧은 여행지로도 손색이 없는 곳이지만 만일 하루 이상 여유롭게 이 도시에 머물게 된다면 여러 액티비티를 저렴하게 즐길 수 있는 Go City 패스를 구입하는 것도 추천한다. 샌디에고의 경우 주요 방문지들간 거리가 멀지 않아 동선을 잘 짠다면 Go City 같은 패스를 통해 보다 다양한 방문지들을 경제적으로 즐길 수 있을 것이다.

NO	방문지	주소
1	SeaWorld	500 Sea World Drive, San Diego
2	Filippi's Pizza Grotto Little Italy	1747 India St, San Diego
3	Little Italy Farmer's Market	434 W Cedar St, San Diego
4	La Jolla Cove	1100 Coast Blvd, La Jolla, San Diego
5	Balboa Park	Balboa Park, San Diego, CA
6	HORTON GRAND HOTEL	311 Island Ave, San Diego, CA 92101
7	Seaport Village	849 W Harbor Dr, San Diego, CA 92101
8	Coronado Central Beach	1100 Orange Ave, Coronado
9	Bird Rock Coffee Roasters	2212 Carmel Valley Rd, Del Mar, CA 92014

▲ 샌디에고 여행 추천 리스트

— 젠틀한 신사의 도시, 보스톤

오랫동안 해외에서 살아보기를 꿈꿨지만 목적지가 처음부터 미국은 아니었다. 깨끗한 자연환경을 가지고 있으면서 안전한 캐나다, 호주, 뉴질랜드 같은 초록의 나라를 꿈꿨다. 그러나 코로나를 맞이하면서 모든 국면이 바뀌었고, 좋은 학교에서 공부해 보고 싶다는 남편의 의지까지 더해져 최종 정착지는 미국이 되었다. 남편이 처음 미국으로 가자고 했을 때 나는 차라리 가지 않기를 택하겠다고 할 정도로 극심한 반대의 편에 서 있었다. 이유는 미국이 총기 허용 국가라는 것에 있었다. 아무리 내가 조심하고 또 조심해도 언제 어디서 어떤 사고가 일어날지 알 수 없었기에 두렵고 무서웠다. 총기뿐일까 다수의 주에서는 마약도 허용되는 만큼 도처에 위험이 널려 있다고 생각했다.

그러나 우여곡절 끝에 미국으로 가기를 선택하고 이곳에서 생활자로 살아낸 지금, 총과 마약의 위험성 때문에 미국에 가지 않겠다고 했던 과거의 나는 없다. 한국에 살 때는 뉴스와 신문 등을 통해 총과 마약 같은 어둡고 무서운 면에 대해 부각된 보도들만 접하곤 했었는데 살아보니 우리가 살고있는 팔로스 버디스는 마치 그런 것이 존재하지 않는 듯 평화롭기만 했다. 물론 한 시간 거리 인근 LA 다운타운에서는 여전히 총기로 인한 각종 사건 사고 소식이 들려왔지만 총과 마약 때문에 일상이 두려움에 갇힐 만큼 치안이 불안한 것은 아니었다. 만약 위험하다는 이유로 미국에 오지 않은 채 한국에서의 일상을 이어갔다면 어땠을까? 새로운 친구들을 사귀고, 다양한 도시들을 여행하고, 학교 생활을 하는 이곳에서의 일상을 경험해 보지 못한 채 평생 미국이란 나라를 위험한 곳으로 치부하며 살았을 것이다.

아이를 미국 학교에 보내고, 이곳 사람들과 관계를 맺어 나가며 생활자로 살아가는 동안 내가 얼마나 편협한 시각으로 세상을 바라보았는지 알 수 있었다. 세상은 넓고 아직 내가 알지 못하는 세계가 이토록 무한하다는 사실에 나는 겸손해졌고 또 용감해졌다. 일상에서 직접 부딪쳐가며 느낀 언어적, 심리적 괴리감은 이방인으로서 외국에서 살아야 하는 삶을 직시하게 했지만 반대로 그림 같은 하늘과 축복받은 자연환경 속에서 사계절 내내 온화한 햇살을 누릴 때면 앞으로 삶의 가치를 어디에 두고 살아가야 할지 깊이 생각해 보게 됐다.

무엇보다 예전에는 막연한 상상을 하며 해외에서 살아보기를 꿈꿨다면 이제는 경험했던 것들을 기반으로 보다 현실적인 해외 살이를 상상할 수 있게 되었다. 언젠가 다시 미국에서 살게 된다면 살아보고 싶은 도시가 생겼고, 해보고 싶은 일들이 생긴 것이다. 보스톤도 우연히 여행을 갔다가 살아보고 싶다는 생각을 하게 된 도시 중 하나였다. 미국을 떠나오기 전 마지막으로 보스톤을 방문했었는데 신기하게도 공항에서부터 느껴지는 정돈된 분위기와 젠틀한 무드에 여행의 시작부터 보스톤이 좋았다. 본래 보스톤행 비행기를 탔어야 하는 시간은 전날 밤 9시였지만 비행기를 놓치는 바람에 다음날 새벽 비행기를 탔다. 시작부터 순탄치 않았던 여행이었지만 보스톤을 떠올리면 온통 좋은 기억들뿐이다. 깨끗하게 정비된 거리, 붉은색 벽돌의 고풍스러운 건물들, 코끝에 차갑게 느껴지던 12월의 공기, 반짝이던 크리스마스 트리까지 모든 것이 아름다웠다.

다양한 인종이 살고 있는 서부와 달리 보스톤에는 백인의 미국인들이 더 많은 것 같았고 그 때문인지 검은 머리카락을 가진 우리는 어디에서나 눈에 띄는 여행자의 모습을 하고 있었다. 하지만 다행스럽게도 그 어디서도 동부의 텃세나 인종차별 같은 태도는 찾을 수 없었고 만나는 모든 이가 친절했다. 사실 남편은 10년 전 우리보다 먼저 보스톤을 찾았었다. 회사 출장으로 보스톤에 3주 정도를 머물던 그는 수화기 너머 설렘이 묻은 목소리로 언젠가 혼자가 아닌 둘이 이곳을 다시 찾을 수 있었으면 좋겠다고 말했었다. 어떤 날은 퀸시마켓이라는 곳을 갔었는데 내가 이곳의 분위기를 좋아할 것 같다며 함께 보스톤을 찾게 된다면 꼭 퀸시마켓에 같이 오자고 말하기도 했다. 10년 전엔 알았을까? 우리가 팔로스 버디스에 머물며 보스톤으로 여행을 오게 되리라는 것을... 남편의 바램대로 우리는 정말 보스톤에 오게됐고, 운명처럼 퀸시마켓 앞에 위치한 호텔에 묵게 되었다.

커다란 트리와 반짝이는 크리스마스 장식이 가득한 광장을 지나 퀸시마켓에 들어서자마자 남편이 내가 이곳을 좋아할 거라고 말한 이유를 알 것 같았다. 단정함과 자유로움이 공존하는 공간에 길 위의 예술가들이 춤을 추고, 노래하는 거리를 지나 커다란 문을 열고 들어서자 일순간 따뜻해지던 공기, 다양한 문화권에서 날아왔을 음식 냄새가 허기를 자극하던 곳, 어수선하지만 따뜻하고 활기찬 분위기의 퀸시마켓이 나는 썩 마음에 들었다. 전날 밤 비행기를 놓치고 다시 새벽 비행기를 타는 일정을 소화했던터라 많이 고단한 상태였는데도 이곳의 연말 분위기가 좋아 한참이나 거리를 쏘다녔었다.

결국 보스톤에 도착한 첫날, 잠자리에 들기 전 "보스톤 너무 좋다! 기회되면 여기에서 살아봤으면 좋겠다"는 말을 입 밖에 내어 버리고 말았다. 보스톤에 도착한지 겨우 5시간만이었다. 부정할 수도 없이 첫날부터 나는 이 도시와 사랑에 빠져 버리고 말았다. 보스톤에 머무는 동안 우리

는 도시의 면면을 최대한 마음에 담으려고 노력했다. 말로만 듣던 찰스 강변에 앉아 스콘을 먹고, 뉴베리 스트리트에서 체크무늬 자켓을 사기도 하고, 비콘 힐에서 커피를 마시고, 보스턴 공공 도서관에 앉아 책을 읽기도 하며 일상 같은 시간을 보냈다. 크로아티아를 떠올리면 붉은 지붕이, 로마를 떠올리면 오래된 돌바닥이 생각나는 것처럼 여행을 하다 보면 그 도시를 상징하는 것들이 사진처럼 마음에 남곤 하는데 보스턴의 거리를 걸을 때마다 주변을 물들이던 붉은색 건물의 강렬한 존재감으로 이 도시는 내게 붉은 벽돌로 기억되겠구나 하고 생각했다. 붉은색 건물들이 늘어선 보스턴의 거리는 오랜 시간을 이겨온 만큼 세련되진 않았지만 멋지게 나이든 젠틀한 신사처럼 자신만의 매력을 뽐내고 있었다. 살아보지 않았다면, 여행을 떠나오지 않았다면 알 수 없었을 여행의 시간이였다.

— 잠들지 않는 도시, 뉴욕

우리 집에서 나는 가던 길 선생이라 불린다. 새로운 길을 발굴하기 보단 아는 길, 익숙한 길을 선호한다. 회사 생활을 하며 알았다. 나는 변화에 취약한 인간이라는 것을. 그마저도 변화가 적은 조직에서 일했던 나는 어쩌다 업무가, 상사가 바뀌기만 해도 쉽게 예민해졌다. 어쩌다 입에 맞는 맛집을 발견하면 한 두 번 찾는 것에 그치지 않고 월화수목금 주 5일, 심할 땐 한 달에 보름을 찾고, 좋아하는 노래가 생기면 3년 내내 한 곡만 들을 만큼 외골수인 성향까지 더해져 이 점이 좋게 작용할 땐 좋다 가도 나쁘게 작용할 땐 끝도 없이 바닥을 파고들게 했다.

그런 내가 낯설고 먼 미국에 와 있다니, 그런 내가 태어나 처음 와보는 도시에 서 있다니 스스로 생각해도 신기하고 놀라운 일이다. 여행 가방을 싸는 순간부터 익숙하고 정돈된 곳을 떠나 완전히 새로운 곳으로 간다는 것에 극한의 스트레스를 받으면서도 막상 낯선 곳에 떨어지면 누구보다 신나 하는 이상한 성격이다. 그래서 여행은 늘 내게 두려움이자 설레임이었다. 어쩌면 살면서 지나온 많은 경험 중 나를 성장하게 한 모든 것은 다 여행 같았다. 두렵지만 해내고 나면 새로운 세상이 펼쳐졌던 여행.

어쩌다 보니 4년 전 그때처럼 12월 31일 또다시 뉴욕에 와 있다. 4년 전 처음 마주했던 뉴욕 역시 내게는 두려움이었다. 책에서 보았던 힙한 카페와 거리는 보이지 않았고 거리마다 즐비한 홈리스들과 술에 취해 비틀거리던 사람들, 도로를 가득 메운 차들과 지하철의 악취가 뉴욕의 첫인상이었다. 어떤 이유로 사람들이 이 도시에 열광하는 건지 이해할 수 없었다. 그런데 신기하게도 하루 이틀 시간이 지나자 조금씩 도시가 다르게 보이기 시작했다. 여전히 길 위엔 부랑자가 가득했고, 밤마다 사이렌 소리가 도시를 뒤덮었지만 도시를 활보하는 사람 중 누구도 그런 것들엔 아랑곳하지 않는 것 같았다.

　센트럴 파크 벤치에 앉아 다람쥐들이 땅속에 도토리를 숨기는 것을 관찰하고, 타임스퀘어 주변을 어슬렁거리며 느린 시간을 보내다가 알게 되었다. 뉴욕은 그냥 그런 도시라는 것을. 길 위에서 큰 소리로 노래를 부르고 춤을 춰도 그 누구도 손가락질하지 않는 도시, 간섭하지 않는 대신 있

는 그대로의 개성을 인정하는 도시, 어쩌면 뉴욕의 다른 이름은 존중이었다. 반짝이는 네온사인이 거리를 환하게 비춰 밤새도록 불이 꺼지지 않는 도시, 뉴욕의 다른 이름은 열정이었다. 무엇을 해도 괜찮은 도시, 무엇이든 할 수 있는 도시 뉴욕에서는 왠지 나도 웅크렸던 어깨를 펴고 당당하게 걸을 수 있을 것 같았다. 뉴욕 여행 중 어느 날은 소호 거리를 걷다가

편집 샵에서 발견한 뿔테 안경을 충동적으로 구매하기도 했다. 평소 같았으면 절대로 시도하지 않았을 제멋대로 구부러진 각진 모양의 안경테였지만 어쩐지 뉴욕에서는 이런 이상한 안경을 쓰고 거리를 활보해도 될 것 같았다. 한국에 돌아온 후에도 한동안 소호 거리에서 사온 요상한 모양의 뿔테 안경을 쓰고 다녔었다. 괜찮다, 괜찮다 있는 그대로의 나를 인정하고 존중하자고 다독이던 뉴욕에서의 시간을 떠올리면서...

그리고 4년 만에 다시 찾은 뉴욕은 여전했다. 여전히 더럽고, 복잡하고, 시끄러운 도시. 여전히 반짝이고 거침없고 매력적인 도시. 미치지 않고서는 살 수 없는 이 세상에서 조금 미치면 어때? 라고 말하는 것 같은

이 도시의 매력을 이제야 조금 알 것 같았다. 짐을 싸기 전엔 두려웠다가 길 위에 서면 설레이는 여행처럼 인생은 언제나 아이러니하다. 하루에도 수없이 마주하는 예측불허의 상황과 새로운 숙제 앞에 나는 여전히 두렵다. 출근을 시작하기도 전에 복직 후 분주해질 일상이 두렵고, 사무실에서의 전투가 두렵다. 그러나 나를 두렵게 하는 상황들을 마주했을 때 천

천히 그 세계 속으로 걸어 들어가 고군분투하고 나면 그것이 나를 성장시킬 것을 안다. 그렇기에 이제 나는 두려움의 동의어는 성장이 아닐까 생각한다. 그리고 내 안의 작은 용기들을 모아 보기로 한다. 그러니 앞으로 어떤 일을 앞두고 두려움을 느낀다면 곧 성장할 거라는 신호로 받아들여도 되지 않을까? 두렵다면 그것이야 말로 반드시 도전하라는 무언의 신호이니까. 그 무엇도 속단해선 안 된다. 그 이면에는 예상을 뛰어넘을 다른 매력들이 넘실거릴 테니까. 지금 여기, 반짝이는 도시 뉴욕처럼!

— 전통과 현대가 공존하는 도시, 시애틀

삶은 여행이고, 여행도 삶이다. 하루 끝에 들여다본 사진 속엔 모든 것이 아름답기만 하지만 다섯 사람과 개 두 마리가 함께하는 여행은 쉽지 않다. 에너지가 넘쳐흐르는 열 살 어린이는 까르르 웃을 땐 세상 사랑스럽다가도 하루에 몇 번씩 토라지길 반복한다. 이르게 찾아온 사춘기처럼 이유를 알 수 없는 짜증으로 나의 인내심을 테스트할 때마다 가장 힘든 것은 나라는 사람의 바닥을 보는 것이다.

또 아무리 허물없이 지내는 사이일지라도 며느리 입장에서 시부모님을 모시고 다니는 여행은 어렵다. 신장이 좋지 않아 저염식을 해야 하는 아버님을 위해 우리는 호텔에 머물렀던 5일을 제외한 모든 일정에서 하루 세끼를 해 먹었고 그만큼 끼니를 위한 짐과 수고도 배로 들여야 했다. 에어비앤비 숙소가 없는 지역에서는 2개의 침대가 놓인 호텔 방을 함께 쓰며 서로의 코 고는 소리와 잠꼬대 소리, 아침에 일어나 퉁퉁 부은 얼굴까지 모든 것을 공유해야 했다. 순간순간마다 현실 자각 타임이 찾아왔지만 그마저도 여행의 일부로 받아들여야 했다.

하물며 2주가 넘는 장기 여행을 하다 보니 아무리 조심을 해도 보이지 말아야 할 모습을 보일 때가 많았다. 이를테면 부부간에 투닥 거리는 모습, 아이에게 소리 지르는 모습 등 감추고 싶었던 순간들을 적나라하게 들켜야 할 때가 많았다. 그럴 때면 나는 정말이지 순간 이동으로 어딘가 숨어버리고 싶었다. 나의 다정한 털 친구들은 언제나 고도의 인내심으로 강도 높은 스케줄과 일정에 잘 적응해 주었지만 에어비앤비 숙소나 호텔에 머물 때면 아이들이 배변 실수를 하지 않도록 아침과 새벽 수시로 야외 배변을 시켜야 했으며, 입장이 제한된 장소는 과감히 포기해야 했다.

차 유리는 언제나 일곱 식구의 입김으로 가득 찼으며, 좁은 차 안에서 서로의 엉덩이를 부딪치며 기침 소리를 나누는 것은 일상이었다. 가족은 세상에서 가장 가까운 사이지만 쉽게 상처주고 상처받는 관계다. 우리의 여행은 쉽지 않은 도전이었지만 그래도 여행을 무사히 마쳤다. 시부모님께도 우리에게도 이번 여행은 잊을 수 없는 시간일 것이다. 함께 본 일몰, 함께 갔던 도시, 함께 먹었던 음식에 대해 이야기하며 우리는 사는 내내 함께 나눈 기억과 추억을 회상할 것이다. 그래서 수만 가지 단점에도 불구하고 이번 여행은 의미가 있었다.

왼편에는 높이 솟은 건물들, 바삐 걸어가는 사람들, 도로를 가득 채운 차량들 오른편에는 바다와 전통시장, 트램이 있는 풍경까지 전통과 현대가 하나의 프레임에 공존하는 도시 시애틀에서도 우리는 함께 많은 곳을 걸었다. 파이크 마켓을 시작으로 껌 벽, 스타벅스 1호점, 시애틀 인근의 위성도시 밸뷰까지 아침부터 발바닥에 땀이 나도록 다니며 시애틀을 가슴에 담았다. 생동감이 넘쳐 흐르면서도 오랜 세월을 간직한 거리, 올드

한 감성이 느껴지는 시애틀은 어쩐지 서울의 얼굴과 닮은 것 같기도 했다. 돌이켜보면 거리 곳곳에서 돈을 구걸하던 홈리스들, 악취 가득한 쓰레기 더미 등 알고 싶지 않았던 시애틀의 맨 얼굴도 많이 보았지만 이제 우리는 이곳을 떠올리며 함께 먹은 크램차우더, 서로를 카메라에 담았던 다정한 장면들을 생각할 것이다. 삶은 여행이고, 여행도 삶이다. 항상 아름다운 순간만 있는 것은 아니지만 돌아보면 모두가 그리워질 순간이란 걸 안다. 그래서 오늘, 우리가 걷는 모든 시간은 또 하나의 의미가 된다.

대자연의 신비, 옐로우스톤 국립공원

— 버팔로의 발자국 소리를 들어본 적 있나요?

　미국에 여행을 오신 시부모님께 아이를 맡기고 남편과 둘이 여행을 떠나올 때 이번 여행에 대한 기대감은 제로였다. 시부모님께서 우리 집에 머무시는 동안 신장이 좋지 않으신 아버님의 식단으로 매 끼니 어떤 메뉴를 해야 할지 고민하는 것도, 다섯 식구가 먹은 그릇과 수저를 씻어내는 일도 고단하게 느껴졌고, 늘 한계를 느끼는 나의 영어 실력은 제자리 걸음에 야심차게 매일 글을 쓰겠다던 결심도 흐지부지, 모든 것이 내 맘대로 되지 않는 것 같다고 느끼던 시기였다. 하지만 시부모님께서 아이를 돌봐 주실 수 있는 소중한 기회를 놓칠 순 없었다. 잠시 시간을 갖는 동안 부모님께서도 우리도 각자 휴식을 취할 수 있는 좋은 기회이기도 했다. 그렇게 떠나온 여행, 미국에 온 뒤 처음으로 남편과 둘이 떠나는 비행기 안에서 이번만큼은 나를 위한 여행을 해보자고 다짐했다.

　Idaho를 거쳐 Utah, Wyoming 그리고 Montana까지 여행의 둘째 날 하루만에 4개의 주를 여행하며 우리는 끝없이 펼쳐진 숲길을 달리고 또 달렸다. 둘 다 많이 지쳐있던 시기였기에 한동안은 아무런 말없이 그저 이어지는 길을 달리기만 했다. 그러다 캘리포니아와는 달리 시시각각 변하는 하늘을 보며 이 여행의 끝에는 무엇이 있을지 조금씩 기대감이 들기 시작했다. 셋째 날엔 Wyoming의 Hayden Valley라는 곳을 찾았는데 이곳에서는 살면서 보았던 장면 중 손에 꼽을 만큼 아름다운 장면들을 많이 보았다. 진흙, 동굴, 크고 작은 웅덩이에서 부글부글 끓어오르는 가이저와 수증기는 봐도 봐도 신비하고 경이로웠다. 바람이 불면서 가이저에서 뿜어져 나오는 뜨거운 수증기가 얼굴을 덮쳐 안경에 하얗게 김이 서릴 때마다 자연이 만들어낸 신기한 현상에 눈을 꿈뻑거리며 한참을 들여다보았다.

특히 헤이든 밸리에서 수십 마리의 버팔로 무리를 만난 것은 평생 잊지 못할 장면이었다. 천국이 있다면 이런 풍경일까 싶을 만큼 아름다운 장면 속에서 착한 눈의 버팔로들이 한가로이 풀을 뜯고 있었다. 정말이지 꿈일까 싶을 정도로 비현실적인 장면이었다. 넋을 잃고 끝없이 펼쳐진 들판에서 버팔로 무리를 만나고 돌아왔던 날, 설레는 맘에 밤늦도록 잠을 이루지 못했다. 깊은 밤 숙소에 짐을 풀고 누웠을 때 손을 뻗으면 닿을 듯 가까운 거리에서 버팔로 무리가 우리를 스쳐 가던 순간 바닥에 울려 퍼지던 버팔로의 발자국 소리가 아직도 귓가에 맴도는 것 같았다.

— 100%의 여행에 대하여

그렇게 아주 천천히, 조심스럽게 쌓아간 둘만의 여행은 어느덧 마지막 날을 맞이했다. 비상 식량으로 남겨둔 라면을 아침으로 끓여 먹고 아이다호 파머스 마켓을 찾았다. 이곳은 일주일에 한 번 토요일에만 열렸는데 다행히 돌아가는 날이 토요일 이어서 마켓을 찾을 수 있었다. 숙소에서 차로 5분 거리인 Snake River에 도착하자 한쪽 도로를 폐쇄한 채 끝이 보이지 않을 만큼 길게 늘어선 천막들이 보였다. 차에서 내려 입구에 닿자마자 이곳이 재미있는 장소일 거라는 확신이 들었다. 오전 9시가 갓 넘은 이른 시간이었는데도 거리에 활기가 넘쳤다. 동네 사람들 모두가 토요일 아침 장을 보기 위해 이곳에 모인 것 같았다. 미국에 온 뒤 다양한 파머스 마켓을 가보았지만 본 중에도 가장 큰 규모의 파머스 마켓이었다. 규모가 큰 만큼 마켓에서는 베이커리부터 화덕 피자, 악세서리, 옷, 꿀, 도마, 그림, 아이스크림, 커피, 채소, 과일까지 다양한 품목을 팔고 있었다.

특히 어린 아이들과 함께 마켓을 찾은 젊은 친구들이 많았고, 털 친구들을 동반한 가족들도 많았다. 귀여운 털 친구들을 만날 때마다 이름을 묻고, 인사를 나누는 것 또한 큰 즐거움이었다. 정신없이 구경을 하다 어느덧 길 끝에 다다랐을 때 드디어 지갑을 열 만한 가게를 만났다. 바로 레몬과 함께 원하는 과일들을 즉석에서 조합해 레몬에이드를 만들어 주는 가게였다. 각양각색의 가게 중 줄이 가장 길게 늘어선 곳이기도 했다. 줄 끝에 합류해 10분쯤 기다렸을까, 드디어 우리 차례가 됐다. 나는 스트로베리 레몬에이드 한 잔을 주문했다. 호탕한 웃음소리가 매력적인 사장님께서 능숙하게 레몬즙을 짠 뒤 컵에 레몬 껍질을 네 조각으로 잘라 담으셨다. 그다음 으깬 딸기와 설탕 그리고 얼음과 물을 담아 열심히 흔든 다음 컵에 완성된 레몬에이드를 담아주셨다. 큰 사이즈를 주문해서 남편과 나누어 먹기에도 넉넉한 양이었다. 6.5달러짜리 레몬에이드의 맛은 지금까지 먹어본 중 최고였다. 한 모금 마시자마자 나는 레몬에이드의 상큼하고 달콤한 맛에 반해버렸다. 지금 막 짜낸 레몬과 딸기의 신선함이 느껴지면서도 적당히 달고 새콤한 완벽한 조합이었다.

한 모금 들이켤 때마다 행복해지는 레몬에이드를 손에 들고서 우리는 이쪽 끝에서 저쪽 끝까지 한 곳의 가게도 놓치지 않겠다는 사람들처럼 신중하게 마켓을 구경했다. 토요일 아침의 파머스 마켓은 기분 좋은 에너지로 가득했고, 레몬에이드 한 잔을 다 비울 즈음 처음 당도했던 길 끝에 와있었다. 발길이 떨어지지 않을 만큼 이 장소가 좋았지만 다시 길을 떠나야 했다. 공항이 있는 솔트레이크 시티로 가기 전 오늘의 메인 일정인 Lava Hot Springs 온천에도 들려야 했고 솔트레이크 시티의 명물이라는 소금 호수에도 가봐야 했다. 온천까지는 차로 2시간을 가야 했기에 아쉬운 마음을 뒤로하고 걸음을 뗐다. 다음 코스인 Lava Hot Springs는 온천뿐만 아니라 커다란 튜브를 타고 래프팅을 즐기는 계곡이 있는 곳으로도 유명했다. 도착하자마자 거리 곳곳에 튜브를 대여하는 가게들과 계곡까지 사람들을 실어 나르는 픽업 트럭들이 가득했다.

"여기까지 왔는데 우리도 튜브 빌려서 래프팅해 볼까?" 갑자기 계획에도 없던 래프팅을 해보자는 남편에게 "나는 사실 온천도 안 하고 싶다고 생각하고 있었는데?"하고 말하자 남편이 말했다. "여기까지 와서 온천을 안 하고 가다니 말도 안 되지. 온천하면 어차피 물에 젖을 텐데 래프팅해보자. 재미있을 것 같아!" 나는 수많은 사람들이 소리를 지르며 떠내려가는 야생 계곡에 몸을 담그는 것이 정말이지 내키지 않았지만 잔뜩 신나 보이는 남편의 눈을 보며 기대감을 가져보기로 했다. 10달러에 2인용 튜브를 빌린 우리는 어느새 수영복을 입고 계곡 입구에 서 있었다. 물살이 생각보다 거세 중심을 잡기가 쉽지 않아 두 번의 시도 끝에 겨우 튜브 위에 오를 수 있었다. 몸을 싣자마자 계곡의 물살을 타고 튜브가 떠내려가기 시작했다. 우리는 튜브 위에 몸을 올리고 앉아 있었는데 엉덩이가 조금만 튜브 밑으로 내려가도 계곡에 숨은 크고 작은 바위들이 엉덩이에 닿아 온 힘을 다해 튜브 위로 몸을 띄우고 있어야 했다.

바위에 엉덩이가 긁힐까봐 잔뜩 긴장한 채 물살을 타다 어디선가 물 폭탄이 떨어져 위를 올려다보면 다리 위의 사람들이 잔뜩 신난 표정으로 드럼통에 물을 담아 계곡 아래로 떠내려가는 사람들을 향해 붓고 있었다. 우리도 예외는 아니었고, 물 공격을 받은 나는 놀랄새도 없이 세차게 흘러가는 물살에 휩쓸려 갔다. 그런데 놀랍게도 물을 붓는 사람도, 공격을 받는 사람도 모두 세상 즐거운 표정으로 웃고 있었다. 계곡에 있는 순간 자체를 모두 즐기는 것 같아 보였다. 튜브 위에 몸을 싣고 물살을 타는 것은 스릴있었지만 동시에 공포스러웠다. 흔들거리며 불안하게 떠내려가던 튜브는 급경사가 진 커브에서 결국 뒤집어졌는데 샌들을 따로 챙겨오지 않아 맨 발이었던 우리는 발끝에 느껴지는 뾰족한 돌들을 피해 고군분투하며 튜브 위에 다시 올라타야 했다. 계속해서 떠내려오는 다른 튜브들을 피해 중심을 잡는 것이 쉽지 않았는데 수영을 못해서 물에 대한 공포가 있는 나는 정신을 차리려고 안간힘을 쓰며 겨우 튜브에 다시 오를 수 있었다.

그 와중에도 우리 곁을 지나치던 많은 사람들이 "너희들 괜찮니? 도와줄까?"하고 친절하게 물었다. 우리는 괜찮다고 사람들을 안심시키며 다시 거센 물살을 타고 아래로 아래로 떠내려갔다. 다른 사람들은 그 거센 물살 속에서도 캔맥주를 손에 들고 여유롭게 대화를 나누고 있었다. 두 돌도 안 된 아기를 튜브 위에 태우고 가는 가족도 여럿 보았다. 촌스럽게 굴지 말고 즐겨보자 싶었지만 얼른 내리고 싶은 마음이 굴뚝 같았다. 도대체 이 계곡의 끝이 어디일까, 끝이 있기는 한걸까 싶을만큼 끝도 없이 이어지는 물길 속에서 출구를 찾느라 눈을 굴리다가 드디어 내리기 적당한 지점을 찾아냈다. 커다란 나무에 발가락을 걸어 정지한 뒤 겨우 튜브를 멈추고 몸을 내릴 수 있었다. 사람들이 줄지어선 기슭을 따라 오르자 다시 계곡의 출발 지점으로 사람들을 실어 나르기 위해 대기하고 있는 픽업 트럭이 우리를 기다리고 있었다.

그제서야 마음의 안정을 찾은 나는 남편에게 말했다. "튜브는 한 번이면 충분하겠지? 두 번은 하라고 해도 못하겠다. 튜브가 뒤집어졌을 때 나 너무 무서웠어" 남편은 당황한 내 모습이 재미있는지 크게 웃어대며 그래도 재미있지 않았냐고 너스레를 떨었다. 드디어 길게 선 줄이 줄어들고 우리 차례가 되어 픽업 트럭에 올랐다. 그런데 이상했다. 픽업 트럭은 아무리 빽빽하게 앉고 서도 10명 정도를 겨우 실어 나를 수 있는 작은 사이즈였는데 올라탄 사람은 족히 20명도 넘어 보였다. 엄마 무릎 위에 아빠가 앉고 아빠 무릎 위에 스무 살도 넘은 큰딸이 앉아 심지어 이중 삼중으로 앉아 있는 사람들이 다수였다. 그러나 으레 있는 일이라는 듯 차는 자연스럽게 출발했다. 트럭에 앉아 있는 동안 모두가 큰 소리로 노래를 부르고 어깨를 흔들며 춤을 췄다. 한 아저씨는 자신과 딸까지 삼중의 무게를 견디고 있는 아내에게 너무 힘들면 탭을 치라면서도 그러나 탭을 쳐도 해줄 수 있는 건 없다는 농담을 했다. 아무 말 대잔치가 난무하는 트럭 위에서 위태롭게 발을 걸치고 어깨춤을 추는 것이 좋았다. 왜인지 모를 이상한 카타르시스를 느끼며, 함께 트럭을 탄 사람들과 수다를 떨다 보니 어느새 출발 지점으로 되돌아와 있었다. 다른 사람들은 그렇게 픽

여행자의 시간

업 트럭을 타고 하루 종일 계곡을 순회하며 튜브를 타는 것 같았는데 나에게는 다시 탈 용기가 없었다. 단 한 번의 탑승에도 물에 대한 공포를 이겨내며 큰 도전을 한 것이었기에 내겐 충분하다고 느껴졌다. 그럼에도 튜브를 탄 것은 정말 잘한 일이라는 생각이 들었다. 튜브를 타지 않았다면 이렇게 유쾌한 순간들을 경험하지 못한 채 집으로 돌아갔을 텐데 마치 꿈을 꾼 것 같은 한낮의 뜨거운 순간들이 나의 오후 속에 들어와 있었다.

처음에는 돌아가는 날 몸을 다시 물에 적시는 것도, 옷을 갈아입어야 하는 것도, 젖은 옷을 캐리어에 담아 가야 하는 것도 싫어 온천도 하고 싶지 않았는데 이미 계곡물에 몸이 잔뜩 젖어 만신창이가 된 나는 온천욕을 하지 않을 이유가 없었다. 차가운 계곡물과 달리 뜨거운 온천 물에 몸을 담그니 하품이 절로 나왔다. 물감을 풀어놓은 듯 선명하게 파란 아이다호의 하늘을 보며 온천욕을 했다. 야무지게 온천욕을 마치고 소금 호수를 들러 공항으로 가는 길, 남편이 물었다. "이번 여행을 점수로 매긴다면 몇 점을 줄 수 있을 것 같아?" "100점!" 나의 점수는 100점이었다. 떠나오기 전 기대감은 제로였는데 생각지도 못한 많은 순간들을 선물 받은 여행이었다. 그래서 정말이지 백퍼센트의 여행이었다고 말할 수 있는 시간이었다. 로스엔젤레스로 돌아가기 위해 비행을 하는 동안 괜히 보지도 않는 영화를 2시간 내내 틀어 두고 메모장에 잊히지 않으면 하는 장면들에 대해 적었다. 5분의 1도 쓰지 못했는데 LAX 공항에 닿았다. 토요일 저녁 8시, 팔로스 버디스에 가까워졌다는 것에 안도하면서도 헤이든 벨리의 버팔로 무리에게서 멀어졌다는 것이 못내 아쉬운 밤이었다.

캐나다로 떠나는 힐링 여행

― 그게 여행

　지난 여행에서 돌아온 당일, 새벽 내내 빨래를 돌리고 짐을 싸 2시간쯤 눈을 붙인 뒤 캐나다로 떠나기 위해 다시 공항으로 향했다. 이번에는 손녀를 보러 미국에 오신 시부모님을 모시고 떠나야 할 차례였다. 캐나다까지의 비행 시간은 2시간 30분, 무사히 짐을 찾고 입국장을 빠져나올 때까지만 해도 모든 것이 순조로운 듯 보였다. 그러나 공항 내에 위치한 렌터카 업체에 방문했을 때 문제가 생겼다. 우리는 렌터카 비용을 사전 납부했고, 현장에서 차량을 인도받을 때 보증금만 추가 납부하면 되는 상황이었는데 보증금 납부를 위해서는 렌터카 비용을 결재한 명의자의 신용카드가 필요하다는 것이었다.

　안타깝게도 우리는 늘 사용하던 체크카드와 현금만 소지하고 있었고 남편의 신용카드를 따로 챙겨오지는 못한 상태였다. 렌터카 업체에서는 본인 명의라 하더라도 체크카드 또는 현금으로는 보증금을 납부할 수 없다고 했다. 렌터카를 계약했던 업체 본사와 몇 번의 통화까지 시도해 보았지만 답변은 같았다. 가족 중 신용카드를 가지고 있는 사람은 어머님뿐이었다. 어머니를 운전자로 추가하거나, 메인 운전자로 교체하는 것 역시 불가능하다는 답변에 우리는 망연자실했다. 그러다 머리를 모아 고안해 낸 방법이 어머니 이름으로 현장에서 완전히 새로운 계약을 하는 것이었다. 그러나 몇 달 전 결제했던 금액의 5배 넘는 가격이 오늘의 시세로 조회되고 있었다.

입국장에서 나와 렌터카 간이 사무소 앞에서 4시간여를 기다리던 우린 결국 계약했던 렌터카를 양도받지 못한 채 우버를 타고 호텔로 왔다. 때마침 추적추적 비까지 내려 처량하기 짝이 없었다. 아침을 먹고 집을 나선지 12시간이 지난 시점이었고, 캐나다 시간으로는 밤 9시가 다 된 시간이었다. 가족 모두 지쳐 있었고 배도 고팠다. 렌터카 없이는 우리가 계획했던 여행을 할 수 없는 상황이었다. 갑작스러운 상황에 놀란 남편은 몇 시간을 검색한 끝에 30만원 정도의 추가 비용을 내고 새로운 차량을 어머니 명의로 다시 계약하는 것으로 위기를 모면했고, 다음 날 차량을 찾으러 다시 우버를 타고 공항으로 다녀오기로 했다.

다행히 돌파구를 찾은 뒤에야 우리는 호텔을 나서 허기진 배를 채울 수 있었다. 다시 호텔에 돌아와선 모두 쓰러지듯 잠이 들었다. 잠들기 전 아이가 말했다. "엄마, 우리 타고 다닐 차 구했어요? 오늘은 하루 종일 공항에만 있느라 여행을 하나도 못했네" 평소와 달리 시무룩한 아이에게 말했다. "원래 여행을 다니다 보면 계획대로 되지 않을 때도 있어. 그게 여행이야"

다음날 새로 계약할 차량의 명의자인 어머니와 남편이 우버를 타고 공항으로 가 차량을 렌트해 왔다. 새로 계약하면서 비용은 30만 원 정도 더 납부해야 했지만 어제 현장에서 조회한 말도 안 되는 가격을 생각하면 감지덕지였다. 계약을 새로 하면서 차종도 변경하게 되었는데 다행히 이전에 계약했던 차보다 넓고 승차감도 좋아 불행 중 다행이란 생각이 들었다. 실이 있으면 득도 있는 법, 삶은 이렇게나 공평한 것이었다.

— 일기예보 믿지 않기

 캐나다 밴프에서 재스퍼로 이동하는 날, 우리는 3일간 머물렀던 숙소를 정리하고 길을 나섰다. 2시간여를 달려 요호 내셔널 파크와 에메랄드 호수에 닿았다. 이름도 다양한 많은 호수들을 계속해서 만나고 있었지만 볼 때마다 신비롭고 아름다운 빛깔에 마음을 빼앗겼다.

 오늘의 가장 중요한 일정은 콜롬비아 아이스필드 설상차와 글래시어 스카이워크. 오후 5시에 예약해둔 설상차를 타고 설산으로 향했다. 5년 전 찾았을 때보다 빙하가 눈에 띄게 줄어든 것 같아 안타까운 마음이 들었다. 마시면 10년은 젊어진다는 빙하수를 한 모금 떠서 마셔보고 펄럭이는 캐나다 국기를 쥔 채 기념 사진도 찍었다. 아이는 춥지도 않은지 작은 손으로 하얀 얼음을 그러모아 아빠에게 던지곤 깔깔깔 웃으며 설산을 이리저리 뛰어다녔다.

 어느새 여행의 절반이 지나와 있었다. 오기전 검색해 본 날씨는 매일 강수량이 60% 이상의 비였는데, 막상 와보니 이따금 비가 내리긴 하지만 맑은 날이 더 많았다. 날씨처럼 예측할 수 없는 것이 우리의 인생과 닮았다는 생각이 들었다. 모두가 아니라고 해도 직접 가보지 않으면 모르는 것이다. 그러니 미리 겁먹지 말자고 다시 한번 다짐한다. 하물며 비가 오고, 바람이 불어도 여행은 그대로 좋은 법이니까.

— 재스퍼, 다시 찾아야 할 이름

 아이스필드를 떠나기 전 설상차를 타고 갔던 빙하까지 걸어서 가보았다. 차를 타고 갈 때는 꽤 멀게 느껴졌는데 걸어보니 너무 금방이어서 걸어서 갈 수도 있는 거리였다는 것이 새삼스러웠다. 다시 가보니 어제는 보이지 않았던 것들이 보였다. 초입에서부터 빙하가 있던 자리를 표시해 둔 년도의 표식, 하얀색 빙하와 청록색 빙하, 키 작은 나무들, 5년 단위로 눈에 띄게 줄어든 것이 보이는 빙하의 표식들… 다음에 다시 찾았을 때는 빙하가 많이 녹아 있지 않기를 바라며 올라온 길을 되돌아 내려왔다.

오늘의 목적지는 재스퍼, 먼 길을 떠나기 전 선왑타폭포에 들러 시원하게 쏟아지는 물줄기를 구경했다. 갑자기 내리는 비에 우산을 쓰고 걷는데도 추워서 으슬으슬 몸이 떨려왔다. 점심 무렵에는 에디스 카벨에 도착해 크로와상과 삶은 계란, 포도를 점심으로 먹고 트레킹에 올랐다. 이번에는 무슨 일이 있었냐는 듯 날이 화창하게 개어 그림 같은 하늘을 보여주었다. 산 전체는 초록으로 가득 차 있으면서도 곳곳엔 얼음이 녹지 않은 채 그대로 있어 이색적인 풍경이었다. 아이는 시린 손을 호호 불어가면서도 하얀 눈을 그러모아 팔로스 버디스에 있을 우리집 강아지들의 모습을 눈으로 만들어 두고 산에서 내려왔다.

마침내 재스퍼에 도착했다. 벤프만큼의 아기자기함은 아니었지만 재스퍼만의 듬직함과 소박함이 느껴지는 거리였다. 5년 전 재스퍼를 찾았을 때 역 앞에서 귀여운 대형견을 만났었는데 개를 데리고 있던 아저씨에게 "개 이름이 뭐에요?"하고 물으니 "얘, 이름은 재스퍼야!"하면서 온 동네가 다 울려라 껄껄 웃어주시던 기억때문에 재스퍼라는 이름이 기억 속에 선명히 남아있었다. 그러나 다시 캐나다 여행을 온다면 재스퍼를 여행동선에 꼭 넣지 않아도 되겠다고 생각했다. 이유는 여행지로서 특별한 장소는 아니라고 생각했기 때문이다.

그러나 한 시간도 되지 않아 생각이 바뀌었다. 숙소로 돌아가기 전 재스퍼에서 멀린 레이크를 다녀오는 길에 곰 6마리를 만났기 때문이다. 곰 외에도 크고 멋진 뿔을 가진 사슴, 이름을 알 수 없는 무스류, 말 등 정말 많은 동물들을 만났었다. 도로 한 가운데에서 동물 친구들을 만날 때마다 속도를 줄이고 창문을 내려 한참을 바라보았다. 오늘 만난 6마리 중 4마리는 모두 아기 곰이었는데 엄마 곰을 따라 아기 곰 4마리가 길을 건너는 장면은 너무도 사랑스러워서 눈을 뗄 수 없을 정도였다. '세상에, 도로에서 곰을 만나다니' 재스퍼를 찾지 않았다면 귀여운 곰 친구들도 만날 수 없었을 것이었다. 이렇게 너무도 쉽게 재스퍼는 다시 찾아야 할 이름이 되었다.

오늘의 숙소는 재스퍼 국립공원 안에 위치한 2층짜리 목조주택이었는데 커다란 창밖으로 초록색 나뭇잎들이 바람에 흔들리는 것을 볼 수 있어서 좋았다. 저녁으로 감바스를 해 먹고 아이가 일기를 쓰는 동안 벽난로에 불을 지폈다. 아이는 일기에 태어나서 곰을 처음 보았고, 귀여운 아기 곰들을 만나 행복한 날이었다고 썼다.

—— 밴프에서 Bucket List 완성하기

아침에 눈을 떠보니 비가 내리고 있었다. 흙 위로 떨어지는 빗소리에 잠이 깼는데 소리를 더 듣고 싶어 이불 속에서 한참을 뒹굴거렸다. 아침으로 김치볶음밥을 해 먹고 재스퍼에서 인기 있는 빵집인 Bear Paw

Bakery에 들러 점심으로 먹을 스콘과 크로와상 그리고 커피를 사서 차에 올랐다. 따뜻한 커피를 손에 쥐고 비 오는 숲을 달리며 문득 충만하게 행복하다는 생각을 했다.

　오늘의 목적지는 캔모어, 이곳으로 가는 길에는 밴프도 지나게 되어 있어 이번 여행 중 가장 애틋했던 장소인 레이크 루이스와 모레인 호수도 다시 한 번 들르기로 했다. 비가 오고, 바람이 불었지만 다행히 레이크 호수의 카누도 정상 운영을 하고 있었다. 에메랄드 레이크에서는 1시간에 80달러이던 카누값이 레이크 루이스에서는 1시간에 140달러를 하고 있었다. 이름값 때문인지 가격이 다소 부풀려 졌다고 생각되었지만 이번 일정에서 카누를 탈 수 있는 마지막 기회였기에 노를 저어보기로 했다.

　타기 전엔 재미있을 것 같았는데 바람 때문에 카누가 좌우로 흔들리자 바로 내리고 싶다는 생각이 들었다. 뱃머리엔 내가, 가운데엔 서연이가 앉았는데 아이가 노를 저을 때마다 호수의 물이 내게로 튀어 괴로움은 배가 됐다. 그렇지만 아이는 이런 모든 상황이 그저 재미있는지 호수에 떠 있는 내내 까르르 웃으며 행복해했다.

　레이크 루이스에서 카누를 탄 뒤엔 마지막으로 모레인 호수에도 들렀는데 기념품 샵에서 팔고 있는 티셔츠에 Banff Bucket List라는 글자가 새겨져 있었다. 티셔츠에는 곰 친구 만나기, 트레킹하기, 호수에서 카누 타기가 그림으로 표현되어 있었다. 그러고 보니 오늘 카누를 타는 것으로 우리는 밴프 버킷리스트를 모두 이룬 셈이었다. 캐나다로 떠나와 곰 친구들을 만났고, 트레킹을 했고, 호수에서 카누를 탔다. 기념품 샵에서 나와 오늘의 숙소로 향하며 이번 여행이 제법 멋지게 마무리되어 가고 있다고 생각했다.

─ 다시 스무 살이 된다면

　여행을 갈 때마다 늘 그곳에 살고 있는 사람들의 집이 궁금했다. 어떤 모습으로 살고 있는지, 내게 익숙한 것들과 어떻게 다른지. 요즘은 그런 것들을 에어비앤비라는 숙박 형태를 통해 자연스럽게 알 수 있는 것 같다. 그런 의미에서 에어비엔비인 오늘의 숙소는 현지인의 삶을 엿볼 수 있는 절호의 기회였다.

　목조로 된 외관은 겉에서 보면 전형적인 캐네디언의 집 같았는데 현관문을 열고 들어서자 완전히 다른 세계가 펼쳐졌다. 오늘 묵은 에어비엔비에는 세련되고 모던한 가구들, 자연의 빛을 그대로 집으로 들이는 커다란 창들, 다정한 문자들이 있었다. 이를테면 화장실에서는 변기에 휴지 외에 다른 것들은 넣지 말아 달라는 당부와 함께 꿈도, 희망도, 러브레터도 버려선 안 된다는 다정한 문장들이 있었다.

　더 놀라운 건 오늘 이곳에 묵을 우리들을 위해 호스트가 준비해 둔 것들이었다. 로컬 맛집에서 사왔다는 브리또, 요거트, 호밀빵, 딸기, 바나나, 오렌지, 사과, 우유, 씨리얼과 오트밀, 각종 주스와 물 그리고 여러 티 같은 것들이 냉장고를 가득 채우고 있었다. 모든 것은 별도의 비용을 납부하지 않아도 되는 서비스였고, 호스트가 전하는 메모장에는 어떤 이유로 그런 식재료를 선택했는지와 구매처 등이 세세하게 기록되어 있었다.

　집 곳곳에는 배우의 프로필 사진 같은 것들이 걸려 있었는데 알고 보니 우리가 머물고 있는 에어비앤비 호스트의 사진이었다. 놀랍게도 호스트 할아버지는 North America 최고의 Alpinist로 불리는 마치 한국의 엄홍길 대장 같은 분이셨다. 처음 우리가 집에 도착했을 때 안내해 주시고, 집안 곳곳을 친절하게 설명해 주시던 그의 모습은 그저 따뜻한 이웃집 할아버지 같았는데 사실은 대단하신 분이셨던 것이다. 그럼에도 불구하고 그는 놀랍도록 겸손했다. 그저 우리의 필요를 채워주려는 캔모어의 호스트로서만 우리 앞에 존재했다.

　이렇게 특별한 에어비앤비에서의 시간을 기억하고 싶어 떠나오기 전 호스트 할아버지께 부탁해 함께 사진을 찍고 집에 남아있던 단 한 권의 저서를 구입해 친필 싸인도 받았다. 많은 영감을 주는 호스트와 집이었다. 체크아웃을 한 후엔 캔모어를 거쳐 다시 밴프로 돌아와 거리를 걸었다. 밴프 다운타운 곳곳에는 사람을 구하는 글부터 요가 티쳐 트레이닝 광고까지 다양한 공지글이 게시되어 있었는데 그걸 보는 순간 다시 스무 살이 되었으면 좋겠다고 생각했다.

스무 살로 돌아간다면 앞뒤 재지 않고 캐나다나 호주로 워킹 홀리데이를 갈 것이다. 나가서 일을 하다 현지에서 대학도 가고, 외국인 남친과 연애도 해보고, 마음에 드는 도시가 있다면 그곳에 정착해 살아버리는 거다. 서른 아홉이란 숫자는 내게 무언가를 시작하기엔 늦은 나이라고 자책하게 하면서 동시에 아직은 할 수 있는 것이 많은 나이라고 안심시켜 주는 나이이기도 하다.

워킹 홀리데이는 갈 수 없지만 요가 티쳐 트레이닝은 받을 수 있고, 외국인 남친은 사귈 수 없지만 마음에 드는 도시에 살아보는 것은 꿈꿀 수 있다. 다음날 LA로 돌아가는 비행기를 타기 위해 공항이 가까운 캘거리 숙소로 이동하면서 이제부터라도 할 수 있는 것들을 떠올리며 마음껏 신나해 보자 생각했다. 다시 스무 살은 될 수 없지만 스무 살 같은 마음으로 살 순 있으니까.

— **당신이 살고 싶은 곳**

이번 캐나다 여행에서는 두 사람의 한국인을 만났다. 한 사람은 캘거리 식당을 찾았을 때 만난 매리엄이라는 이름의 예쁜 아가씨였다. 매리엄은

파키스탄 아버지와 한국인 어머니 사이에서 태어나 캘거리에서 쭉 자라 왔다고 했는데 우리가 LA에서 왔다고 하니 너무 좋겠다고 하면서 캘리포니아는 언젠가 꼭 살아보고 싶은 곳이라고 했다.

또 다른 한 사람은 캘거리 식당에서 만난 한국인 아가씨였다. 한국에서 간호사를 하다 캘거리 식당에서 일을 하며 영주권을 써포트 받았고, 캐나다에 온지 3년째인 현재는 앞으로 어떤 일을 해야 할지 고민이 많은 상태라고 했다. 캘거리에서의 삶이 어떤지 묻자 조금은 심심하다며 캘리포니아가 더 재미있고 이상적일 거라는 얘길 해줬다.

우리는 캐나다에 입국하던 그 순간부터 마음의 평온함을 느끼며 '여기 살면 좋겠다'를 입에 달고 다녔는데 이상한 일이었다. 캐나다에 살고 있는 이들은 캘리포니아에서의 삶을 꿈꾸고, 캘리포니아에서 온 우리는 캐나다에서의 삶을 그려보고 있었다. 1년 내내 따뜻한 날씨, 다양한 국적의 사람들이 어울리며 선진화된 문화 속에서 많은 것을 자유롭게 경험하고 성장할 수 있는 곳, 우리가 살고 있는 캘리포니아는 장점도 많지만 총기 보유, 마약 문제 또는 넘치는 홈리스 노숙자와 같은 위험 요소 또한 많은 것이 사실이었다. 그런 반면 캐나다는 미국 보다는 안전하면서 천혜의 자연을 누릴 수 있는 환경이기에 심리적으로 더 안정감을 주었다.

도시보다 자연을 선호하는 내게 눈을 두는 곳마다 온통 초록인 캐나다는 우리가 살기에 이상적인 나라로 보였다. 캐나다는 이번이 3번째 방문이었는데 올 때마다 이 나라에서의 삶을 상상하게 된다. 캘거리 호텔에서 체크아웃을 하고 공항으로 이동하기 전까지 거리를 걷고 또 걸으며 '

나는 어떤 삶을 살고 싶은지, 내가 정착하고 싶은 곳은 어디인지, 앞으로 무얼하면 좋을지'에 대해서 생각했다.

현실은 1년 후 한국으로 돌아가 또 다시 직장으로 출근해야 하는 운명이지만 상상은 짜릿했고, 제법 진지하게 던져보는 물음표는 가슴을 뛰게 했다. 또 모르는 일이지 않은가? 정말로 그런 일이 벌어질지... 사람은 꿈꾸는 방향으로 걷게 되고, 생각하는 대로 살게 된다. LA로 돌아가는 비행기 안에서 8박 9일간의 사진첩을 들여다보며 아직 이루고 싶은 것들이 많아 다행이라고 생각했다.

― 어제 보다 오늘, 오늘보다 내일이 더 좋아질거야. 오로라처럼!

한국행 비행기를 두 달 앞두고 아이의 봄 방학동안 미국에서의 마지막 여행을 하기로 했다. 주말에는 요가 티쳐 트레이닝으로 롱비치의 요가 스튜디오에서 온 하루를 보내야 했기에 여행을 할 수 있는 기간은 월요일부터 금요일까지 단 5일, 짧은 기간 어디로 다녀오는 것이 가장 좋을지 아쉬움이 남지 않는 선택을 하고 싶었다. 고민 끝에 우리가 선택한 마지막 여행지는 옐로우 나이프였다. 캐나다 노스웨스트주의 수도인 옐로우 나이프는 북위 62도에 위치한 극지방으로 오로라를 관측할 수 있는 곳으로 유명하다. 11월에서 4월 사이 옐로우 나이프에 3일 이상을 머물 경우 오로라를 볼 수 있는 확률이 95%라고 할 정도로 오로라를 만날 확률이 높은 곳이다. 미국에서의 마지막 여행에서 오로라를 보는 것도 멋진 마무리가 될 것 같았다.

LA에서 옐로우 나이프로 가는 직항편은 없었으므로 들어갈 땐 에드먼튼을 경유해 옐로우 나이프에서 3일을 머물고 돌아올 땐 캘거리를 경유해 밴프에서 2일을 머물기로 했다. 다소 타이트한 일정이었지만 우리에게 주어진 시간과 일정 안에서 할 수 있는 최선의 선택이었다. 고맙게도 초코와 마음이는 우리가 미국에 온 후 얼바인에 정착하게 된 후배가 우리 집에 머물며 돌봐주기로 했다. 여행을 떠나기 한 달 전부터 준비한 장갑과 부츠, 극한의 추위를 견딜 수 있는 아우터까지 방한용품을 잔뜩 짊어지고, 요가 수업을 마친 일요일 저녁 공항으로 향했다. 3월 옐로우 나이프의 최저 기온은 -24°C, 최고 기온은 3°C라는데 추위에 약한 내가 극한의 추위를 견딜 수 있을지, 옐로우 나이프에 가면 어떤 풍경이 펼쳐질지 예상이 되질 않았다. 다른 여행지에 비해 정보도 많지 않았던 터라 설렘과 두려움이 교차하는 마음으로 애드먼튼행 보딩을 기다렸다.

그런데 이상했다. 본래 7:40분이던 탑승 시간이 계속해서 미뤄지고 있었다. 이전 비행에서 응급 환자가 발생해 복귀가 늦어졌다는 항공기는 결국 4시간이나 연착되었다. 자정이 다 되어서야 출발한 비행기는 2시간 뒤 애드먼튼 공항에 우릴 내려 주었지만 짐을 찾았을 땐 시간이 너무 늦어 예약해 두었던 숙소에 짐도 풀지 못하고 조식만 먹은 채 다시 옐로우 나이프행 비행기를 타야 했다. 순탄치 않은 여행의 시작이었다. 옐로우 나이프에 도착했을 땐 너무 이른 시간이라 호텔 체크인도 할 수 없었기에 짐을 맡겨 두고 올드타운으로 갔다. 월요일 아침 퀭한 눈으로 마주한 옐로우 나이프는 고요하고 황량했다. 아이의 키만큼 쌓인 눈이 온 마을을 덮은 가운데 폐공장 같은 낮은 건물들이 드문드문 보이는 올드타운의 첫 인상은 낯설고 차가웠다. 이곳에 사람이 살고 있기는 한 건지, 문을 연 가게가 있기는 한 건지 알 수 없었다. 이곳은 그간 여행했던 다른 도시들과는 확연히 다른 아우라를 내뿜고 있었다. 오로라를 보기 위해 왔다지만 정말 오로라 외에는 다른 볼거리가 없을 것 같았다. 게다가 잔뜩 껴입은 옷에 두터운 아우터, 모자와 장갑, 부츠까지 만반의 준비를 했는데도 바람이 불 때마다 옷 틈으로 파고드는 추위는 여행자의 모든 의욕을 꺾어버렸다. 얕은 눈발까지 휘날리는 이른 아침의 옐로우 나이프는 마치 사람이 살지 않는 유령 마을 같았다.

오로라 헌팅 투어는 밤 10시에나 시작될 예정이었기에 호텔에 체크인을 할 수 있는 3시까지는 올드타운을 걷는 것 외에 달리 할 일이 없었다.

그렇게 아무도 없는 올드타운 거리를 한참 걸었다. 걷고 또 걷다 발견한 식당에서 첫 끼니를 먹고 호텔로 돌아왔을 땐 추운 날씨에 전날 비행기 연착으로 인한 고단함까지 더해져 체크인을 하자마자 잠이 들었다. 오로라 헌팅을 위한 미팅 시간은 밤 10시로 시간에 맞춰 로비에 나가니 커다란 벤 한 대가 기다리고 있었다. 곧바로 오로라를 찾아 나서는 첫 투어가 시작되었다. 우리가 오로라 헌팅을 예약한 곳은 한국인 사장님께서 운영하시는 Sonny 오로라 투어였는데 사장님께서는 오로라를 보기 위해 먼 곳에서 옐로우 나이프를 찾은 분들이 대부분이기에 매일 전쟁터에 나간다는 마음으로 투어에 임한다고 하셨다. 카메라가 총이 되는 전쟁, 오로라를 만나면 부지런히 셔터를 눌러 오로라를 잡아야 하는 우리의 전쟁은 오늘 승리하게 될까 비장한 마음으로 옐로우 나이프의 밤을 달렸다.

한참을 달려 사방이 뻥 뚫린 호수 위에 멈춘 우리는 차 안에서 한 동안 오로라가 나타나기를 기다렸다. 여름에는 카누를 타는 이곳이지만 현재는 날이 추워 꽝꽝 언 상태라고 했다. 호수 한 가운데서 숨죽여 오로라를 기다리던 그때 사장님께서 강하진 않지만 약하게 오로라가 나타나고 있다며 하늘을 향해 카메라 셔터를 누르셨다. 육안으로는 보이지 않더라도 카메라 렌즈를 통해 오로라의 초록색 빛이 잡히는 경우도 있기 때문에 계속해서 하늘의 상태를 확인하는 것이라고 하셨다. 곧이어 사장님의 말씀대로 하늘을 가로지르는 초록빛이 보였다. 아주 선명하고 강한 빛은 아니어서 '이게 오로라인가? 지금 오로라를 본 건가?' 싶을 만큼 희미한 에메랄드 빛이 하늘을 가로지르고 있었다. 이걸 보기 위해 비행기를 두 번이나 타고 이 추운 곳까지 왔단 말인가? 순간 허무한 기분이 들었다. 그렇지만 실망한 티를 내지 않으려고 열심히 사진을 찍다가 발가락이 얼어붙는 영하 23도의 추위에 차 안으로 들어와 몸을 녹였다. 우리와 함께 동승한 다른 여자분들은 춥지도 않은지 1시간이 넘도록 희미한 오로라를 카메라에 담기 위해 계속해서 셔터를 누르고 계셨다. 오로라를 반드시 사진으로 담아가겠다는 강한 의지가 느껴졌다. 알고 보니 그분들께는 이날이 마지막 투어였고, 다음날 이른 아침 한국행 비행기를 탈 예정이어서 아쉬운 마음에 더욱 열심히 셔터를 눌렀던 것이다. 3~4시간의 오로라 투어를 끝내고 호텔로 돌아왔을 땐 새벽 2시가 넘어 있었다. 집에서 챙겨온 전기 장판의 온도를 최고로 올리고 곧바로 이불 속으로 파고들었다. 열심히 여행을 준비한 남편에겐 미안했지만 미국에서의 마지막 여행으로 옐로우 나이프를 선택한 것이 잘한 선택이었을까 후회가 밀려왔다. 하지만 속상한 마음도 잠시, 꽝꽝 얼어붙었던 발을 전기 장판에 녹이며 슬퍼할 새도 없이 깊은 잠 속으로 빠져들었다.

다음날 다시 눈을 떴을 땐 오전 11시, 갑자기 낮과 밤이 바뀐 데다 추운 날씨에 컨디션이 좋지는 않았지만 다시 하루를 시작해야 했다. 다시 마주한 올드타운은 여전히 고요하고 황량했지만 어제만큼 낯설지는 않았다. 검색을 해보니 어제 우리가 걸었던 모든 길에 꼭 가봐야 하는 추천된 곳들이 많았다. 첫날이라 잘 알지 못하는 상태에서 비슷하게 생긴 건물 외관이 무엇인지도 모르고 그냥 지나친 것이다. 다시 선 길 위에선 '아! 이게 옐로우 나이프에서 제일 유명하다는 맛집이었구나, 여기가 방문자 센터였구나'하며 천천히 걸으면서 곳곳의 문을 열고 들어가 보기도 했다. 겉에서 볼 땐 안에 무엇이 있을지 전혀 예상이 되지 않는 삭막한 외관이 었는데 문을 열고 들어가면 영롱한 빛을 내는 유리 공예집이, 아기자기한 기념품 가게가, 커피향 가득한 까페가 있었다. '자세히 봐야 예쁘다'는 시인의 말이 떠올랐다. 어제보다는 조금 다정해진 올드타운에서 정신없이 구경을 하다 보니 떠나오기 전 LA에서 미리 예약해둔 개썰매를 탈 시간이 되어 있었다. 호텔 로비로 돌아와 픽업 차량을 타고 개썰매를 타기 위해 오로라 빌리지로 향했다. 커다란 버스의 창밖으로 눈 덮인 산과 나무들이 보였다. 아름다웠다. 오로라 빌리지까지는 30분을 넘게 달려야 했지만 창밖의 풍경들을 보다 보니 지루할 새 없이 도착했다.

하얀 설원을 달리는 개썰매를 타는 것은 얼마나 황홀했던지, 5년 전 퀘백에서 개썰매를 탄 이후 다시 설원을 달릴 일은 없을 줄 알았는데 그리웠던 장면 속에 훌쩍 자란 아이와 함께 우리 세 사람이 다시 들어와 있었다. 새하얀 설원 속에는 착한 눈의 개들과 우리뿐이었다. 쉬익쉬익 썰매 달리는 소리, 높이 솟은 나무들, 수줍게 흩날리는 소낙눈까지 모든 것이 그대로였다. 퀘백에서보다 야위어 보이는 털 친구들이 가여워 마음이 불편했지만 덕분에 시간 여행을 하며 눈 덮인 자연을 마음껏 감상할 수 있었다. 썰매를 타고 난 후에는 오로라 빌리지에서 세 시간을 더 머물며 장작에 마쉬멜로우를 구워 먹기도 하고, 눈썰매를 타다 호텔로 돌아왔다. 늦은 밤, 오로라 헌팅을 가기 위해선 잠시라도 눈을 붙여야 했다. 그렇게 밤 11시, 다시 사냥이 시작됐다.

오로라를 찾아 밤의 도로를 달리며 우리의 긴 이야기도 시작되었다. 본래 한국에서 회사를 다니던 사장님은 2010년 여행으로 옐로우 나이프를 찾았다가 이곳에 정착하게 되셨다고 했다. 개인적으로 여러 가지 어려움을 겪던 시기였는데 이곳의 적막하고 고요한 분위기가 이상하게 마음을 편안하게 해주었다고 했다. 그렇게 한국에서 다니던 직장을 그만두고 옐로우 나이프의 주류 전문점에서 일을 하게 되었는데 성실하고 열정적인 한국인 청년을 신뢰한 사장님께서 소니 오로라 투어를 창업하고 사업을 시작할 때에도 많은 도움을 주셨다고 했다. 그리고 대만에서 영어 공부를 하러 오신 아내 분을 만나 두 아이까지 낳았고, 어느새 10년차 오로라 사냥꾼이 되었다고 했다. 둘째 날 오로라 사냥엔 실패했지만 영화 같은 사장님의 이야기 덕분에 시간 가는 줄 모르고 새벽을 맞이했다.

셋째 날에는 그리 크지 않은 올드타운을 눈 감고도 걸을 수 있을 만큼 이곳에 익숙해진 상태에서 천천히 마을을 즐겼다. 비지터센터에 들러 여행자들에게 주는 뱃지와 등록증을 받기도 하고, 둘째 날 기념품 가게에서 살까 말까 고민했던 촛대를 사기도 했다. 그렇게 여전히 고요한 거리를 걷는데 순간 어젯밤 사장님께서 들려주셨던 이야기가 생각났다. '이상하게 이곳에서 제가 마음의 평안을 느끼고 있더라고요!' 뭔지 알 것 같았다. 이 고요한 거리가 주는 편안함, 무뚝뚝 하지만 몇 마디 이야기를 나누어 보면 따뜻하고 정 많은 친구 같은 이곳의 매력을… 그래서 사장님이 이곳에 정착하셨을지도 모르겠다는 생각이 들었다. 남편이 "다시 기회가 있다면 옐로우 나이프에 또 여행 올 것 같아?"하고 물었었는데 첫 날 "NO!"였던 대답이 셋째 날엔 "그럴수도!"가 되었다. 이제 셋째 날 오로라 헌팅만 성공한다면 너무도 추웠던 이곳도 따뜻한 기억으로 남을 수 있지 않을까 싶었다.

그렇게 시작된 마지막 사냥, 낮부터 하늘엔 구름이 가득했고 사장님께서도 오늘은 기상 상태가 좋지 않다며 걱정이 가득한 표정이셨다. 오로라를 찾아 밤의 도로를 1시간 넘게 달렸는데 그곳 역시 구름이 가득 끼어 있었다. 구름 낀 하늘을 확인한 사장님께서는 처음 출발했던 방향으로 다시 돌아가 보자고 하셨다. 그렇게 다시 1시간을 달려 텅 빈 숲속에서 오로라를 기다렸다. 옐로우 나이프에서 3일을 머물면 오로라를 볼 확률이 95%라는데 우리는 오로라를 보지 못할 5%의 확률 안에 속하는 모양이구나 싶었다. 우리는 틀렸다고 마음을 내려놓고 있었는데 일순간 구름이 걷히더니 하늘에 선명한 초록빛 오로라가 모습을 드러냈다. 그러더니 한순간 분홍빛으로 변하며 온 하늘을 에메랄드 빛으로 뒤덮었다. 카메라를 꺼내 사진을 찍으려는 찰나 오로라가 춤을 추기 시작했다. 말로만 듣던 오로라 댄싱이었다. 기적 같았다. 눈으로 보면서도 믿을 수 없는 장면이었다. 너무도 선명하게 모습을 드러낸 오로라의 화려한 춤사위를 감상했다. 오로라를 보았던 마지막 날 벅찬 마음에 피곤한 상태에서도 늦게까지 잠을 이루지 못했다. 이날 카메라에 담아온 영상과 사진이 아니었다면 꿈을 꾼 것이라고 생각할 수도 있을 만큼 비현실적인 장면이었다. 오로라 댄싱에 마음이 활짝 열린 내게 옐로우 나이프는 첫째 날보다 둘째 날, 둘째 날보다 셋째 날이 더 좋은 곳이 되어 있었다. 기적 같은 순간을 선물해 준 옐로우 나이프를 떠나오며 나의 하루도 어제보다 오늘, 오늘보다 내일이 더 나은 날들이었으면 좋겠다고 생각했다.

여행자의 시간

에필로그

우리가 걸을 수 있을 때까지

　나의 일상을 살게 하는 것은 8할이 여행이었다. 여행을 다니기 위해 일을 하는 것인지, 일을 하기 위해 여행을 가는 것인지 알 수 없을 만큼 떠났다 돌아오기를 자주 반복했다. 현실에 두 발을 딛고 서서 꼿꼿하게 버티다 두어 달에 한 번씩 아끼던 연차를 쓸 때면 다시는 돌아오지 않을 것처럼 짐을 싸고 떠났다. 계절마다 떠났다 돌아오기를 반복하다 연말정산을 할 때가 되어서야 차 한 대 값과 여행을 맞바꾸었던 사실을 깨닫곤 했다. 반성은 깊었지만 이내 또 떠나기를 반복했다. 그리고 또다시 다달이 카드 값을 갚는 월급 노예의 생활을 이어 나갔다. 언제부터였는지 기억조차 나지 않을 만큼 오래전부터 나는 타국의 삶이 궁금했다. 내가 살고 있는 대한민국과는 다른 시간을 살고 있는 사람들이 있다는 것이, 이곳은 낮인데 저곳은 밤일 수 있다는 것이 신기했다.

　대학을 졸업하고 취직을 했을 때 이제부터 제대로 여행을 해보리라 다짐했지만 남자친구가 결혼을 하자고 했다. 1년을 쫓아다녀 내 사람이 된 그였지만 헤어지자고 했다. 결혼은 내 인생에서 그려본 적 없는 단어였고, 나는 이제부터 제대로 여행을 다녀 볼 참이었다. 그러자 그가 말했다.

"그럼 결혼하고 나랑 같이 다니자!" 그의 말에 깜박 넘어갔다. 나는 그와 결혼을 했고, 한 사람의 연봉은 여행에 쏟아붓는 조금 특별한 재테크를 하며 그와의 결혼 생활을 이어가고 있다.

여행을 하다 보니 살고 싶어졌고, 그것이 미국에서 살아보기라는 대장정의 시작이 되었다. 사람들은 내게 왜 그렇게 떠나느냐고 물었다. 뭔가 그럴듯한 이유가 있어야 할 것 같았지만 사실은 아주 사소한 이유들로 여행이 좋았다. 내게 익숙한 곳을 떠나 마주하는 낯선 풍경들이 좋았고, 쓰던 화장품이 다 떨어지고 물건 하나쯤 잃어버려도 살아지는 여행지에서의 시간이 좋았다. 아이러니하게도 기억력이 좋지 않아 다녀온 곳의 지명, 묵었던 호텔의 이름, 길 위에서 만난 친구의 이름도 잘 기억하지 못하는 나였지만 그곳에서 우리가 보낸 시간들이, 떠올릴 수 있는 장면들이 가슴에 남는 것이 좋았다. 어디든, 어떤 모습으로든 낯선 길 위에서 보낸 시간들은 늘 설레였다.

할 수만 있다면 매일을 이렇게 여행을 하며 살아도 좋겠다고 생각한다. 나는 앞으로도 여행을 떠나기 위해 몇 달을 성실한 직장인으로 살고, 다시 낯선 길 위에 설 것이다. 할 수만 있다면 언제까지고 우리는 그런 삶을 선택할 것이다. 서울에서는 누군가가 찾아온 여행지의 배경이 되었다가 다시 날아간 낯선 땅에선 누군가의 일상을 배경으로 여행하면서 우리가 걸을 수 있을 때까지 계속해서 여행하고 싶다. 끊임없이 헤매이고 실수하면서 떠올리기만 해도 기분 좋은 벅찬 설레임으로 나의 인생을 여행하듯 그렇게 살아나가고 싶다.

Special thanks to

꿈이 아니었다고 말해 줄 나의 사람들에게

   2021년 12월 18일 시작한 우리의 여정은 2023년 5월 17일 끝이 났다. 한국으로 떠나오기 전까지 팔로스 버디스에서 여느 때와 같은 일상을 보냈다. 매주 금요일 나의 친구 Kathy 그리고 Sandi와 함께 시작한 오일 페인팅 수업에서 팔로스 버디스의 아름다운 풍경들을 캔버스에 그렸고, 일주일에 한 번씩 나탈리와 저녁을 먹었다. 일주일에 2번 아이의 코딩 수업과 농구 훈련을 이어갔고, 주말이면 요가 티쳐 트레이닝을 위해 롱비치의 요가 매트 위에 섰다.

   여느 때와 같이 생활하려고 애쓰면서도 여느 때와 같은 마음으로 생활하는 것은 쉽지 않았다. 초코, 마음이와 함께 테라니아 트레일의 산책길을 걸을 때마다 팔로스 버디스와 이별해야 하는 마음이 아려 왔다. 나탈리와 저녁을 먹을 때마다 누가 먼저랄 새도 없이 눈시울이 붉어지기도 했다. 우리는 모두 이별을 말하지 않았지만 이별해야 하는 것을 알고 있었다.

   귀국하기 5일 전 USC에서 남편의 졸업식이 있었고, 3일 전엔 롱비치에서 나의 요가 티쳐 트레이닝 졸업식이 있었다. 귀국하기 하루 전엔 친구들과 모여 와인을 마셨다. 아무렇지 않게 깔깔 웃으며 농담을 하다가 헤어질 땐 붉어진 눈으로 서로를 꼭 안아주었다. 처음 팔로스 버디스로 떠나올 때처럼 한국으로 돌아올 때에도 모든 세간살이를 정리하고, 차를 팔고, 다시 캐리어에 짐을 쌌다. 귀국 당일엔 소영언니와 영선언니의 도움으로 차 2대에 짐을 모두 싣고 공항으로 향했다. 가방에는 친구들이 안겨준 편지와 선물들을 가득 담은 채였다. 515일간의 긴 여정을 끝내고 한국으로 향하는 비행기 안에서 친구들이 써준 편지를 읽었다.

한국으로 돌아가면 축복 같았던 팔로스 버디스에서의 기억이 분주해질 일상에 치여 잊혀질까 두려웠는데 친구들의 편지를 읽으며 깨달았다. 언젠가 시간이 많이 지나 기억이 희미해진다고 해도 우리가 함께했던 시간이 꿈이 아니었다고 말해줄 친구들이 있다는 것을. 그러니 걱정하지 않아도 될 터였다. 처음 미국에 올 때는 이 넓은 대지에 먼 친척, 아는 지인조차 한 명 없었는데 어떻게 내게 이토록 좋은 친구들이 생겼을까 싶었다. 서로의 이름을 부르고, 안부를 묻고, 함께 와인을 마시고, 저녁을 먹을 수 있었던 친구들 덕분에 낯선 나라에서 1년 반이라는 시간을 살며 자주 행복이라는 단어를 떠올렸다. 정말 기적 같은 일이었다.

마지막 페이지를 빌어 나의 친구들에게 고맙다는 인사를 하고 싶다. Natalie, Kathy, Sandi, Sherry, Simone, Gladys, Jen, Jennifer, Cindy, Manami, Ell, 소영언니와 영선언니까지 친구들이 없었다면 내게 팔로스 버디스는 이토록 아름다운 곳으로 기억될 수 없었을 것이다. 늘 우리의 결정을 지지해 주시고 믿어 주시는 시부모님과 엄마께도 감사드린다. 언제나 나를 새로운 세계로 이끌어 주고, 기꺼이 나의 보호자가 되어주는 남편 민호에게도 깊은 사랑을 전한다. 그리고 사랑하는 딸 서연에게 너를 낳은 것이 내 생에서 가장 잘한 일이라고, 너의 열 살을 함께 할 수 있어 많이 행복했다는 말을 전하고 싶다. 나의 이야기가 책이 될 수 있을까 자신 없어 하던 내게 자신감을 가져도 된다고 격려해 주시며 기꺼이 손 잡아주신 위즈앤북 김휘중 대표님과 관계자 여러분께도 깊은 감사를 전한다. 꿈만 같았던 우리들의 라라랜드에서 많이 웃었던 1년 반이었다. 모든 시간, 꿈이 아니었다고 말해줄 나의 사람들에게 깊은 감사와 사랑을 전하며 긴 여정에 마침표를 찍는다.

- 2023년 겨울, 인왕산 자락에서 이명진 -